21世纪应用型创新实践实训教材

管理学实践教程

甘胜军 ◎ 主 编

清华大学出版社
北京

内 容 简 介

本书主要内容包括：管理的基本概念和管理理论发展、计划职能、组织职能、领导职能、控制职能、创新职能等。本书在编写上具有系统性、创新性、本土化、普适性和实践性5个特征。本书适当精简了管理理论的介绍，贴近管理理论的应用与实践活动。在每个教学任务中还有针对性地安排了"拓展阅读""思考训练""学习延伸"等动脑、动手的训练，以期在基本知识的传授中强化和培养学生的思考能力与实践技能。

本书主要供管理类专业本科生使用，也适合作为各级政府部门公务员、企事业单位管理人员、工程技术人员培训的教材和自学参考书。

本书封面贴有清华大学出版社防伪标签，无标签者不得销售。
版权所有，侵权必究。举报：010-62782989，beiqinquan@tup.tsinghua.edu.cn。

图书在版编目(CIP)数据

管理学实践教程/甘胜军主编．—北京：清华大学出版社，2022.4
 21世纪应用型创新实践实训教材
 ISBN 978-7-302-60499-0

Ⅰ. ①管… Ⅱ. ①甘… Ⅲ. ①管理学－教材 Ⅳ. ①C93

中国版本图书馆 CIP 数据核字(2022)第 054343 号

责任编辑：贺　岩
封面设计：汉风唐韵
责任校对：宋玉莲
责任印制：曹婉颖

出版发行：清华大学出版社
　　　网　　址：http://www.tup.com.cn，http://www.wqbook.com
　　　地　　址：北京清华大学学研大厦A座　　邮　编：100084
　　　社 总 机：010-83470000　　邮　购：010-62786544
　　　投稿与读者服务：010-62776969，c-service@tup.tsinghua.edu.cn
　　　质量反馈：010-62772015，zhiliang@tup.tsinghua.edu.cn
印 装 者：北京同文印刷有限责任公司
经　　销：全国新华书店
开　　本：185mm×260mm　　印　张：17.25　　字　数：363千字
版　　次：2022年4月第1版　　　　　　　　印　次：2022年4月第1次印刷
定　　价：49.00元

产品编号：086905-01

21世纪应用型创新实践实训教材编委会

主任委员：刘　斌
副主任委员：黄顺泉　李国民　朱晓怀
委员（按姓氏拼音排序）：

陈　磊　甘昌盛　甘胜军　郭志英
黄顺泉　李　丹　李国民　刘　斌
蒲　实　田建芳　肖康元　徐梅鑫
余良宇　赵耀忠　郑卫茂　朱晓怀

序

国家"互联网+"战略的实施加速了"大智移云"时代的到来,给经济活动和社会发展带来深远影响。企业财会工作向信息化、智能化转变,财会工作岗位所要求的理论素养和实践技能也随之发生深刻变革。这一变革对于高等院校人才的培养模式、教学改革以及学校转型发展都提出了新的要求。自2015年起,上海市教育委员会持续开展上海市属高校应用型本科试点专业建设工作,旨在提高学生综合素质,增强学生创新和实践能力。

上海海事大学会计学专业始创于1962年,是恢复高考后于1978年在上海市与原交通部所属院校中率先复办的专业,以会计理论与方法在水运行业的应用为特色。进入21世纪后,上海海事大学会计学专业对会计人才的培养模式进行了全方位的探索与实践,被列入上海市属高校应用型本科试点建设专业,将进一步促进专业的发展,增强专业的应用特色。

教材是实现人才培养目标的重要载体,依据"应用型本科试点专业"的目标定位与人才培养模式的要求,上海海事大学经济管理学院组织编撰"21世纪应用型创新实践实训教材"。本系列教材具有以下特点。

(1)系统性。本系列教材不仅涵盖会计学专业核心课程的实践技能,还涵盖管理学、经济学和统计学等学科基础课程的实践技能,并注重课程之间的交叉和衔接,从不同维度培养学生的实践应用能力。

(2)真实性。本系列教材的部分内容来源于企业的真实资料,例如:《中级财务会计实训教程》《成本会计实训教程》《审计学实训教程》的资料来源于某大型交通制造业企业;《财务软件实训教程》的资料来源于财务软件业知名企业;《财务管理实践教程》的资料来源于运输企业。

(3)创新性。本系列教材在内容结构上进行了新的探索与设计,突出了按照会计岗位对应实践技能需求的特色,教学内容得到了优化整合。

(4)校企融合性。本系列教材的编撰人员具有丰富的教学和实践经验,既有双师型高校教师,也有企业会计实务专家。

相信本系列教材的出版,在更新知识体系、增强学生实践创新能力、培养应用型人才等方面能够发挥预期的作用,提升应用型本科试点专业的建设水平。

2020年7月

前言

"管理学"是各类高等院校管理大类各专业大专生、本科生、硕士研究生必修的专业基础课,在管理类专业教学中居于基础性地位,是众多院校精品课程建设的重要对象。随着经济全球化以及我国社会主义市场经济建设的深入发展,管理理念、管理理论和管理方法不断更新,国内外新的研究成果大量出现,要求课程教学对此及时加以反映、体现和应用。

本书系统介绍了管理科学的原理、方法、技术、工具及其应用,主要内容包括:管理的基本概念和管理理论发展、计划职能、组织职能、领导职能、控制职能、创新职能等。本书主要供管理类专业本科生使用,也适合作为各级政府部门公务员、企事业单位管理人员、工程技术人员培训的教材和自学参考书。

本书在编写上具有5个特征。第一,系统性。本书系统、全面地介绍管理学的基本概念,管理理论的发展脉络,管理的计划、组织、领导、控制、创新五大职能。第二,创新性。目前的管理学教材大多依然延续了"计划、组织、领导、控制"的体系,但是,当管理实践的环境从过去的相对简单、稳定逐渐演化为今天的复杂、多变的情况下,创新已经成为管理的一个基本职能。管理工作的主要内容可以描述为:设计系统的目标、结构和运行规划,启动并监视系统的运行使之符合预定的操作规则,分析系统运行中的变化,进行局部或全局的调整,使系统不断呈现新的状态。系统若不及时根据内外环境变化的要求适时进行局部或全局的调整,就可能被已经发生变化的环境所淘汰。这种为适应系统内外变化而进行的局部和全局的调整,便是管理的创新职能。第三,本土化。本书每章精心编排了"课前阅读"和"拓展阅读",结合我国企业管理的实践内容,介绍管理基本理论的运用,让学生在学习过程中有身临其境的感觉,不至于生涩难懂。第四,普适性。经典管理学理论,大多脱胎于企业层面的管理实践,并以制造型企业尤为典型。所以,学习管理学首先要将其理论背景还原到制造型企业的环境中,才能更加清晰地理解。但正是由于这样的原因,管理理论的普适性也受到很大的制约。本书增加了管理理论的普适性,开篇便从人类活动的层面讲起,对管理下定义时,针对管理活动的目的性又进行了拓展,从个人层面、组织层面和社会层面,分别对管理活动所要达到的结果进行了说明,即要实现个人发展、组织目标和社会责任的统一。第五,实践性。本书适当精简了管理理论的介绍,贴近管理理论的应用与实践活动。在每个教学任务中还有针对性地安排了"拓展阅读""思考训练""学习延伸"等动脑、动手的训练,以期在基本知识的传授中强化和培养学生的思考能力与实践技能。

  本书由上海海事大学经济管理学院教师甘胜军编写。全书的框架、思路由甘胜军提出，全书的编写和统稿由甘胜军承担。在本书搜集资料和编写过程中，上海海事大学企业管理2018级研究生王梦楠、2019级研究生徐洁和周诺卿做了大量基础工作。本书在编写和出版过程中，得到了上海海事大学经济管理学院领导和老师们的大力支持，特别是得到了清华大学出版社高晓蔚等编辑们的指导和帮助，他们对本书提出的许多宝贵建议和意见对本书提升质量起到了重要作用，在此一并表示最真挚的谢意！

  限于时间和水平，书中肯定有许多不足或疏漏之处，并且随着我国企业实践活动的快速发展，本书在未来势必进行修改和增删，敬请各位同行和读者予以批评指正。

甘胜军

2021年9月 于上海

目 录

第1章 管理活动与管理理论 ·· 1
课前阅读 ·· 1
1.1 管理活动概述 ··· 1
1.2 早期管理思想 ··· 10
1.3 管理理论概述 ··· 18
本章小结 ·· 41

第2章 管理道德与社会责任 ··· 42
课前阅读 ·· 42
2.1 管理与伦理道德 ··· 42
2.2 组织的道德管理 ··· 46
2.3 组织的社会责任 ··· 50
本章小结 ·· 57

第3章 计划工作 ·· 58
课前阅读 ·· 58
3.1 计划的概念 ··· 58
3.2 计划的类型 ··· 63
3.3 计划的编制 ··· 67
本章小结 ·· 71

第4章 战略性计划 ··· 72
课前阅读 ·· 72
4.1 战略环境分析 ··· 72
4.2 战略性计划选择 ··· 78
4.3 计划的组织实施 ··· 83
本章小结 ·· 90

第 5 章 决策理论与方法 …… 91

课前阅读 …… 91
5.1 决策的理论 …… 91
5.2 决策的过程 …… 97
5.3 决策的方法 …… 103
本章小结 …… 108

第 6 章 组织设计 …… 109

课前阅读 …… 109
6.1 组织设计的概念 …… 109
6.2 组织的部门化 …… 116
6.3 组织的层级化 …… 122
本章小结 …… 126

第 7 章 人力资源管理 …… 128

课前阅读 …… 128
7.1 人力资源计划 …… 128
7.2 员工招聘 …… 132
7.3 员工培训 …… 138
7.4 绩效管理 …… 141
本章小结 …… 146

第 8 章 组织变革与文化 …… 148

课前阅读 …… 148
8.1 组织变革的概念 …… 148
8.2 组织变革的管理 …… 152
8.3 组织文化概述 …… 155
本章小结 …… 164

第 9 章 领导理论 …… 165

课前阅读 …… 165
9.1 领导的概念 …… 165
9.2 领导性格理论 …… 168
9.3 领导行为理论 …… 171

9.4　领导权变理论 ······ 176
　　本章小结 ······ 180

第10章　激励理论 ······ 181

　　课前阅读 ······ 181
　　10.1　激励概述 ······ 181
　　10.2　内容型激励理论 ······ 185
　　10.3　过程型激励理论 ······ 190
　　10.4　行为型激励理论 ······ 200
　　本章小结 ······ 205

第11章　管理沟通 ······ 207

　　课前阅读 ······ 207
　　11.1　沟通的概念 ······ 207
　　11.2　组织的沟通 ······ 210
　　11.3　组织的冲突 ······ 213
　　本章小结 ······ 220

第12章　控制的过程 ······ 221

　　课前阅读 ······ 221
　　12.1　控制的必要性与类型 ······ 221
　　12.2　控制的内容与要求 ······ 226
　　12.3　危机与管理控制 ······ 228
　　本章小结 ······ 233

第13章　控制的方法 ······ 234

　　课前阅读 ······ 234
　　13.1　预算控制 ······ 234
　　13.2　生产控制 ······ 238
　　13.3　财务控制 ······ 240
　　13.4　综合控制 ······ 245
　　本章小结 ······ 247

第14章　管理的创新 ······ 249

　　课前阅读 ······ 249

14.1 创新的概念 …………………………………………………… 249
14.2 创新的内容 …………………………………………………… 253
14.3 创新的过程 …………………………………………………… 256
14.4 工作流程再造 ………………………………………………… 258
本章小结 ………………………………………………………… 261

参考文献 ………………………………………………………… 262

第 1 章 管理活动与管理理论

课前阅读

梁启超曾说:"能与人规矩,不能使人巧。凡学校所教与所学,不外乎规矩方面的事;若巧,则要离了学校方能发现。我一生学问得力专在此一点,我盼望你们都能应用我这点精神。"

管理无处不在,无时不有,企业能否在社会洪流中安身立命,靠的不仅是自身的实力,还和管理者的管理水平息息相关,而管理是什么、有什么作用,是每个学习管理学的人首先应该探讨的问题。

管理活动源远流长,人类进行有效的管理活动,已有数千年的历史,但从管理实践到形成一套比较完整的理论,却是一段漫长的历史发展过程。回顾管理学的形成和发展,了解管理先驱对管理实践和管理理论所做的贡献,以及管理活动的演变和历史,对每个学习管理学的人来说都是非常必要的。

1.1 管理活动概述

 学习目标

- 了解管理的概念及管理的重要性。
- 了解管理的主要职能和特征。
- 掌握管理的三个层次及其技能要求。

 学习导读

在人类社会中,管理无处不在,无时不在。任何事情成也管理,败也管理。当人类社会开始工业化时,管理学才应运而生。与数学、天文学、物理学、化学、哲学、文学、史学等学科相比,管理学确实是一门年轻的学科,但发展特别迅速,对人类社会的影响空前巨大。可以毫不夸张地说，人类社会的任何伟大进步都包含着管理学所作出的重要贡献。人们有机会学习和研究管理学将是人生的幸运，因为她将伴随一个人的一生。

1.1.1 人类的管理活动

把管理作为一门学科进行系统的研究，只是最近一二百年的事。但是，管理实践却和人类的历史一样悠久，至少可以追溯到几千年以前。生活在幼发拉底河流域的闪米尔人，早在公元前5000年就开始了最原始的记录活动，这也是有据可考的人类历史上最早的管理活动。3000多年前(公元前17世纪)中国的商代，国王已经统辖、指挥几十万军队作战，管理上百万分工不同的奴隶进行生产劳动。

1. 人类活动的特点

(1) 目的性

人类是我们星球上唯一有智慧、能思维的动物，他们的一切活动都是经过大脑思考，为了达到预期的目的而进行的。在自然界，蜜蜂和白蚁虽然也能营造非常精巧复杂的巢穴，但都只是一种自发的、本能的活动，绝不会有意识地进行规划、设计和组织施工。人类却不同，每个人都有自己的需求、自己的理想，他们不仅为自己的预期目的和理想去奋斗，还需要与其他人进行共同的努力。甚至可以说，人类正是在为实现预期目的的活动中，在不断地劳动、思考、谋划、设计和组织管理的过程中逐渐进化的。

(2) 依存性

人类的目的性来源于人对外部环境和人类自身的相互依存关系。人类为了生存和发展，必须通过适应和改造外部环境去取得必需的资源，必须通过个人或集体的劳动为自己或他人提供需要的产品和劳务。人从来就不是孤立的个体。从远古开始，人类在与自然的斗争中形成了部落。在后来漫长的岁月中逐渐发展为集团、民族和国家，以及各种各样的社会经济组织。随着社会生产力的发展，人与人之间进行着愈来愈细的社会分工，同时人与人之间的相互依存关系也越来越紧密。尽管在人类发展的历史中，各个集团、阶级、民族、国家之间经常充满着矛盾、冲突和斗争，但始终没有改变人类必须相互依存的特点，并且使经济、政治、军事、宗教等各种社会组织日益严密和完善。

(3) 知识性

人类活动的另一个基本特点是能从自己过去的实践中学习，从前人的经验中学习。并能把学到的知识加以记忆、积累、分析和推理，从而形成人类独有的知识体系，包括各种科学理论、原理、方法和技艺。科学技术愈发达，个人所掌握的知识愈专门化。这就进一步强化了人与人之间相互依存的必要性。从另一方面看，尽管每个人掌握的知识千差万别，但每个人都根据自己的知识，来认识世界和决定自己的行为。因而，就有可能使人们能够逐步认识自然和社会的各种客观规律，包括处理人和自然及人和人之间各种关系的规律。随着人类知识的逐步积累，对客观规律的认识逐步深化，使人类社会的各种管理组织、制度和方法也日趋完善，人们终于有能力为达到各种目的而发展、建立起各种强大的社会组织。

2．管理的重要性

有人群的活动就有管理，有了管理，组织才能进行正常有效的活动。简而言之，管理是保证组织有效地运行所必不可少的条件。组织的作用依赖于管理，管理是组织中协调各部分的活动，并使之与环境相适应的主要力量。所有的管理活动都是在组织中进行，有组织，就有管理，即使一个小的家庭也需要管理；从另一个方面来说，有了管理，组织才能进行正常的活动，组织与管理都是现实世界普遍存在的现象。

不过，当组织规模还比较小的时候，管理对组织的影响还不大。组织中的管理活动还比较简单，并未形成独立的管理职能，因而也就显现不出管理的特别重要性。如对于小生产企业来说，也可以凭借经验，维持自身的发展。但随着人类的进步和组织的发展，管理所起的作用越来越大。概括起来说，管理的重要性主要表现在以下两个方面。

（1）管理使组织发挥正常功能

管理，是一切组织正常发挥作用的前提，任何一个有组织的集体活动，不论其性质如何，都只有在管理者对它加以管理的条件下，才能按照所要求的方向进行。

组织是由组织的要素组成的，组织的要素互相作用产生组织的整体功能。然而，仅仅有了组织要素还是不够的，这是因为各自独立的组织要素不会完成组织的目标，只有通过管理，使之有机地结合在一起，组织才能正常地运行与活动。组织要素的作用依赖于管理。管理在组织中协调各部分的活动，并使组织与环境相适应。一个单独的提琴手是自己指挥自己，一个乐队就需要一个乐队指挥，没有指挥，就没有乐队。在乐队里，一个不准确的音调会破坏整个乐队的和谐，影响整个演奏的效果。同样，在一个组织中，没有管理，就无法彼此协作地进行工作，就无法达到既定的目的，甚至连这个组织的存在都是不可能的。集体活动发挥作用的效果大多取决于组织的管理水平。

组织对管理的要求和对管理的依赖性与组织的规模是密切相关的，共同劳动的规模越大，劳动分工和协作越精细、复杂，管理工作也就越重要。一般地说，在手工业企业里，要进行共同劳动，有一定的分工协作，管理就成为进行生产所不可缺少的条件。但是，如果手工业企业的生产规模较小，生产技术和劳动分工也比较简单，管理工作也比较简单。现代化大工业生产，不仅生产技术复杂，而且分工协作严密，专业化水平和社会化程度都高，社会联系更加广泛，需要的管理水平就更高。

工业如此，农业亦同样如此，一个规模大、部门多、分工复杂、物质技术装备先进、社会化专业化商品化水平高的农场，较之规模小、部门单一、分工简单、以手工畜力劳动为主、自给或半自给的农业生产单位，就要求有高水平、高效率的管理。

总而言之，生产社会化程度越高，劳动分工和协作越细，就越要有严密的科学的管理。组织系统越庞大,管理问题也就越复杂,庞大的现代化生产系统要求有相当高度的管理水平,否则就无法正常运转。

(2) 管理能促进实现组织目标

组织是有目标的,组织只有通过管理,才能有效地实现组织的目标。

在现实生活中,我们常常可以看到这些情况:有的亏损企业仅仅由于换了一个精明强干、善于管理的厂长,很快扭亏为盈;有些企业尽管拥有较为先进的设备和技术,却没有发挥其应有的作用;而有些企业尽管物质技术条件较差,却能够凭借科学的管理,充分发挥其潜力,反而能更胜一筹,从而在激烈的社会竞争中取得优势。通过有效的管理,可以放大组织系统的整体功能。因为有效的管理,会使组织系统的整体功能大于组织因素各自功能的简单相加之和,起到放大组织系统的整体功能的作用。在相同的物质条件和技术条件下,由于管理水平的不同而产生效益、效率或速度的差别,这就是管理所产生的作用。

在组织活动中,需要考虑到多种要素,如人员、物资、资金、环境等,它们都是组织活动不可缺少的要素,每一要素能否发挥其潜能,发挥到什么程度,对管理活动产生不同的影响。有效的管理,正在于寻求各组织要素、各环节、各项管理措施、各项政策以及各种手段的最佳组合。通过这种合理组合,就会产生一种新的效能,可以充分发挥这些要素的最大潜能,使人尽其才,物尽其用。例如,我们每个人都具有一定的能力,但是却有很大的弹性。如能积极开发人力资源,采取有效的管理措施,使每个人的聪明才智得到充分发挥,就会产生一种巨大的力量,从而有助于实现组织的目标。

3. 管理的概念

认识管理应该从管理的源头开始,人类文明程度及其社会性发展到一定阶段便出现了管理。管理最初是掌管事务,传说黄帝时代设百官,"百官以治,万民以察。"百官就是负责主管各方面事务的官员。"管理"一词出现得很早,原来既可以是动词,也可以作名词,如"万历中,兵部言,武库司专设主事一员管理武学",其中管理为动词;如"东南有平海守御千户所,洪武二十七年九月置。又有内外管理、又有碧甲二巡检司",其中的内外管理,为名词,表示官职。管和理都有表示管理、经营的意思,如《水浒》中"如今叫我管天王堂,未知久后如何",《柳敬亭传》中"贫困如故时,始复上街头理其故业"。管理表示掌管、管领、管摄、管主、管治、治理、经理的意思。英语里面管理是 manage(动词),management(名词),既可表示管理,也可以表示管理人员。

management 除了译成"管理",理解为一种功能或工作之外,也可以翻译成"管理层"或"管理团队",即承担管理职责的那些人,这视乎它出现在一段文字中间时,上、下文要表达的意思。

"科学管理之父"弗雷德里克·泰勒(Frederick Winslow Taylor)认为:"管理就是确切地知道你要别人干什么,并使他用最好的方法去干。"在泰勒看来,管理就是指挥他人能用最好的办法去工作。

诺贝尔奖获得者赫伯特·西蒙(Herbert A. Simon)对管理的定义是:"管理就是制定决策。"

彼得·德鲁克(Peter F. Drucker)认为:"管理是一种工作,它有自己的技巧、工具和方法;管理是一种器官,是赋予组织以生命的、能动的、动态的器官;管理是一门科学,一种系统化的并到处适用的知识;同时管理也是一种文化。"

亨利·法约尔(Henri Fayol)在其名著《工业管理与一般管理》中给出管理概念之后,它就产生了整整一个世纪的影响,对西方管理理论的发展具有重大的影响力。法约尔认为:"管理是所有的人类组织都有的一种活动,这种活动由五项要素组成:计划、组织、指挥、协调和控制。"法约尔对管理的看法颇受后人的推崇与肯定,形成了管理过程学派。哈罗德·孔茨(Koontz)是"二战"后这一学派的继承与发扬人,使该学派风行全球。

斯蒂芬·罗宾斯对管理的定义是:"所谓管理,是指同别人一起,或通过别人使活动完成得更有效的过程。"

综合前人的研究,管理的概念可以概括为:第一,管理的目的是实现预期的目标;第二,管理的本质就是协调;第三,协调必定产生在社会组织当中;第四,协调的中心是人;第五,协调的方法是多样的,需要定性的理论和经验,也需要定量的专门技术。

1.1.2 管理的职能与特征

1. 管理的职能

许多新的管理论和管理学实践已一再证明:计划、组织、领导、控制、创新这五种管理职能是一切管理活动最基本的职能。

(1) 计划

计划是为实现组织既定目标而对未来的行动进行规划和安排的工作过程。包括组织目标的选择和确立,实现组织目标的方法的确定和抉择,计划原则的确立,计划的编制,以及计划的实施。计划是全部管理职能中最基本的职能,也是实施其他管理职能的条件。

(2) 组织

对实现管理目标和计划所必需的各种业务活动进行组合分类,把管理每一类业务活动所必需的职权授予主管这类工作的人员,并规定上下左右的协调关系。为有效实现目标,还必须不断对这个结构进行调整,这一过程即为组织。组织为管理工作提供了结构保证,它是进行人员管理、指导和领导、控制的前提。

人员管理是对各种人员进行恰当而有效的选择、培训以及考评,其目的是配备合适的人员去充实组织机构规定的各项职务,以保证组织活动的正常进行,进而实现组织既定目标。人员管理与其他职能有密切的关系,直接影响到组织目标能否实现。

(3) 领导

领导是对组织内每名成员和全体成员的行为进行引导和施加影响的活动过程,其目的在于使个体和群体能够自觉自愿、有信心地为实现组织既定目标而努力。领导所涉及的是主管人员与下属之间的相互关系。

(4) 控制

控制是按既定目标和标准对组织的活动进行监督、检查,发现偏差,采取纠正措施,使工作能按原定计划进行,或适当调整计划以达预期目的。控制工作是一个延续不断的、反复发生的过程,其目的在于保证组织实际的活动及其成果同预期目标相一致。

(5) 创新

随着科学技术的发展,社会经济活动空前活跃,市场需求瞬息万变,社会关系日益复杂,使得每一位管理者时刻都会遇到新情况新问题。迫切的变化要求创新,创新在管理循环中处于轴心地位。

创新职能与上述各种管理职能不同,它本身并没有某种特有的表现形式,它总是在与其他管理职能的结合中表现自身的存在与价值。

2. 管理的特征

(1) 管理的五大特性

管理是对组织的资源进行有效整合以达成组织既定目标与责任的动态的创造性的活动。管理作为人类的一项活动,具有科学性、艺术性、动态性、创造性和经济性这五大特性。

第一,科学性。管理的科学性首先是指有效的管理必须有科学的理论、方法来指导,要遵循管理的一般原则与原理,只有按照管理活动本身所蕴含的客观规律办事,管理的目标才能实现。其次,管理的科学性是指管理是一门科学,是由一系列概念、原理、原则和方法构成的科学体系,有它内在规律可循。也就是说,在人类管理活动的长河中,人们通过总结管理实践中大量成功的经验及失败的教训,已经归纳、抽象出管理的一些基本原理、原则和方法。这些原理、原则和方法较好地揭示了一系列具有普遍应用价值的管理规律,遵循这些管理规律办事,管理活动的效率就能大大提高,组织的目标就容易实现。

第二,艺术性。管理的艺术性是指灵活运用管理理论知识的技巧和诀窍。管理对象的复杂性和管理环境的多变性,决定了管理活动不可能有放之四海而皆准的固定不变模式,管理者应当结合所处环境创造性地运用所掌握的管理理论知识。具体来说,管理的艺术性是由两个因素决定的:其一是管理的环境;其二是管理的主要对象——人所具有的主观能动性和感情。人的主观能动性体现在人能够积极地思维,能够自主地做出行为决定,这不同于无生命的物质。另外,人是有感情的动物。感情的变化虽然有一定的规律可循,但也最琢磨不定、难以预料。不同的人对同样的管理方式、方法可能会产生截然不同的反应和行为,这决定了管理者只有根据具体的管理目的、管理环境与管理对象,创造性地运用管理理论知识与技能去解决所遇到的实际问题,管理才可能获得成功。

第三,动态性。管理活动需要在变动的环境与组织本身中进行,需要消除资源配置过程中的各种不确定性。

第四,创造性。管理的创造性根植于动态性之中,与科学性和艺术性相关,正是由于这一特性的存在,使得管理创新成为必需。

第五,经济性。经营管理必须是有目的的活动,企业经营管理的目的在于通过经常活动取得更大的经济效益。所谓企业经济效益,是指以尽量少的活劳动消耗、物质消耗和资金占用,生产出更多符合社会需要的产品。这里强调生产出更多符合社会需要的产品,是一切企业经济效益得以实现和提高的必要条件,也是企业必须考虑的社会经济效益问题。显然,经济效益是一个比较概念。从定性分析的观点出发,经济效益可用经济活动的"得失"来概括,"得"就是实现经济目标所取得的劳动成果,"失"就是实现经济活动目标所付出的代价,得大于失说明有效益,得等于失说明无效益,得小于失说明亏损,是负效益。从定量分析的观点出发,得就是生产经营活动的成果,失就是人们从事某项生产经营活动所消耗的一定量的物化劳动和活劳动及所占用的资金。

(2) 科学性与艺术性

管理科学是反映管理关系领域中的客观规律的知识体系,管理艺术则是以管理知识和经验为基础,富有创造性管理技巧的综合。管理科学是管理这一能动过程的客观规律的反映,而管理艺术则是它的主观创造性方面的反映。管理者只有既懂得管理科学又有娴熟的管理艺术,才能使自己的管理活动达到炉火纯青的地步。

管理是科学性与艺术性的统一。管理的科学性是管理艺术性的基础,管理需要科学的理论做指导,管理艺术性的发挥必然是在科学理论指导下的艺术性发挥。离开了管理的科学性,艺术性就会变成简单的感觉与经验,就不能成为真正的艺术,就很难实现有效的管理。管理的艺术性是管理科学性的升华,离开了管理的艺术性,科学性就会变成僵化的书本教条,也难以发挥其作用。因为,管理理论是对大量的管理实践活动所作的一般性的概括和抽象,具有较高的原则性,而每一项具体的管理活动都是在特定的环境和条件下展开的,具有相对的特殊性。只有创造性地灵活运用管理知识,才能将理论服务于实践。

在管理的科学性上,人们常犯的错误是:盲目照搬国外的管理理论;将书本上的管理原理当作教条;认为管理只靠实践,从不相信管理专家。尤其是第三种看法,在管理者中广泛存在。

在管理的艺术性上,人们常犯的错误是:管理的艺术性是指管理靠的是人格魅力、灵感与创新,而管理本身是没有规律可循的,更没有办法通过学习(尤其是书本学习)掌握管理的技巧；过分强调管理的艺术性，从而否认管理的科学性；认为管理艺术是少数人天生所具有的，从而大多数人只能天生地处于被管理、被领导的地位；在管理实践上缺乏科学的管理制度，而常常以管理者的心情、好恶来作为决策的依据。

对于学习管理学的人来说，不能把管理学当作一般的知识性学科进行学习，也不能简单地当作完成职业任务的操作技能来学习，而应该从管理科学、管理艺术两个层面来学习研讨管理学，使自己修炼成一个出色的管理者。

(3) 管理的二重性

管理的二重性是指管理的自然属性和社会属性，是马克思主义关于管理问题的基本观点，反映了管理的必要性和目的性。

管理的自然属性是指管理是由许多人进行协作劳动而产生的，是有效组织共同劳动所必需的，是与生产力及社会化大生产相联系，促进生产力发展的属性。

管理的社会属性指管理体现着生产资料占有者指挥劳动、监督劳动的意志，因此它又具有与生产关系及社会制度相联系，维护、发展和完善生产关系的属性。

换言之，任何管理活动都是在特定的社会生产关系条件下进行的，都必然要体现一定的社会生产关系的特定要求，为特定的社会生产关系服务，从而实现其调节和维护社会生产关系的职能。

1.1.3 管理的层次与技能

1. 管理的层次

管理层次的划分：组织中管理层次的多少，应根据组织的任务量与组织规模的大小而定。一般地，管理层次分为上、中、下三层，每个层次都应有明确的分工。这是美国斯隆管理学院提出的一种经营管理的层次结构，它把经营管理分成三个层次：战略规划层、战术计划层和执行管理层，相当于上、中、下三个层次的主要功能。

(1) 上层管理

上层也称最高经营管理层或战略决策层，其主要职能是从整体利益出发，对组织实行统一指挥和综合管理，并制定组织目标和大政方针。

(2) 中层管理

中层也称为经营管理层，其主要职能是为达到组织总的目标，为各职能部门制定具体的管理目标，拟订和选择计划的实施方案、步骤和程序，评价生产经营成果和制定纠正偏离目标的措施等。

(3) 下层管理

下层也称为执行管理层或操作层，其主要职能是按照规定的计划和程序，协调基层组织的各项工作和实施计划。

2．管理的技能

罗伯特·卡茨(Robert L. Katz)在《哈佛商业评论》上发表的《有效管理者的技能》一文中提出：成功的管理人员需要同时具备三个基本管理技能——概念思维技能、人际关系技能和技术技能。

（1）概念思维技能

所谓概念思维技能，系指管理者所具有的宏观视野、整体考虑、系统思考和把握大局的能力。卡茨认为概念思维技能包含着一个管理者认识到组织的功能是相互依赖的，并能够从大的背景上为组织的未来勾画远景。一位优秀的管理者必须了解国内外政治、经济、社会、文化发展变化的现状与趋势，从组织之中超脱出来，将组织视为大环境的一个有机组成部分，进而建构愿景、发展战略，以保证组织的永续生存和发展。

（2）人际关系技能

管理的本质是协作性的人际活动，协作活动的核心在于人际的互动。一个管理者只有拥有人际关系技能才能将人员整合到各种协作性的活动之中。许多研究表明，人际关系技能是管理者必须具备的技能中最重要的技能，这种技能对各层次的管理人员都具有同等重要的意义。在相同条件下，一个具备这方面技能的管理者肯定可以在管理中取得更大的成功。

（3）技术技能

技术技能主要指从事自己管理范围内所需的技术与方法。管理的一个显著特征在于其日益变为一个专业化的活动，有效的管理者必须拥有完成专业性工作所需的技术能力。例如，对于一个政策分析者而言，他必须掌握复杂的定量分析的方法。特别是电脑技术广泛应用于政府管理以后，对电子计算机和网络能力的了解和掌握就显得尤为重要。

拓展阅读 1-1

陈春花：管理者的新技能

思考训练

1．管理是什么意思？管理活动有哪些特征？
2．简述管理活动的主要职能。
3．管理有哪几个层次？管理者需要具备哪些技能？

学习延伸

选择两三位国内知名企业家,通过在网上搜集素材了解相关信息,组织讨论其管理经验并写下自己的感想。

1.2 早期管理思想

学习目标

- 了解管理思想与管理理论的关系。
- 了解几大文明古国中可以借鉴的管理实践与管理思想。
- 了解欧洲中世纪的主要管理实践与管理思想。

学习导读

今天,人类的管理思想已发展成为一门内容丰富多彩、日臻成熟的独立学科,但管理的历史是源远流长的。人类在一开始就面临组织和管理的问题,并在实践中不断地发现和运用着被现代人称作管理原则的东西指导他们的行为。对我们来说,古代的资料是最为缺乏的,我们只能从考古发现和一些散在的文献中寻找有关的"蛛丝马迹",或者从古代文明成果中推想古人的管理实践和管理思想。

在古代,管理思想体现在指挥军队作战、治国施政和管理教会等活动上。古巴比伦人、古埃及人及古罗马人都在这些方面有着重要贡献。古巴比伦的汉谟拉比法典就体现了管理思想的萌芽,比如君权神授;提及会计制度、商人和代理人之间的关系,则涉及工作激励要素。罗马的政治体系、军队管理、法律、政府等;经济度量衡体系、对外贸易商业的标准化;社会宗教等都反映了管理思想。

封建主义和中世纪时代,严格的等级制度、分封制度、骑士制度等都体现着早期的管理思想。随着商业的发展、日益扩大的市场,家庭手工作坊产生,出现更细的分工更复杂的过程。文艺复兴和新教运动也推动了管理思想发展演进。

早期管理思想还包括英国工业革命到美国科学管理诞生之前早期工厂的管理先驱们的思想贡献、管理探索。罗伯特·欧文凭借自己的真心以及财力,试图在人的因素和机器时代之间建立一种新和谐。查尔斯·巴尔奇凭借智慧,成为科学管理的始祖,并且在弗雷德里克·泰勒之前就运用了一种科学的管理方法。安德鲁·尤尔传授自己的经验和观察,并且为新工厂培养管理者。查尔斯·杜宾向尤尔学习,并且在法国启动管理教育课程。

内战前的美国工业革命,麦卡伦和普尔关注组织和方法的探索,其中普尔认识到人的问题,主张一种更为广泛的管理观。铁路公司引发的管理问题,诞生了一批美国管理的先驱。美国企业的成长和系统管理的复兴,拉开了通向可持续管理的序幕。

1.2.1 早期社会的管理思想

1. 古代埃及的管理思想

(1) 金字塔所反映的管理才能

彼得·德鲁克曾在1987年的一次美国闭路电视演讲中说:世界上最伟大的管理者是那些修建金字塔的人。

金字塔的建筑技术从现代的观点看可能是原始的,但其工程成就却无声地向我们昭示了公元前5000年到前525年期间埃及人的管理和组织能力。例如,齐奥普斯大金字塔的塔身高达146.5米,塔底每面长230米,占地13英亩,共包含230万块平均两吨半的巨石;齐夫林金字塔比齐奥普斯金字塔只低3米,塔前卧着一座狮身人面像,高20米,长约62米,用一整块巨石凿成。这些工程成就堪称世界奇迹。

一位希腊历史学家为了解金字塔建造情况曾访问过埃及人。他记叙说,修造齐奥普斯金字塔曾在全国征调了大量的人力,组成各种庞大的专业队。当时基萨并不产石料,石料是从很远的地方运到现场的,光铺设运石通路就用了10万人,花了10年时间;建造工程又用了10万人,花了20年的时间。如此庞大的工程,显然离不开出色的组织管理者的努力。在什么地方和什么时间采掘石头,石块要多大以及如何运输等,都需要目前叫作"长期规划"的工作。例如,采石工作要在冬春两季进行;在采好的每块石头上事先标明它准备在什么时候运到皇家墓地去,并标明石块的顶端;运石块工作安排在汛期,以便尽可能减少陆地运输;最后,所有运送到工地上的石块要凿刻成形并编上号码。金字塔所有石块的采掘和搬运工作突出地表明了古埃及人的组织制度。

古埃及人由于使用大量有组织的劳动力,得以完成令现代人也感到惊异的工作,他们的组织制度可能显得笨拙,不方便,甚至浪费,但事实上他们无须节约劳动力,因为他们有很多农民、雇佣兵和奴隶可供使用。他们能够利用可利用的资源实现其目标,就是他们的功劳。而他们所留下的宏伟建筑,清楚地昭示着其在管理上的有效性。

(2) 政府体制由分权到集权

对埃及在古王国、中王国、新王国各个时期的政府体制进行研究,即可发现其中包含着古埃及对集权控制原则的认识过程。

在古王国时期,埃及政府是高度分权的组织。从公元前2160年至前1788年,税收是中央政府和下属各省的唯一真正联系。中王国时期的统治者发现这种松散的控制造成了税收上的减少和各省效忠程度的降低,于是从公元前1600年开始,通过军队接管各省的权力来实现集权化。由于是军队接管,军官占据了行政职位并改组中央政府。这次集权化使所有的土地都归于以法老为首的皇家官员手中。权力都集中于法老,他把地方权力授予由中央政府任命的省长或县长。新地方官失去了独立性,只是执行法老的指示。法老由一位宰相辅佐,管理国家工作。这样,埃及人在经过一千年之后,显然终于认识到虽然由于国土分散需要分权,但只有在建立了有效的中央控制之后,分权化才能成为一种有效的管理组织的形式。以后,到新王国时期(公元前1530—前1053年),古王国时期的省政已完全消失,皇家权力不仅是名义上的,而且是实际的。政府集权化的过程完成于希克索斯王的统治下,他把外国侵略者从各省赶出去,实现了完全的控制。从此,国王占有埃及的全部财产,并以谷物形式在全国征税。

2. 古代巴比伦王国的管理思想

公元前19世纪初在两河流域兴起了一个以巴比伦城为首都的国家,史称古巴比伦王国。巴比伦的第六代国王汉穆拉比统一了两河流域并建立了中央集权的专制统治。汉穆拉比颁布了一部法典,作为改进行为的准绳。法典共分为三部分,即引言、法典本文和结语。《汉穆拉比法典》是人类已知的最古老的法典之一。该法典共282条,内容几乎无所不包,涉及财产、借贷、租赁、转让、抵押、遗产、奴隶等各个方面,对各种职业、各个层面上人员的责、权、利关系给予了明确的规定。由于是用楔形文字刻于一个扁圆形的黑色玄武石柱之上,又称"石柱法"。

通过法律进行政府管理,也许是古巴比伦人对管理思想的最大贡献。从《汉穆拉比法典》的法律条文中,我们能够真切地了解到古巴比伦人的管理思想。

3. 希伯莱的管理实践

据《旧约全书·出谷记》第十八章中的记载,希伯莱人的领袖摩西在行政法、人际关系、人员挑选和训练等方面都有出色的才能。

希伯莱人不堪忍受埃及人的奴役,寻找自救之路。在"上帝"的授意下,摩西担当了领导希伯莱人的使命,要把人们领到"宽阔而美好的流奶和蜜的地方"。摩西是希伯莱人的伟大领袖,他的队伍十分庞大,光步行的男子就有60万之众。他无疑是在准备、组织和实施一项巨大的管理事业。起初,摩西的管理并不得法。他处理事务事必躬亲,百姓发生争端都来找他判断,以致百姓从早到晚都围在他的左右,大事小事都堆在他一人身上。其岳父叶忒罗批评了他的这种做法,并提出了两点建议:一是制定法令,昭告民众,用书面形式提出要求,以使百姓们知道"上帝"的法度和律例。二是建立等级,实行分级管理。在百姓中选择敬畏"上帝"的诚实之人,指派他们处理百姓中经常发生的事务。摩西依计而行,果然有效。

从这里,可以看到分权管理原则、授权原则、管理幅度原则和例外原则的作用,也看到了管理咨询制度的意义。

4. 古希腊的管理思想

古希腊文化是丰富多彩的，是人类文明的重要组成部分。古希腊人在规章制度、艺术、语言、戏剧和文学方面的成就，至今仍为人们所敬仰。但古希腊的经济哲学是反商业的，贸易和商业被认为是有损于希腊思想和尊严的行为。因而手工业者和商人在希腊民主中是受歧视的，甚至不能取得公民资格。然而，希腊时代毕竟播下了民主的种子，标志着分权参与制定政府制度的到来。它在建立个人自由方面的初步尝试，成为采用科学方法解决问题的开端。这个时代产生了许多颇有成就的思想家，在他们的著作中包含了古希腊人对管理思想的贡献。

(1) 苏格拉底的管理观

苏格拉底很早就认识到管理的普遍性原则。他认为，不同组织的管理技术和管理职责是相通的。他说："管理私人事务和管理公共事务仅仅在量上有所不同，它们都涉及对人的管理。如果一个人不能管理好他的私人事务，他肯定也不能管理好公共事务。"在色诺芬记载（或想象出来）的苏格拉底的一次谈话中，也可以找到有关管理普遍性的最早描述。在这次谈话中，苏格拉底与尼科马齐德斯进行了辩论，表明了自己的管理观点，即一个好商人的职责与一个好将军的职责是相同的，都要求：一是把恰当的人安排在恰当的地方；二是使其下属顺从或服从；三是取得事业的胜利或成功；四是吸引同盟者或助手；五是在工作中做到努力和勤勉。

(2) 色诺芬的劳动分工观

色诺芬是第一位论述劳动分工优越性的学者，著有《家庭管理》（又称《经济论》）。

在色诺芬生活的年代，社会分工已有了很大发展，对此，他进行了充分的肯定，并对劳动分工的必要性作了精彩的分析：一个人不可能精通一切技术，而在社会分工的情况下，一个人只要从事一种工作就可以谋生，甚至不要做一种手工业的产品或全部工艺过程。如可以一个人专门做男鞋，另一个人专门做女鞋，甚至可以一个人仅仅缝鞋，一个人剪鞋样，而另一个人缝鞋帮，与此同时还有一个人不干上述任何一样活计，而只是把各个部分拼装起来，他们都能维持生活。这里所遵循的原则是：一个从事高度专业化工作的人，只做一种最简单的工作，肯定能把工作做得最好。

(3) 柏拉图的社会分工学说

柏拉图对管理思想的贡献是从国家组织原理角度考察了社会分工问题。他认为，每一个人都有多方面的需求，但人生来就只具有某一方面的才能，因此，一个人不能不求于他人而自立自足，而必有待于互助。于是人们各本其愿地形成团体，这些团体联合起来便是国家。理想国家的组织和构造应以社会分工为基础，即一国中应该有专门从事各种行业的人，而每一个人应从事和担任哪种行业和职务，取决于其自身的秉性，是先天决定的。如果一个人专门从事一种与他性情相近的行业，其产品就较优且较多；相反，如果互相交换职业和地位，必然给国家带来大害，甚至亡国。

基于此，柏拉图把理想国家的人分为三个等级：最低等级是自由民阶层，由农民、手工业者、商人等直接从事经济活动的人组成，其职能是提供物质资料，不能参与国政。第二个等级是护国的卫士或军人。国家为了发展生产，必须扩充土地，国家之间必然发生战争，这就需要专门卫国御寇的战士。最高等级是执政者和哲学家。只有他们才能洞察真理，具有美德，富有知识，才能以正义治理国家。柏拉图的学说虽有唯心主义色彩，且鄙视劳动和劳动者，但他确实把社会分工和管理的纵向层次发展到了非常完整的程度。

（4）亚里士多德的贡献

亚里士多德是古希腊集大成的学者。他既是哲学家，又全面地总结了古希腊的多学科成果，代表了古希腊科学发展的最高水平。亚里士多德对管理思想的最大贡献，在于他摒弃了神秘主义，提出了通过感觉和推理了解现实世界的观点，从而成为科学方法之父，并为文艺复兴和理性时代奠定了思想基础。在此基础上发展起来的科学精神和科学观点，也是后来科学管理运动的思想基础。此外，亚里士多德在探讨家庭管理时，同苏格拉底一样，也谈到管理一个国家和管理一个家庭的艺术之间的类似之处，认为它们都涉及对财产、奴隶和自由人的管理，唯一的不同在于经营管理范围的大小。

5. 罗马教的管理思想

罗马天主教强调教徒必须服从教会权威，有一整套等级森严的教阶制度。罗马天主教严密的管理制度可以从两个方面来概括：第一，层次分明的组织结构，形成金字塔式的指挥体系。第二，在决策过程中充分运用"幕僚职能"。即各地教会在进行某项决策时，不能由一个人主持决定，小事情必须事先征询长老的意见，大事情必须征得全体僧侣的同意。这种征询的过程，在程序上是具有强制性的，但不妨碍该地教会主教的幕僚或顾问团成员，这些幕僚和顾问团成员不能由主持人自行选任，必须由上级教会代为选定，以防主持人选任无反对意见的"好好先生"滥竽充数，失去制衡作用。

1.2.2 欧洲中世纪的管理思想

公元5世纪末，古罗马帝国在奴隶、平民和各族被压迫人民的不断起义和日耳曼"蛮族"入侵的联合打击下灭亡了。

罗马帝国的崩溃，大庄园的出现和政治上的动荡，引起了经济、社会和政治混乱，西欧人民出现了自我保护的基本需要。为了避免被杀死、抢劫或受到其他暴力行为的侵害，人们往往以自己的从属，甚至个人自由的丧失为代价，寻求一个比自己更有力的人的保护。这就为封建制度的建立提供了条件。西欧封建主义作为一种文化制度从公元600年一直延续到1500年。封建制度制造了贫穷和无知，完全扼杀了人类的进步。因此，一些历史学家喜欢把欧洲的这个时期称为"黑暗的时代""历史的真空"。

天主教会统治着中世纪的欧洲生活，它的教义告诫人们不要放债取息，不要从事任何实利主义的经商活动,除了维持生计外不要期望得到任何其他东西,因而使人们不是考虑今生而是考虑来世;不是考虑利得而是考虑灵魂的拯救。然而,贸易的发展唤醒了人性,它使人们的思想从上帝转而考虑利得,变服从为主动,变谦卑为积极。欧洲这一时期的社会经济虽然是按封建结构组织的,人类却在组织和管理思想方面有了重大的进展。

1. 西欧封建社会的组织

罗马帝国后期,奴隶制在经济上已变得不合算,养活奴隶的开支不断加大,而奴隶的劳动热情日趋低落。雇用自由人当佃户对土地所有者来说更为有利。所以,奴隶制的废除不是道德进化的结果,而是经济变革的产物。

封建组织基本上是一种金字塔式的等级组织。处于塔顶的国王拥有国家的全部土地,是最大的封建主。国王和下属之间统治和被统治的关系是在逐级的土地分封中形成的。国王把土地分封给公爵、伯爵、边疆侯爵、教会主教以及修道院院长等大封建主,国王就成了这些大封建主的"封主"或领主,而受封的大封建主们则成为国王的附属和陪臣。作为受封的条件,他们必须向国王提供军事、财政方面的服务。大封建主又把土地分封给下一级的封建主如子爵、男爵等,并以同样的方式从他们那里获得服务。子爵、男爵再往下分封,直至最低一级的封建主骑士。

这种逐级分封制是一种连续的等级制。它除了确定上下级等级关系外,还确定了组织中的交流关系、决策关系、权力界限等。因此,封建主义是一种大规模的分权化事业。

但是,正如人们可以料到的,当时人们所面临的同样是如何平衡中央权力和地方自主权的问题。为了及时而灵活地适应当地条件而调整政策,必须有分权;而为了获得各部分对整体,以及整体对各部分的所有相互作用产生的利益,又必须有中央集权。在这一点上,西欧封建主义为我们提供的教训包括:

第一,组织通过等级控制可以加强其力量,但其前提是,组织上下必须有共同的利益。封建主义失败的原因就是错误地认为存在着这种共同的利益。埃及、希腊和罗马的管理者也有这种错误的认识。

第二,授权并不是放弃权力。授权者应当始终有权收回他授出的权力。授权是权力的授予而不是权力的让与。如果一个管理者需要在分权的基础上完成一项职能,他必须能对所授予的权力有所控制,否则,就会形成分权化的陷阱。

2. 威尼斯的商业管理

《威尼斯商人安德烈亚·巴尔巴里戈》(1418—1449)一书描绘了15世纪威尼斯商业的繁荣景象。当代管理者最感兴趣的是当时所采用的商业组织形式和会计管理手段。

(1) 商业组织

意大利在文艺复兴时期,企业组织的两种主要类型是合伙企业和合资企业。前者主要是为工商业公司设计和使用,后者通常用于一次性交易、矿藏勘探和探险企业。

许多大公司,如佛罗伦萨的科西摩·得·梅迪西,是一种组织紧密的合伙企业。这种合伙一般是一个有大量资本的人同一个资本较小的人合伙,期限通常为三至五年,也会重新展期。但典型的家族式合伙企业是一种松散的分权型组织,事实上这种企业是由兄弟们把继承来的遗产汇集在一起组成的。威尼斯的家族合伙企业有时是一种联合投资信托公司和控股公司。它拥有的财物包括不动产、政府债券、商品和商业应收款等。拥有巨大权力和财富的家族合伙企业常常能施加强大的经济和政治压力。

在合资的情况下,各个所有主只负有限责任。这种合资企业向政府申请获得营业执照后分成各股,每个股东按比例分摊企业的经营费用并分红。也有一种与不少股东相类似的存款人,他们与合资企业没有直接利害关系,只是为了获得利润而投资。

(2) 复式簿记制

威尼斯商人所从事的商业和财务活动必须有提供文件和记录的制度。15 世纪早期,威尼斯开始应用复式簿记,但是意大利其他地方对复式簿记的应用却早于威尼斯。复式簿记的实质在于分类账的应用。这种分类账早在 1340 年就在热那亚的银行中使用了。

威尼斯的索兰佐兄弟在 1410—1416 年间所用的账簿表明,日记账的主要作用就是作为分类账的依据。他们的做法是,首先把所有的交易都记在流水账上,再记入日记账,最后过到分类账上。这样"……如果你由于被劫、失火或船舶失事而失去了分类账……你就可以利用日记账而逐日地补上分类账的项目。"

1494 年,卢卡·帕西奥利(L. Paccioli)发表了一篇关于复式簿记制的论文,第一次用文字对这种会计方法做了说明。帕西奥利并没有发明复式簿记制,但他向所有的人推荐了这种簿记制。对管理学者来说,帕西奥利的著作具有重大意义。这是因为,从技术上讲,他推荐的方法已在很大程度上被现代会计所采用。帕西奥利著作中的许多段落可以无须改动就插入当代的会计学教科书中。此外,他还指出必须关心内部的管理控制。考虑到帕西奥利并不是一位商人,而是一位涉及数学、神学、建筑学和军事学等多种学科的学者和教师,他对管理方面的关心,表明人们已把工商管理看成是一门值得进行学术研究的学科了。起源于这个时期的系统的现代会计制度是第一批通用的管理方法之一。

3. 威尼斯的兵工厂管理

15 世纪的意大利,对管理思想的贡献不仅反映在商业方面,在工业方面也有不少创见。这一点集中体现在威尼斯兵工厂的管理中。威尼斯兵工厂是当时欧洲最大的工业,它占(水、陆)地面积 60 英亩,工人两千人,在管理上提供了丰富的经验。

(1) 成品部件的编号和储存

兵工厂所有的成品部件,如坐板、舵、桅杆、足带、桨等都要编上号码储存在指定的地方。这样在安装舰船时,就能以较省的时间和劳力找到所有部件,加快安装速度。而且,产品的系统存放也有助于实行装配线作业和精确计算存货。

（2）装配流水线作业

兵工厂安装舰船时，采用了类似20世纪流水作业的制度。各种零配件仓库都安排在运河两边。当舰船在运河中被拖着经过各仓库时，从窗口传出所需零部件。这样，大大提高了装配效率。

（3）标准化

威尼斯人显然认识到了标准化的好处。兵工厂制定了促进标准化的政策，如所有的弓都应该制造得使箭能够适用；所有的船尾柱应按同一设计建造，以便使每一个舵无须特别改装便能适用；所有的索具和甲板用具都应该统一；等等。标准化不仅可以降低生产成本，还可以提高零部件的互换性，提高维修效率。500年前威尼斯人便认识到了这一点。

（4）存货控制

在存货控制方面，兵工厂坚持仓库记录和检查制度。例如，什么武器在什么时候发送了出去，不管是谁命令发货的，都要有所记录；所有运出兵工厂的实物都由门卫负责检查，凡未经厂长签字放行的都不准运出。

（5）成本会计控制

在威尼斯兵工厂，由于发展而引起的各种业务问题中，首先是账目问题，其次是运用会计方法控制成本和支出。它的管理当局要求，无论从公开市场上购买产品或是按合同向手工工人提供材料和计件工资而换取产品，都要有完整而准确的账目。对于金钱、材料和人员所用时间也要有严密的会计记录。按照它的规章，所有的账目都合并为两本日记账和一本分类账。兵工厂负责保管现金的一位厂长保存一本日记账，另一本日记账由会计长保存并过到分类账中去。两位管账人每隔几个月就在一起核对他们的日记账和分类账，以防出现错误。每年9月结算分类账，每种账户分开进行，其余额则转入新的分类账中，老账本交由财务审核。

（6）人事管理

兵工厂在劳动纪律、工资报酬、考核晋升等方面都有完备的制度。工厂制定了严格的工作时数标准，并严格执行，工人按其工作分别付给计件工资和计时工资，如对制造木桨的一般按件计酬，而对于奴仆工作和捆绑木材和木板这类高强度工作按日计酬。在造船厂的某些行业，特别是木工行业，工人要通过考试才能被雇用。对于职工的升迁，工厂采用了类似20世纪人事经理采用的系统评价方法。它设置了一个委员会在每年的3月和9月开会评定每个工人的工作成绩，决定是否可以晋升或增加工资。此外，它们还规定了工间休息喝酒时间。每天供应五六次酒，作为工人正常报酬的一部分。这与20世纪初企业中实行的"休息喝咖啡"做法是相似的。

在这一阶段，西方管理理论尚未形成系统的理论。主要特点在于管理主要凭个人经验，靠饥饿政策迫使工人工作。但是，在管理思想、生产管理、工资奖励、成本核算、人事管理、领导方式、组织结构等方面,特别是在劳动组织问题上,对于西方管理理论的发展产生了重要的影响。

拓展阅读1-2

中国早期的管理思想

思考训练

1. 简述西方早期管理思想和中国早期管理思想的异曲同工之处。
2. 古埃及金字塔的实践当中体现了哪些早期管理思想?

学习延伸

由学生自愿组成小组,每组3~5人。利用课余时间,选择1~2个中小企业进行调查与访问,通过观察和分析企业的实践活动,分析和讨论企业的管理思想。

1.3　管理理论概述

学习目标

- 掌握古典管理理论的主要流派和基本观点。
- 掌握行为科学理论的主要流派和基本观点。
- 掌握现代管理理论的主要观点。
- 了解管理理论的新发展和发展趋势。

学习导读

一般来说,管理学形成之前可分成两个阶段:早期管理实践与管理思想阶段(从有了人类集体劳动开始到18世纪)和管理理论产生的萌芽阶段(从18世纪到19世纪末)。管理学形成后又分为三个阶段:古典管理理论阶段(20世纪初到20世纪30年代行为科学学派出现前)、现代管理理论阶段(20世纪30年代到20世纪80年代,主要指行为科学学派及管理理论丛林阶段)和当代管理理论阶段(20世纪80年代至今)。

1.3.1 古典管理理论

古典管理理论阶段是管理理论最初形成阶段,在这一阶段,侧重于从管理职能、组织方式等方面研究企业的效率问题,对人的心理因素考虑很少或根本不去考虑。其间,在美国、法国、德国分别活跃着具有奠基人地位的管理大师,即科学管理之父泰勒(F. W. Taylor,1856—1915)、管理理论之父法约尔(H. Fayol,1841—1925)以及组织理论之父马克斯·韦伯(M. Weber,1864—1920)。

1. 泰勒的科学管理理论

弗雷德里克·泰勒,生于美国费城,著名发明家和古典管理学家,科学管理的创始人,被尊称为"科学管理之父"。1883年获得新泽西州斯蒂文斯理工学院机械工程学学士学位,1884年升任米德维尔钢铁厂总工程师,1906年当选为美国机械工程学会(ASME)会长,同年获美国宾夕法尼亚大学名誉科学博士学位。泰勒一生致力于科学管理,主要著作有《科学管理原理》《计件工资制》《车间管理》《皮带传动》等。

泰勒的主要观点是通过提高效率来提高生产率,并且通过科学方法的应用来增加工人的工资。

(1) 主要观点

提高劳动生产率是泰勒创立科学管理理论的基本出发点,是泰勒确定科学管理的原理、方法的基础;达到最高工作效率的重要手段,是用科学的管理方法代替旧的经验管理,要求管理人员和工人双方友好合作和互相帮助代替对抗和斗争。

泰勒的原理主要包括:

第一,用科学(系统化的知识)代替凭经验的方法。对工人工作的各个组成部分进行科学的分析,以科学的操作方法代替陈旧的操作方法。制定科学的工艺规程,并用文件形式固定下来以利推广。

第二,在集体活动中取得协调一致以代替不一致。摈弃只顾自己的思想,促进工人之间的相互协作,根据科学的方法共同努力完成规定的工作任务。

第三,实现人们的彼此合作以代替混乱的个人主义。但管理人员和工人都必须对各自的工作负责。管理和劳动分离,把管理工作称为计划职能,工人的劳动称为执行职能。

第四,为最大的产出量而劳动,而不是限制产出量。在工资制度上实行差别计件制。对完成和超额完成工作定额的工人,以较高的工资率计件支付工资;对完不成定额的工人,则按较低的工资率支付工资。

第五,尽最大可能培养工人,从而使他们自己和他们的公司都取得最大的成就。科学地挑选工人,对工人进行培训教育以提高工人的技能,促进工人的进取心;对工人进行科学的选择、培训和提高。

（2）主要追随者

泰勒是科学管理的先锋，其追随和同行者也对科学管理作出了重要的贡献。泰勒及其同行者与追随者的理论与实践构成了泰勒制，人们称以泰勒为代表的学派为科学管理学派。

第一，亨利·甘特（Henry L. Gantt）

亨利·甘特出生于马里兰州的一个农民家庭。南北战争使美国防止了分裂，却导致了甘特家庭的贫穷。幼年的艰辛，使甘特明白了勤勉、俭朴、自省、奋斗的意义所在。1880年，当他在霍普金斯大学以优异成绩毕业时，他明白，大学的学习所得还远远不够。于是，他一边在自己原来的母校麦克多纳预备学校任教，一边在史蒂文斯技术学院继续学习。到1884年，他成为一名机械工程师。在麦克多纳从事自然科学和机械技术教学的经历，对他日后的职业生涯有着重大影响。1887年，甘特来到米德维尔钢铁厂任助理工程师，在这里，他结识了泰勒，并在后来和泰勒一起去了西蒙德公司和伯利恒公司。此后，甘特同泰勒密切合作，共同研究科学管理问题，直到离开伯利恒为止。1902年以后，甘特离开了泰勒，独立开业当咨询工程师，并先后在哥伦比亚、哈佛、耶鲁等大学任教。第一次世界大战期间，甘特放弃了赚钱的企业咨询，为政府和军队充当顾问，对造船厂、兵工厂的管理进行了深入的研究。因为甘特在战争期间的贡献，他获得了美国联邦政府的服务优异奖章。

在泰勒的众多追随者之中，甘特是一位举足轻重的人物。他与泰勒共事多年，并且深得泰勒制的思想精髓。但是，与泰勒相比，他处理问题的方法要渐进或者说温和得多。这一点泰勒是不大满意的，在泰勒眼里，甘特似乎有点态度暧昧，因此，二人经常发生争执。尽管如此，甘特仍然是泰勒创立和推广科学管理的最重要的合作者之一。由于甘特的思想方法以及处事风格与泰勒的不一致，因此，管理史学家丹尼尔 A. 雷恩把他称为"最不正统的"追随者。甘特的主要贡献如下：

一是发明了"甘特图"（Gantt Chart）。这种图现在常用来编制进度计划，是计划评审技术（PERT）的基石。由于甘特过去当过教员，因而他注意用图表方法对管理进行生动的说明。在早期，他用水平线条图说明工人完成任务的进展情况，每天把每个工人是否达到标准和获得奖金的情况用水平线条记录下来，达到标准的用黑色加以标明，未达到标准的用红色加以标明。这种图表对管理部门和工人本人都有帮助，因为图表上记载了工作的进展情况以及工人未能得到奖金的原因。管理部门能够根据图表指出缺点所在，并把进展情况的资料告诉工人；而工人则能直观地看到自己的工作成效。由于这种绘图办法提高了工作效率，甘特又进一步扩大了这种图表的范围，在图表上增加了许多内容，包括每天生产量的对比、成本控制、每台机器的工作量、每个工人实际完成的工作量及其与原先对工人工作量估计的对比情况、闲置机器的费用，以及其他项目，使这种图表发展为一种实用价值较高的管理工具。

二是要求对工人的科学选用，以及劳动者和管理者之间的"协调合作"。在管理方式上，甘特强调,任何企业取得成功的首要条件是采取一种被领导者愿意接受的领导方式。管理中的金钱刺激只是影响人们的许多动机中的一个动机,远远不是全部,作为管理者除了要重视经济因素外,还要更多地关注其他相关因素。有些管理学家认为,甘特的这些思想,是早期关于人类行为认识的里程碑,也是人际关系理论的先驱者。

三是甘特还提出了"计件奖励工资制"。即除了支付日工资外,超额完成定额部分,再计件给以奖金,完不成定额的,只能拿到日工资。这种制度比泰勒的"差别计件制"好,可使工人感到收入有保证,从而激发劳动积极性。这个事实第一次说明,工资收入有保证也是一种工作动力。泰勒的差别计件工资制着眼于工人个人,甘特则与泰勒不同,着眼于工人工作的集体性,所提出的任务加奖金制具有集体激励性质。甘特认为,泰勒的办法促进了管理者与工人之间的合作,但不能促进工人与工人之间的合作,而是促使工人进行单干。甘特在他的《劳动、工资和利润》中,论述了他的任务加奖金制设想。按照任务加奖金制的设想,工人在规定时间内完成定额,可以拿到规定报酬,另加一定奖金(如50美分)。如果工人在规定时间内不能完成定额,则不能拿到奖金。如果工人少于规定时间完成定额,则按时间比例另加奖金。另外,每一个工人达到定额标准,其工长可以拿到一定比例的奖金;一名工长领导下的工人完成定额的人数越多,工长的奖金比例就越高。假如一个工长领导10名工人,其中有5人能够完成定额,则工长拿 $0.05 \times 5 = 0.25$ 美元的奖金;但如果有9人完成定额,则工长拿 $0.1 \times 9 = 0.9$ 美元奖金。甘特所设计的这种奖金制度,对于工人来说形成了基本工资的保证,对于工长来说矫正了他们的管理方式。过去,工长与工人处于对立状态,而甘特的办法第一次把管理者培训工人的职责和工长的利益结合了起来。工人完成定额后给工长发奖金,使工长由原来的监工变成了工人的老师和帮助者,把关心生产转变成关心工人。这一点使甘特的设想成为人类行为早期研究的一个标志。

四是甘特也强调培训的必要性。甘特说:"我们做任何事情都必须符合人性。我们不能强迫人们干活;我们必须指导他们的发展。""过去的总政策是强迫,但是压力的时代必须让位于知识的时代,今后的政策将是教育和引导,将有利于一切有关的人。"

第二,吉尔布里思夫妇(Frank and Lillian Gilbreth)

莉莲·吉尔布里思(1878—1972),美国家庭管理心理学家。出生于美国加利福尼亚州奥克兰市,其丈夫是美国工程心理学家弗兰克·吉尔布里思。莉莲先在加利福尼亚大学获得文学学士学位,1915年获布朗大学博士学位。她曾和丈夫一起从事动作研究,并共同供职于一家工程咨询公司。1924年丈夫去世后,她一方面承担12个孩子的抚养、教育重担,另一方面扩大和发展其丈夫未完的研究工作。吉尔布里思1914年的博士论文是《管理心理学》,1928年在《和我们的孩子们生活在一起》一文中发表了她在儿童管理方面的经验,有关杂志也发表过她在动作研究方面的成果。1944年莉莲·吉尔布里思和弗兰克·吉尔布里思被授予美国机械工程协会奖章。她还在世界各地讲学,甚至在90岁以后,她的讲演对众人仍有着极大的吸引力。

莉莲的心理学研究，正如同她自己所预期的那样，在配合丈夫弗兰克的动作研究上有着突出的作用。尤其是她的疲劳研究，对弗兰克的工作帮助极大。莉莲认为，动作研究是为任务管理服务的。任务是"一个实实在在的目标，它既非漫不经心的选择，也非理论的产物，而是精心计算和综合分析结出的果实"。在这样一种理性任务的前提下，要想高效地完成任务，就要对工人的动作进行详细分析。加上莉莲还要对拥有12个孩子的庞大家庭实施有效的管理，导致莉莲对任务管理兴趣十足，在管理过程中分析操作者的动作细节。为了使动作研究更为精确，夫妇二人采用了当时刚刚出现的电影摄影技术，对工人手部动作进行了细致的分析，即任务完成的动作环节、有效动作、无效动作，如何改进和降低疲劳，等等。如果没有莉莲，弗兰克的"动作研究之父"称号就有可能大大逊色。

即便如此，莉莲在管理心理学方面的贡献也具有一定的独立性，她的成就是弗兰克的研究无法全部包含的。凭着心理学家的敏感，莉莲在实践中发现不能单纯地从工作的专业化、方法的标准化、操作的程序化来提高效率，还应该注意研究工人的心理。她认为："在应用科学管理原理时首先必须看到工人，并且了解他们的个性和需要。"从动作研究出发，莉莲最终深入到对个体心理的研究，最后她得出结论："一个人的思想是其效率的控制因素，通过教育，可以使个人充分利用他的能力。"所以，"良好的人际关系和工人训练对科学管理运动至关重要。"

第三，亨利·福特（Henry Ford）

亨利·福特（1863—1947），美国汽车工程师与企业家，于1903年创立福特汽车公司。1908年福特汽车公司生产出世界上第一辆属于普通百姓的汽车——T型车，世界汽车工业革命就此开始。

亨利·福特完成了20世纪商业史上惊天动地的三事情。

一是T型车，改变美国人的生活方式。1903年到1908年之间，亨利·福特和他的工程师们狂热地研制了19款不同的汽车，并按字母顺序将它们命名为A型车到S型车，其中有一些只是试验性车型，从未向公众推出。有的有两个或四个气缸，有的拥有六个；有的使用链式传动装置，有的则是轮式传动装置。这些汽车最终成了T型车的技术基础。T型车于1908年10月1日推出，很快就令千百万美国人着迷。T型车不仅为人们提供了独立的可能和更多的机遇且价格也很合理，最初售价850美元。随着设计和生产的不断改进，最终降到了260美元。第一年，T型车的产量达到10 660辆，创下了汽车行业的纪录。到了1921年，T型车的产量已占世界汽车总产量的56.6%。福特汽车公司的T型车不仅改变了世界，而且代表着至今仍推动福特汽车公司前进的、不断创新和客户至上的理念。亨利·福特希望T型车能够让人们买得起，操作简单，结实耐用。亨利·福特的目标是生产"全球车"。不论从哪方面讲，他都成功了。自1908年10月1日第一辆T型车交货以来，直至1927年夏天T型车成为历史，共售出1 500多万辆。

二是8小时5美元的工资，改变美国工人的工作方式。尽管亨利·福特的名字和大生产的概念相连,但他在劳工保护上得到同样的赞誉,因为他早在1913年便实行了用今天的标准来衡量依然是先进的标准。安全措施得到改进,日工作时间从当时普遍的10或12小时减少到8小时。为了适应更短的日工作时间,整个工厂从双班变成了三班。而且,病假和改善了的工伤医疗得以制度化。福特汽车公司是最早建立技术学校来培训专门技工和为移民开设英语学校的工厂之一,公司甚至为雇用残疾人和有前科的人而作出了一些努力。最受广泛称赞的革新是实行5美元一天的最低工资,其目的是招收和留住那些最好的技工并阻碍工会的发展。福特从效率和利润分享的角度来解释这项新的工资政策。他也提到这样一个事实:他的员工可以买他们生产的汽车——这实际上是为其产品另开辟了一个市场。为了够资格得到最低工资,员工必须建立一个得体的家庭并显示出良好的个人习惯,包括节制、俭省、勤勉和可靠。虽然有人批评福特过多地干涉了员工的私人生活,但毫无疑问,在移民们被用恶劣的方式剥削的时代,亨利·福特却帮助了许多人在美国扎下根来。

三是流水线模式,成为20世纪大规模生产的基础。到了1913年,亨利·福特50岁了,野心、精力、资源、经验,一切准备就绪。掌握财权使他有充分的空间实现梦想、承担风险;拥有核心生产技术使大规模生产获得了稳定的支撑;"无头衔管理"给内部运作加了润滑油,"高工资+福利"使工人有尊严地用心工作;长期积累下来的流程分解、优化经验最终导致了惊人的创新。世界上第一条流水装配线出现在1913年4月1日的福特汽车工厂,其想法来自芝加哥食品包装厂用来加工牛排的空中滑轮。早期的流水线上装配的是底盘,很快整车都在流水线上装配了。工人装配一台飞轮磁石电机曾经需要20分钟,后来工作被分解成29道工序,装配时间最终降低到5分钟,效率提高了四倍;直到1913年10月,装配一台发动机还要10个小时,半年后用传动装配线降低到6小时。福特公司后来日产量达4 000辆,工人还不到5万人——如果没有流水线,将不得不雇用20多万人。借助流水线,亨利·福特"单一品种、超大规模"的战略得以实施。T型车在20年内生产了1 500万辆,汽车从五六千美元的"富人专利"变成了几百美元的大众消费品。

因此有一些社会理论学家将这一段经济和社会历史称为"福特主义"。福特先生为此被尊为"为世界装上轮子"的人。

(3) 对后来管理理论的影响

科学管理的产生是管理从经验走向理论的标志,也是管理走向现代化、科学化的标志,科学管理对管理理论体系的形成和发展有着巨大的贡献。

第一,时间和动作研究。科学管理提出了时间和动作的科学研究方法。它发挥了以下几个作用:一是促进工具和设备的改良;二是通过标准时间和实际时间的比较来测定员工的劳动效率;三是标准作业时间可以作为奖励工资的基础,作为估算标准劳务费和制定生产、工程计划的基础。

第二,任务管理。科学管理所提出的任务管理是由科学地规定作业标准、实行标准化、实行激励工资等原理构成的,对今天的企业管理依然有很大的现实意义。任务管理假定员工是"经济人",其行为受经济因素影响最大。任务管理的基本思路是如何使员工达到已制定的科学的作业标准,从而提高生产效率。

第三,作业人员与管理者的分工协调。科学管理提出管理人员和作业工人的协调,实际上已经涉及企业内员工之间的人际关系协调这一内容,为以后的管理理论发展提出了问题。

第四,其他方面。一是打破了百多年沿袭下来的传统的落后的经验管理办法,将科学引进了管理领域;二是推动了生产的发展,适应了资本主义经济在这个时期的发展需要;三是管理职能与执行职能的分离使得管理理论的创立和发展有了实践基础。

科学管理的许多思想和做法至今仍被许多国家参照采用,泰勒最强有力的主张之一就是制造业的成本会计和控制,使成本成为计划和控制的一个不可缺少的组成部分。

泰勒的科学管理主要有两大贡献:一是管理要走向科学;二是劳资双方的精神革命。前者是有效管理的必要条件,后者是有效管理的必要心理。古希腊哲学家柏拉图曾构筑一段故事:航行在海上的一艘船上,某年轻力壮的水手在部分水手的拥戴下杀了有点年老且耳聋的船长……结果船失去了方向,结局只可能是 Titanic(泰坦尼克)!在当今,精神革命的实质就是通过合作将蛋糕做大,否则只能在沉默中死亡。当然,科学管理存在过于重视技术、强调个别作业效率且对人的看法有偏、忽视了企业的整体功能等历史局限性。所以,科学管理不是万能的,但没有科学管理却是万万不能的。

2. 法约尔的一般管理理论

泰勒的科学管理开创了西方古典管理理论的先河,在其被传播之时,欧洲也出现了一批古典管理的代表人物及其理论,其中影响最大的首推法约尔及其一般管理理论。

亨利·法约尔(1841—1925),欧洲的一位极为杰出的经营管理思想家。法约尔在一个煤矿公司当了 30 多年的总经理,创办过一个管理研究中心。

法约尔的研究与泰勒的不同在于:泰勒的研究是从工厂管理的一端——"车床前的工人"开始实施,从中归纳出科学的一般结论,重点内容是企业内部具体工作的效率;而法约尔则是从总经理的办公桌旁,以企业整体作为研究对象,创立了他的一般管理理论。

亨利·法约尔是直到 20 世纪上半叶为止,欧洲贡献给管理运动的最杰出的大师,被后人尊称为"现代经营管理之父"。他最主要的贡献在于三个方面:从经营职能中独立出管理活动,提出管理活动所需的五大职能和 14 条管理原则。这三个方面也是其一般管理理论的核心。

(1) 工业活动

法约尔将工业活动划分为六个方面:一是技术的(生产);二是商业的(采购、销售和交换);三是财务的(资金的筹集和最恰当的适用);四是安全的(财产和人身的保护,保证员工劳动安全和设备使用安全);五是会计的(包括统计);六是管理的(计划、组织、指挥、协调和控制)。

法约尔区别了经营和管理,认为这是两个不同的概念,管理包括在经营之中。通过对企业全部活动的分析,将管理活动从经营职能(包括技术、商业、财务、安全和会计等五大职能)中提炼出来,成为经营的第六项职能。进一步得出了普遍意义上的管理定义,即"管理是一种普遍的单独活动,有自己的一套知识体系,由各种职能构成,管理者通过完成各种职能来实现设定的目标。"

(2) 14 条管理原则

法约尔认为,要经营好一个企业,不仅要改善生产现场的管理,而且应当注意改善有关企业经营的上述六个方面的职能。法约尔承认对管理者教育的必要性,提出了管理人员解决问题时应遵循的 14 条原则:

第一,劳动分工。经济学家认为,劳动分工是有效使用劳动力所必需的专业化分工。法约尔将此项原则应用于各种管理工作和技术工作。劳动的专业化,使实行大规模生产和降低成本成为可能。

第二,职权和职责。法约尔断定职权和职责是有联系的。职责是职权的必然结果,同时又是职权所产生的。职权可以区分为职务权力和个人权力:职务权力是由职位产生的;个人权力是指由于担任职务者的智力、经验、道德价值观、过去的贡献等产生的权力。个人权力是职务权力不可缺少的条件。

第三,纪律。法约尔认为,纪律的实质是遵守公司各方达成的协议。要维护纪律就应做到:对协议进行详细说明,使协议明确而公正;各级领导要称职;在纪律遭到破坏时,要采取惩罚措施,但制裁要公正。

第四,命令的统一。命令的统一是指雇员只应接受一个上级的命令,即统一指挥。违背这个原则,就会使权力和纪律遭到严重的破坏。

第五,指导的统一。按照此项原则,具有同一个目标的各组的活动,都应该有一个领导和一个计划。

第六,个别利益服从总体利益。这是不言自明的,当发现二者不一致时,管理人员必须把它们协调起来。

第七,报酬。报酬和支付方法应当是公平的,尽可能使职工和公司双方满意,对贡献大、活动方向正确的职工要给予奖励。

第八,集中。集权的程度应视管理人员的个性、道德品质、下级人员的可靠性以及企业的规模、条件等情况而定,应从具体的环境来决定为获得"最好总体利益"所需的集中程度,要合理处理集权和分权的关系。

第九,等级系列。即从最上级到最下级各层权力联成的等级结构。它是一条权力线,用以贯彻执行统一的命令和保证信息传递的秩序。虽然没有必要去故意违反这个系列,但当在严格遵循它反而有害时,应减少层次。

第十,秩序。秩序即人和物各尽其能。"每一事物(一个人)各有其位;每一事物(每一个人)各在其位。"这实质上是一项关于安排事务和人的组织原则。

第十一，公平、平等。当管理人员对它的下属仁厚和公正时，则下属必将对他忠诚和尽力。

第十二，人员的稳定。法约尔发现人员的不必要流动是管理不良的原因和结果，并指出其危险性。

第十三，创新意识。也包括工作的主动性。创新意识表现在拟定并执行一个计划上。由于它是"有才智的人可以感受的满足之一"，法约尔劝告管理人员要"牺牲个人的虚荣心"而让下属人员去发挥创新。

第十四，团结精神。这是团结就是力量的原理，并且是命令统一原则的扩展。实现团结精神要强调集体协作的必要性和信息沟通的重要性。

没有原则，人们就处于黑暗和混乱之中，但是如果没有经验和尺度，即使有最好的原则，人们仍将处于困惑和不安中。原则是灯塔，它虽能照明所有的路，且一视同仁，但它只会被那些知道自己方向的人所利用。法约尔提出的管理原则，包含了许多对管理精髓的感悟。这些原则是用来指导理论和实际工作的，是指导行动的灵活信条，而不是一成不变的法则。教条化的理解只能导出教条化的结局——管理失效；要使管理真正有效，还必须积累自己的经验，并适宜地掌握合理运用这些原则的尺度。

(3) 管理要素

法约尔把管理要素划分为：计划、组织、指挥、协调和控制。经过后人若干年来的研究和体验，总的看来，法约尔的结论仍然是正确的。法约尔也强调：管理原则具有普遍性意义。这些原则不仅适用于企业，也适用于其他各种行业。

他认为，管理理论是"指有关管理的、得到普遍承认的理论，是经过普遍经验并得到论证的一套有关原则、标准、方法、程序等内容的完整体系；有关管理的理论和方法不仅适用于公私企业，也适用于军政机关和社会团体"。

(4) 其他贡献

法约尔的贡献还在于在管理的范畴、管理的组织理论、管理的原则方面提出了崭新的观点，为以后管理理论的发展奠定了基础。(泰勒在科学管理中的局限性主要是由法约尔加以补充的)

法约尔的一般管理理论是西方古典管理思想的重要代表，后来成为管理过程学派的理论基础(该学派将法约尔尊奉为开山祖师)，也是以后各种管理理论和管理实践的重要依据，对管理理论的发展和企业管理的历程均有着深刻的影响。管理之所以能够走进大学讲堂，全赖于法约尔的卓越贡献。一般管理思想的系统性和理论性强，对管理五大职能的分析为管理科学提供了一套科学的理论构架，来源于长期实践经验的管理原则给实际管理人员巨大的帮助，其中某些原则甚至以"公理"的形式为人们接受和使用。因此，继泰勒的科学管理之后，一般管理也被誉为管理史上的第二座丰碑。

3. 韦伯的官僚组织理论

被誉为"组织理论之父"的德国社会学家马克斯·韦伯(M. Weber,1864—1920)生于德国,曾担任过教授、政府顾问、编辑,对社会学、宗教学、经济学与政治学都有相当的造诣。韦伯的主要著作有《新教伦理与资本主义精神》《一般经济史》《社会和经济组织的理论》等。其中官僚组织理论(也译为行政组织理论),对后世产生了最为深远的影响,因此也被称为"组织理论之父"。

韦伯对组织管理理论的伟大贡献在于明确而系统地指出理想的组织应以合理合法的权力为基础,没有某种形式的权力,任何组织都不能实现自己的目标。为此,韦伯首推官僚组织。官僚制在19世纪已盛行于欧洲,韦伯提出的官僚组织理论为社会发展提供了一种高效率、合乎理性的管理体制。

(1) 组织的权力基础

韦伯把人类行为规律性地服从于一套规则作为社会学分析的基础。他认为一套支配行为的特殊规则的存在,是组织概念的本质所在。韦伯认为,任何组织都必须以某种形式的权力作为基础。韦伯将社会所接受的权力分为三种:法定权力、传统权力和神授权力。它们应该建立在以下基础上。

第一,合理基础。它是以一种对正规规则形式的"法律性",以及对那些升上掌权地位者根据这些条例发布命令的权力的信任作为基础的(法定权力)。

第二,传统基础。它是以一种对古老传统的神圣不可侵犯性及对根据这些传统行使权力者的地位合法性的既定信念作为基础的(传统权力)。

第三,神授基础。它是以对某一个人的特殊的、超凡的神圣性、英雄行为或典范品格的信仰,以及对这个人所启示或发布的规范榜样或命令的信仰作为基础的(神授权力)。韦伯认为人们对传统权力的服从是在习惯义务领域内的个人忠诚。领导人的作用似乎只为了维护传统,因而效率较低,不宜作为官僚组织体系的基础。超凡权力的合法性,完全依靠人们对于领袖人物的信仰,是非理性的,所以,超凡的权力形式也不宜作为官僚组织体系的基础。只有提供了慎重的公正的法定权力才能作为官僚组织体系的基础。

(2) 官僚组织的特征

有了适合于官僚组织体系的权力基础,韦伯勾画出理想的官僚组织模式具有下列特征。

第一,组织中的成员应有固定和正式的职责并依法行使职权。组织是根据合法程序确定的,应有其明确目标,并靠着这一套完整的法规制度,组织与规范成员的行为,以期有效地追求与达到组织的目标。

第二,组织的结构是由上而下逐层控制的体系。在组织内,按照地位的高低规定成员间命令与服从的关系。

第三,强调人与工作的关系,成员间只有对事的关系而无对人的关系。

第四,成员的选用与保障:每一职位均根据其资格限制(资历或学历),按自由契约原则,经公开考试合格予以使用,务求人尽其才。

第五,专业分工与技术训练:对成员进行合理分工并明确每人的工作范围及权责,并不断通过技术培训来提高工作效率。

第六，成员的工资及升迁：按职位支付薪金，并建立奖惩与升迁制度，使成员安心工作，培养其事业心。

韦伯认为，具有上述六项特征的组织可使组织表现出高度的理性化，其成员的工作行为也能达到预期的效果，组织目标也能顺利地达成。韦伯对理想的官僚组织模式的描绘，为官僚组织指明了一条制度化的组织准则，这是他在管理思想上的最大贡献。

1.3.2　行为科学理论

第二阶段现代管理理论阶段主要指行为科学学派及管理理论丛林阶段。

行为科学学派阶段主要研究个体行为、团体行为与组织行为，重视研究人的心理、行为等对高效率地实现组织目标的影响作用。行为科学的主要成果有梅奥(Mayo,1880—1949)的人际关系理论、马斯洛(A. H. Maslow,1908—1970)的需求层次理论、赫茨伯格(F. Herzberg)的双因素理论和麦克格雷格(D. M. McGregor,1906—1960)的"X 理论—Y 理论"等。

1. 需求层次理论

行为科学认为人的各种行为都是由一定的动机引起的，而动机又产生于人们本身存在的各种需要；人为了满足自己的需求，就要确定自己行为的目标。人都是为了达到一定的目标而行动的。这种从一定的需求出发，为达到某一目标而采取行动，进而实现需求的满足，而后又为新的需求产生新的行为的过程，是一个不断的激励过程。

亚伯拉罕·哈罗德·马斯洛(Abraham Harold Maslow)，美国社会心理学家、比较心理学家，人本主义心理学(Humanistic Psychology)的主要创建者之一，心理学第三势力的领导人。

马斯洛的人本主义心理学思想主要载于他 1954 年出版的《动机与个性》一书。他所指"动机"一词，并非如一般所持"动机是促发行为的内在力量"的说法；他所说的动机，是指人性本质中的善根。动机像一棵大树的种子，在长成大树之前，种子之内已蕴藏了将来成长为一棵大树的一切内在潜力。人类的动机也就是个人出生后一生成长发展的内在潜力。因此，马斯洛的动机理论亦即其人格发展理论。其主要观点如下。

(1) 需求层次

需求分为五级：生理的需求→安全的需求→社交的需求→尊重的需求→自我实现的需求。

第一，生理的需求。生理的需求是人们最原始、最基本的需求，如吃饭、穿衣、住宅、医疗等。若不满足，则有生命危险。这就是说，它是最强烈的不可缺少的最底层需求，也是推动人们行动的强大动力。显然，生理需求具有自我和种族保护的意义，以饥渴为主，是人类个体为了生存而必不可少的需求。当一个人存在多种需求时,例如同时缺乏食物、安全和爱情,总是缺乏食物的饥饿需求占有最大的优势,这说明当一个人被生理需求所控制时,那么其他一切需求都被推到幕后。

第二,安全的需求。安全的需求要求劳动安全、职业安全、生活稳定、免于灾难、未来有保障等。具体表现在:一是物质上的,如操作安全、劳动保护和保健待遇等;二是经济上的,如失业、意外事故、养老等;三是心理上的,希望解除严酷监督的威胁、希望免受不公正待遇,希望工作有应付能力和信心。安全的需求比生理的需求较高一级,当人们的生理需求得到满足以后就开始寻求安全的需求。每一个人,都会有安全的欲望、自由的欲望、防御的欲望。

第三,社交的需求。社交的需求也叫归属与爱的需求,是指个人渴望得到家庭、团体、朋友、同事的关怀爱护理解,是对友情、信任、温暖、爱情的需求。社交的需求比生理的需求和安全的需求更细微、更难捉摸。它包括:一是社交欲。希望和同事保持友谊与忠诚的伙伴关系,希望得到互爱等。二是归属感。希望有所归属,成为团体的一员,在个人有困难时能互相帮助,希望有熟识的友人能倾吐心里话、说说意见,甚至发发牢骚。爱不单是指两性间的爱,而是广义的,体现在互相信任、深深理解和相互给予上,包括给予和接受爱。社交的需求与个人性格、经历、生活区域、民族、生活习惯、宗教信仰等都有关系,这种需求是难以察悟,无法度量的。

第四,尊重的需求。尊重的需求分为自尊、他尊和权力欲三类,包括自我尊重、自我评价以及尊重别人。与自尊有关的,如自尊心、自信心,对独立、知识、成就、能力的需求等。尊重的需求也可以如此划分:一是渴望实力、成就、适应性和面向世界的自信心,以及渴望独立与自由。二是渴望名誉与声望。声望为来自别人的尊重、受人赏识。满足自我尊重的需求导致自信、价值与能力体验、力量及适应性增强等多方面的感觉,而阻挠这些需求将产生自卑感、虚弱感和无能感。基于这种需求,愿意把工作做得更好,希望受到别人重视,借以自我炫耀,指望有成长的机会、有出头的可能。显然,尊重的需求很少能够得到完全的满足,但基本上的满足就可产生推动力。这种需求一旦成为推动力,将会令人具有持久的干劲。

第五,自我实现的需求。自我实现的需求是最高等级的需求。满足这种需求就要求完成与自己能力相称的工作,最充分地发挥自己的潜在能力,成为所期望的人物。这是一种创造的需求。有自我实现需求的人,似乎在竭尽所能,使自己趋于完美。自我实现意味着充分地、活跃地、忘我地、集中全力、全神贯注地体验生活。成就感与成长欲不同,成就感追求一定的理想,往往废寝忘食地工作,把工作当成一种创作活动,希望为人们解决重大课题,从而完全实现自己的抱负。马斯洛特别强调顶峰体验的概念。顶峰体验(peak experience)指自我实现者在人生历程中曾有过体验到欣喜感、完美感及幸福感的经验。顶峰体验多在人生领悟、至爱授受、苦尽甘来或宗教悟道等情境下产生,是人生难得的经验,只有实际经历过的人才会有此体验。高峰体验是人类的共同感受,每个正常人都可能在生活中得到这种体验。自我实现者的高峰体验频率较高且程度较深。

(2) 基本观点

第一,人是有需求的,需求是分层次的,只有尚未满足的需求能够影响行为,已经得到满足的需求不能起激励作用;第二,人的需求有轻重层次,某一个需求得到满足之后,另一个需求才出现。

五种需求可以分为两级,其中生理的需求、安全的需求和社交的需求都属于低一级的需求,这些需求通过外部条件就可以满足;而尊重的需求和自我实现的需求是高级需求,它们是通过内部因素才能满足的,而且一个人对尊重的需求和自我实现的需求是无止境的。同一时期,一个人可能有几种需求,但每一时期总有一种需求占支配地位,对行为起决定作用。任何一种需求都不会因为更高层次需求的发展而消失。各层次的需求相互依赖和重叠,高层次的需求发展后,低层次的需求仍然存在,只是对行为影响的程度大大减小。

举例来说,一个真正的乞丐想得最多的是怎样得到一个馒头,他不会去考虑怎样成为一个公司的老板;当一个老板有了钱,他不会计较一个馒头多少钱,他可能想得更多的是怎样出名,在社会上更有地位。因此人的需求层次是按照一定的规律逐步提升的,先是温饱这样基本的生理需求,然后才是舒适和荣誉。所谓"饱暖思淫欲",人只有在吃饱穿暖后才会去追求更高层次的精神需求。

2. 双因素理论

弗雷德里克·赫茨伯格(Frederick Herzberg,1923—),美国心理学家、管理理论家、行为科学家,双因素理论的创始人。赫茨伯格在管理学界的巨大声望,是因为他提出了著名的"激励与保健因素理论"即"双因素理论"。双因素理论是他最主要的成就,在工作丰富化方面,他也进行了开创性的研究。

(1) 两类因素

20世纪50年代末期,赫茨伯格和同事们对匹兹堡附近一些工商业机构的约200位专业人士作了一次调查。在调查访问后他发现,使职工感到满意的都是属于工作本身或工作内容方面的;使职工感到不满的,都是属于工作环境或工作关系方面的。他把前者叫作激励因素,把后者叫作保健因素。

保健因素的满足对职工产生的效果类似于卫生保健对身体健康所起的作用。保健从人的环境中消除有害于健康的事物,它不能直接提高健康水平,但有预防疾病的效果;它不是治疗性的,而是预防性的。保健因素包括公司政策、管理措施、监督、人际关系、物质工作条件、工资、福利等。当这些因素恶化到人们认为可以接受的水平以下时,就会产生对工作的不满意。但是,当人们认为这些因素很好时,它只是消除了不满意,并不会导致积极的态度,这就形成了某种既不是满意、又不是不满意的中性状态。

那些能带来积极态度、满意和激励作用的因素就叫作"激励因素",这是那些能满足个人自我实现需要的因素,包括成就、赏识、挑战性的工作、增加的工作责任,以及成长和发展的机会。如果这些因素具备了,就能对人们产生更大的激励。

(2) 基本观点

双因素理论与需求层次理论有很大的相似性。需求层次理论的高层需求就是双因素理论的激励因素,而为了维持生活所必须满足的低层需求则相当于保健因素。可以说双因素理论对需求层次理论作了补充。

保健因素(不满)是由外界工作环境引起的,它是必须有的,缺失时产生不满,具备时没有不满;激励因素(满意)是由工作本身产生的,它是可有可无的,具备时产生满意,缺失时没有满意。

激励因素是指那些与工作本身特点和内容联系在一起的,能促使人们产生工作满意或得到奖励的因素。换言之,拿钱干活不是激励,只有一个人自己拥有动机时,我们才可以说受到了激励。

实施激励机制永远是企业最关心的问题,必须将人员的激励摆在优先考虑的位置,把人员激励作为一项长期的持续的工作来策划,充分挖掘和发挥员工的内在潜能,激发员工追求卓越而不是得过且过,为企业激发异乎寻常的生产力,使员工自觉自愿为实现企业目标而奋斗,唯此才能不断提高企业的市场竞争力,才能在激烈的竞争中站稳脚跟,有所建树。

3. X理论、Y理论、Z理论

《三字经》里有:"人之初,性本善。性相近,习相远。"新加坡国际大专辩论赛曾有个辩题"人之初,性本善还是性本恶"。那么,人性是"性本善"还是"性本恶"?

关于人性的假设,不同的人有不同的看法。总的来说,有经济人假设、社会人假设、自动人假设、复杂人假设等4种观点(见图1-1),不同的假设会导致不同的管理方法。下面介绍的X理论、Y理论、Z理论等便是以不同的人性假设为前提的。

理论	1. 性恶论	2. 性善论	3. 尽性主义	4. 流水人性
	人之初,性本恶(法家)	人之初,性本善(儒家)	个性中心论	善恶不是天生,是后天教育的结果
内涵	目好色,耳好声,口好味,心好利,骨体肤里好愉逸。(荀子)	恻隐之心羞恶之心辞让之心是非之心(孟子)	把各人的天赋良能发挥到十分圆满,人人可以自立。(梁启超)	人性无善与不善,犹水无分东西,决诸东方则东流,决诸西方则西流。(告子)

图1-1 人性假设的不同观点

(1) X 理论

道格拉斯·麦克格雷格(Douglas M. Mc Gregor,1906—1964),美国著名的行为科学家,人性假设理论创始人,管理理论的奠基人之一,X 理论—Y 理论管理大师。

除了人的工作动机之外,我们还必须知道人是如何看待工作的。这个问题在学术界一直有争议。麦克格雷格认为,有关人的性质和人的行为的假设对于决定管理人员的工作方式来讲是极为重要的。各种管理人员以他们对人的性质的假设为依据,可用不同的方式来组织、控制和激励。基于这种思想,道格拉斯·麦克格雷格提出了有关人性的两种截然不同的观点:一种是消极的 X 理论,即人性本恶;另一种是基本上积极的 Y 理论,即人性本善。这一理论任何一位管理者都应当熟知并娴熟运用。X 理论阐述了独裁式的管理风格,而 Y 理论则阐述了民主式的管理风格。通过观察管理者处理员工关系的方式,麦克格雷格发现,管理者关于人性的观点是建立在一些假设基础之上的,而管理者又根据这些假设来塑造他们自己对下属的行为方式。基于这种思想,他提出了 X 理论—Y 理论。

X 理论的主要观点如下:

第一,人的本性是坏的,一般人都有好逸恶劳、尽可能逃避工作的特性;

第二,由于人有厌恶工作的特性,因此对大多数人来说,仅用奖赏的办法不足以战胜其厌恶工作的倾向,必须进行强制、监督、指挥,并惩罚进行威胁,才能使他们付出足够的努力去完成给定的工作目标;

第三,一般人都胸无大志,通常满足于平平稳稳地完成工作,而不喜欢承担责任和创造性的困难工作。

现代社会人们的生活水平普遍提高,人们最基本的生理和安全的需要都得到了相当的满足。麦克格雷格的 X 理论的那种萝卜加大棒式的管理理论针对较低层次的生理的需要和安全的需要有效,而对于社交、尊重和自我实现这三种较高层次的需要无法给予满足。但是,由于使得职工的较低需要得到了满足,管理人员就使得自己再也不能应用传统所讲的各种方法作为激励因素。要想真正有效地管理,人性的基本假设就要变化。如果人性的基本假设不变,即使有时候采用了分权式的目标管理、民主协商的管理方式等新的管理策略,那也只是新瓶装旧酒,虽然表面上像是新的一样,实质上来说也是起不到作用的。麦克格雷格认为,虽然当时工业组织中人的行为表现同 X 理论所提出的各种情况大致相似,但是人的这些行为表现并不是人固有的天性所引起的,而是现有工业组织的性质、管理思想政策所造成的。他确信 X 理论所用的传统的研究方法建立在错误的因果观念的基础上。通过对人的行为动机和马斯洛的需要层次论的研究,他为"X 理论通行在美国工商界,并实实在在地影响了管理战略"而感到悲哀。

(2) 霍桑试验

梅奥(George Elton Myao,1880—1949)是原籍澳大利亚的美国行为科学家,人际关系理论的创始人,主要代表著作有《组织中的人》和《管理和士气》。

梅奥在美国西方电器公司霍桑工厂进行了长达九年的实验研究——霍桑试验,真正揭开了作为组织中的人的行为研究的序幕。

霍桑试验的初衷是由科学管理的思想统率的,试图通过改善工作条件与环境等外在条件,找到提高生产率的途径。从1924年到1932年,先后进行了四个阶段的实验:照明试验、继电器装配工人小组试验、大规模访谈和对接线板接线工作室的研究。但是,试验结果却无法用科学管理理论来解释。

无论工作条件是改善还是取消改善,试验组和非试验组的产量都在不断上升;

在试验计件工资对生产效率的影响时,发现生产小组内有一种默契,大部分工人有意限制自己的产量,否则就会受到小组的冷遇和排斥,奖励性工资并未像科学管理理论认为的那样使工人最大限度地提高生产效率;

在历时两年的大规模的访谈试验中,职工由于可以不受拘束地谈自己的想法,发泄心中的闷气,从而态度有所改变,生产率相应地得到提高。

梅奥根据霍桑试验的结果,提出了人际关系理论,主要观点如下:

第一,从根本上讲,人是由社会需要引起工作动机的,并且通过与同事的关系而获得认同感;

第二,工业革命和工业合理化的结果,使工作本身失去了意义,因此只能从工作上的社会关系去寻求意义;

第三,比起管理者所给予的经济诱因及控制,员工更为重视对同事们的社会影响力;

第四,员工的工作效率随着上司能满足他们社会需要的程度而改变。

(3) Y 理论

Y 理论的主要观点如下:

第一,一般人都是勤奋的,如果环境条件有利,工作就如同游戏或休息一样自然;

第二,控制和惩罚不是实现组织目标的唯一手段。人们在执行任务过程中能够自我指导和自我控制;

第三,在适当条件下,一般人不仅会接受某种职责,而且会主动寻求职责;

第四,大多数人在解决组织的困难问题时,都能发挥出高度的想象力、聪明才智和创造性;

第五,有自我满足和自我实现需要的人,往往以达到组织目标作为自己致力于实现目标的最大报酬;

第六,在现代社会条件下,一般人的智能潜力只得到了一部分的发挥。

X 理论的假设是静止地看人,现在已经过时了;Y 理论则是以动态的观点来看人,但这一理论也有很大的局限性。有些行为科学家批评了 Y 理论的一些缺陷。他们指出,Y 理论对人的特性的假设有其积极的一面,它为管理人员提供了一种对于人的乐观主义的看法,而这种乐观主义的看法对争取职工的协作和热情支持是必需的。但是,麦克格雷格只看到了问题的一面。固然不能说所有的人天生就是懒惰而不愿负责任的,但在现实生活中有些人确实是这样的,而且坚决不愿改变。对于这些人,应用 Y 理论进行管理,难免会失败。而且,要发展和实现人的智慧潜能,就必须有合适的工作环境,但这种合适的工作环境并不是经常有的,要创造出这样一种环境来,成本也往往太高。所以,Y 理论也并不是普遍适用的。

(4) 超 Y 理论

超 Y 理论产生于 20 世纪 60 年代至 70 年代。其代表人物有雪恩(E. H. Schein)、摩尔斯(J. J. Morse)和洛斯奇(J. W. Lorsch)等。该理论认为,无论是"经济人""社会人",或者"自动人"假设,虽然各有其合理性的一面,但并不适合于一切人。因为,一个现实的人,其心理与行为是很复杂的,人是有个体差异的。人不但有各种不同的需要和潜能,而且就个人而言,其需要与潜能,也随年龄的增长、知识能力的提高、角色与人际关系的变化而发生改变。不能把人视为某种单纯的人,实际上存在的是一种具体的"复杂人"。依据这一理论,便提出了管理上的"超 Y 理论",即权变理论。它认为,不存在一种一成不变,普遍适用的管理模式,应该依据组织的现实情况,采取相应的管理措施。

超 Y 理论的主要观点如下:

第一,人的需要是多种多样的,而且这些需要随着人的发展和生活条件的变化而发生改变;

第二,人在同一时间内有各种需要和动机,这些需要和动机会发生相互作用并结合为统一的整体,形成错综复杂的动机模式;

第三,人在组织中的工作和生活条件是不断变化的,因而会产生新的需要和动机;

第四,人在不同单位和不同部门工作,会产生不同的需要;

第五,由于人的需要不同,能力各异,对不同的管理方式会有不同的反应,因此没有适合于任何组织、任何时间、任何个人的统一的管理方式。

(5) Z 理论

Z 理论是由美国日裔学者威廉·大内(William Ouchi)在 1981 年出版的《Z 理论》一书中提出来的,其研究的内容为人与企业、人与工作的关系。

威廉·大内是美国斯坦福大学的企业管理硕士,在芝加哥大学获企业管理博士学位。他从 1973 年开始专门研究日本企业管理,经过调查比较日美两国管理的经验,提出 Z 理论。

在 Z 理论的研究过程中,大内选择了日美两国的一些典型企业进行研究。这些企业都在本国及对方国家中设有子公司或工厂,采取不同类型的管理方式。大内的研究表明,日本的经营管理方式一般较美国的效率更高,这与 20 世纪 70 年代后期起日本经济咄咄逼人的气势是吻合的。作者因此提出,美国的企业应该结合本国的特点,向日本企业管理方式学习,形成自己的管理方式。他把这种管理方式归结为 Z 型管理方式,并对这种方式进行了理论上的概括,称为"Z 理论"。该书在出版后立即得到了广泛重视,成为 20 世纪 80 年代初研究管理问题的名著之一。《Z 理论》一书与《成功之路》《日本和管理艺术》《公司文化》一起被称为美国管理"四重奏"。）

Z理论主要观点如下：

第一，企业对职工的雇用应该是长期的而不是短期的；

第二，集体决策（上下结合制定决策，鼓励员工参与企业的管理工作）；

第三，个人负责制；

第四，适度的专业化职业道路（对职工要进行知识全面的培训，使职工有多方面工作的经验）；

第五，缓慢的评定与提升；

第六，含蓄控制与明确控制相结合（控制机制要较为含蓄而不正规，但检测手段要正规）；

第七，整体关心，包括对员工家庭的关心。

4．对后来的影响

行为科学既是管理理论的发展又是管理实践的总结，它的产生和发展对管理理论和管理实践都有巨大的贡献。

第一，社会人假定。社会中的个人绝不是唯利是图的纯经济人，而是作为某一社会群体一员的有归属的"社会人"。"社会人"固然有追求收入的需求和动机，但并不唯此，他在工作生活中还需要得到安全、友谊、尊重和归属等需要。

第二，需求因素和激励。行为科学进一步对人的需求、动机和行为的关系进行研究。如产生了需要层次理论，双因素理论，X理论、Y理论、Z理论等。

第三，作业组合。每个组织都具有由其既定的目标而产生的技术要求。实现这些目标就要求完成某些工作，而组织成员就得组成不同的作业组合。作业组合是完成一定工作任务的团队，团队是正式组织，团队内还会存在非正式组织。

第四，领导理论。领导是一个个人向其他人施加影响的过程，影响的基础在于权力。一个领导者可以对下属施加影响在于他拥有五种不同的权力：法定权、专长权、个人影响权、强制权和奖励权。行为科学提出了三种广义的领导理论：性格理论、个人行为理论、权变理论。

1.3.3 现代管理理论

20世纪40年代到80年代，除了行为科学学派得到长足发展以外，许多管理学者都从各自不同的角度发表自己对管理学的见解。这其中主要的代表学派有：管理过程学派、管理科学学派、社会系统学派、决策理论学派、系统理论学派、经验主义学派、经理角色学派和权变理论学派等。这些管理学派研究方法众多，管理理论不统一，各个学派各有自己的代表人物，各有自己的用词意义，各有自己所主张的理论、概念和方法，哈洛德·

孔茨(H. Koontz,1908—1984)称其为管理理论丛林。孔茨在1961年12月发表了《管理理论的丛林》一文,19年后又发表了《再论管理理论的丛林》,对管理流派进行分类,指出管理已由6个学派发展形成了11个学派。

1. 经验主义学派

经验主义学派也被称为经理主义学派、案例学派,以向企业的经理提供管理企业的成功经验和科学方法为目标。经验主义学派认为应该从企业管理的实际出发,研究企业的成功经验和失败教训,加以总结归纳,找出有共性的东西,并上升到理性认识,通过这种办法来学习管理,并为管理者提供有益的建议。

经验主义学派的管理者认为必须研究管理案例,通过案例研究向一些大企业的经理提供在相同情况下的管理经验和方法。在他们看来,只有经验主义学说才能有效地指导管理实践。

经验主义学派主张通过分析经验来研究管理问题。经验主义学派的主要代表人物有:

美国的彼得·德鲁克,代表著作有《管理的实践》《有效的管理者》《管理、任务、责任、实践》《动乱时代中的管理》。

欧内斯特·戴尔,美国管理学家,主要著作有《公司组织结构的计划和发展》《伟大的组织者》《组织中的参谋工作》《伟大的组织者:组织的理论与实践》。

艾尔福雷德·斯隆,美国高级经理人员,曾长期担任美国通用汽车公司的总经理和董事长。他是事业部管理体制的首创人之一。斯隆设计出一种使集权和分权得到较好平衡的组织模式,通用汽车公司在他的领导下,迅速发展并成为世界上最大的汽车公司。

威廉·纽曼,美国管理学家,他的主要代表著作有:《经济活动:组织和管理技术》《管理的过程》。

2. 人际行为学派

人际行为学派是从20世纪60年代的人类行为学派演变来的,以个人心理学为基础。这个学派认为,既然管理是通过别人或同别人一起去完成工作,那么,对管理学的研究就必须围绕人际关系这个核心来进行。这个学派把有关的社会科学原有的或新近提出的理论、方法和技术用来研究人与人之间和人群内部的各种现象,从个人的品性动态一直到文化关系,无所不涉及。这个学派注重管理中"人"的因素,认为在人们为实现其目标而结成团体一起工作时,他们应该互相了解。

3. 群体行为学派

群体行为学派是从人类行为学派中分化出来的,因此同人际行为学派关系密切,甚至易于混同。但它关心的主要是群体中人的行为,而不是人际关系。它以社会学、人类学和社会心理学为基础,而不以个人心理学为基础。它着重研究各种群体行为方式。从小群体的文化和行为方式,到大群体的行为特点,都在其研究之列。它也常被叫作"组织行为学"。"组织"一词在这里可以表示公司、政府机构、医院或其他任何一种事业中一组群体关系的体系和类型。有时则按切斯特·巴纳德的用法,用来表示人们间的协作关系。所谓正式组织则指一种有着自觉的精心筹划的共同目的的组织。克里斯·阿吉里斯甚至用"组织"一词来概括"集体事业中所有参加者的所有行为"。

4. 社会协作系统学派

社会协作系统学派与行为学派关系密切而且常常互相混同。有些人,如马奇和西蒙,把社会系统(即一种文化的相互关系系统)只限于正式组织,把"组织"这个词同企业等同起来,而不是指管理学中最常用的那项职权活动概念。另外一些人则不区分正式组织和非正式组织,而把所有人类关系的各种系统都包括进来。这个学派的创始人是切斯特·巴纳德。这个学派对管理学作出过许多值得注意的贡献。把有组织的企业看成是一个受文化环境的压力和冲突支配的社会有机体,这对管理的理论和实际工作人员都是有帮助的。而在另外一些方面,如对组织职权的制度基础的认识、对非正式组织的影响的认识,以及对怀特·巴基称之为"组织黏合剂"的一些社会因素的认识,则帮助更大。巴纳德还有其他一些颇有教益的见解,如他的关于激励的经济性的思想,把社会学认识引入管理实践之中,等等。

5. 社会技术系统学派

社会技术系统学派的创始人是特里司特及其在英国塔维斯托克研究所中的同事。他们通过对英国煤矿中长壁采煤法生产问题的研究,发现只分析企业中的社会方面是不够的,还必须注意其技术方面。他们发现,企业中的技术系统(如机器设备和采掘方法)对社会系统有很大的影响,个人态度和群体行为都受到人们在其中工作的技术系统的重大影响。因此,他们认为,必须把企业中的社会系统同技术系统结合起来考虑,着重在生产办公室业务以及在技术系统和人际之间具有紧密关系的其他方面,而管理者的一项主要任务就是要确保这两个系统相互协调。

6. 系统管理学派

系统管理学派认为,系统是有范围的,但它们也和外部环境一起相互影响,即组织是开放系统,认识到研究一个组织和许多子系统内的计划组织和控制的内部关系的重要性。近年来,许多管理学家都强调管理学研究与分析中的系统方法,他们认为系统方法是形成、表述和理解管理思想最有效的手段。所谓系统,实质上就是由相互联系或相互依存的一组事物或其组合所形成的复杂统一体。这些事物可以像汽车发动机上的零件那样是实物,也可以像人体各组成部分那样是生物的,还可以像综合起来的管理概念、原则、理论和方法那样是理论上的。

系统科学的主要代表人物有：一般系统论的创始人贝塔朗菲,控制论的创始人诺伯特·维纳,信息论的创始人申农,耗散结构的建立者普利高津,协同论的理论创始人哈肯及突变论的创始人托姆等。

一般系统理论建立之后,有的学者把它应用于工商企业的管理,因而形成了系统观理论。这一理论的主要代表人物有：理查德·约翰逊、弗里蒙特·卡斯特、詹姆士·罗森茨韦克、米勒、梅萨·罗维奇。

代表著作有：萨多夫斯基,《一般系统理论原理》；贝塔朗菲,《一般系统论》；普利津高,《从混沌到有序》；哈肯,《协同论》；艾根,《超循环论》等。

系统管理学派的经典著作是：1963年约翰逊、卡斯特、罗森茨韦克三人合著的《系统理论与管理》以及1970年卡斯特、罗森茨韦克二人合著的《组织与管理——一种系统学说》。

7. 决策理论学派

决策理论学派的人数正在增加,而且都是学者。他们的基本观点是,由于决策是管理的主要任务,因而应集中研究决策问题。他们认为,管理是以决策为特征的,所以管理理论应围绕决策这个核心来建立。

西蒙是决策理论学派的主要代表人物,将社会系统理论同心理学、行为科学、系统理论、计算机技术、运筹学结合起来考察人们在决策中的思维过程,并分析了程序化决策和非程序化决策及其使用的传统技术和现代技术,提出了目标—手段分析法等决策的辅助工具,被人们认为对经理人员的决策的确有帮助,并为今后对人工智能等问题的深入研究提供了基础。由于西蒙在决策理论研究方面的突出贡献,被授予1978年度的诺贝尔经济学奖。

詹姆斯·马奇是决策理论的一个重要代表人物,以后又同赛叶特一起创建了企业行为理论,对决策管理理论的形成和发展做出了贡献,尤其是有关组织理论方面的研究。马奇的代表作是《组织》《公司行为理论》。

8. 数量管理学派

尽管各种管理理论学派都在一定程度上应用数学方法,但只有数量管理学派把管理看成是一个数学模型和程序的系统。这个学派的人士有时颇为自负地给自己取上一个"管理科学家"的美名。这类人的一个永恒的信念是,只要管理、或组织、或计划、或决策是一个逻辑过程,就能用数学符号和运算关系来予以表示。

布莱克特是数量管理学派的主要代表人物。他是一位物理学教授,诺贝尔奖获得者。管理科学在创建时有各方面的专家参加布莱克特领导的运筹学小组,该小组在第二次世界大战中发挥了重大的作用。布莱克特的代表著作是《运筹学方法论上的某些方面》。

丹齐于1947年在研究美国空军自愿配置问题时,提出了求解线性规划问题的一般方法——单纯形法,从此运筹学在美国逐渐应用到民用企业中去。

9. 权变理论学派

"权变"是指偶然事件或偶然性。权变理论的主要含义是:权宜应变。因此,权变理论也称为因地制宜理论、情景管理理论、形势管理理论以及情况决定论等。它是20世纪70年代在美国形成的一种管理理论。权变理论学派的核心就是力图研究组织的各子系统内部和各子系统之间的相互联系,以及组织和它所处的环境之间的联系,并确定各种变数的关系类型和结构类型。它强调在管理中要根据组织所处的内外部条件随机应变,针对不同的具体情况寻求不同的最适合的管理模式、方案或方法。

权变理论是一种较新的管理思想,权变理论学派的主要代表人物有:

英国学者伯恩斯和斯托克。他们最早运用权变思想来研究管理问题,并合著了《革新的管理》一书。

美国学者劳伦斯和洛希。1967年两人合写《组织和环境》一书,论述了外部环境和组织结构之间的关系,提出组织结构的主要特点是分散化和整体化。

美国学者卢桑斯。主要著作有《权变管理理论:走出丛林的道路》《管理导论:一种权变学说》。管理学界一般认为,卢桑斯的"如果——就要"关系理论是权变理论的思想基础。卢桑斯将现存的管理理论划分为四种学派,即过程学派、计量学派(或称管理科学学派)、行为学派和系统学派。他将自己的理论视为对上述理论的发展。他的管理理论重点突出了将管理与环境妥善结合起来,并使管理理论更贴近管理实践。

英国女管理学家伍德沃德。她的主要著作有《经营管理和工艺技术》《工业组织:理论和实践》《工业组织:行为和控制》。

莫尔斯和洛希。主要著作有《超Y理论》《组织及其成员:权变方式》。

费德勒。主要著作有《领导游戏:使人适合情况》。

卡斯特和罗森茨韦克。主要著作有《组织与管理:系统观点与权变理论》等。

10. 管理任务学派

明茨伯格的管理任务法(经理角色学派),最初的研究是对五位总经理进行的观察,在此基础上确定了主管人员的十项任务并分为三类:人际关系的任务、信息的任务、决策的任务。

这是最新的一个学派,同时受到管理学者和实际管理者的重视,其推广得力于亨利·明茨伯格。这个学派主要通过观察经理的实际活动来明确经理角色的内容。对经理(从总经理到领班)实际工作进行研究的人早就有,但把这种研究发展成为一个众所周知的学派的却是明茨伯格。

11. 7-S 结构体系学派

麦肯锡的 7-S 结构体系：一是策略(strategy)，二是结构(structure)，三是系统(systems)，四是人员(staff)，五是技能(skills)，六是作风(style)，七是共有价值观(shared values)。

1.3.4 管理理论新发展

第三阶段是当代管理理论阶段。进入 20 世纪 80 年代以后，随着社会、经济、文化的迅速发展，特别是信息技术的发展与知识经济的出现，世界形势发生了极为深刻的变化。面对信息化、全球化、经济一体化等新的形势，企业之间的竞争加剧，联系增强，管理出现了深刻的变化与全新的格局。正是在这样的形势下，管理出现了一些全新的发展趋势。

1. 战略管理理论

20 世纪 70 年代前后，世界进入到科技、信息、经济全面飞速发展时期，同时竞争加剧，风险日增。为了谋求企业的长期生存发展，开始注重构建竞争优势。这样，在经历了长期规划、战略规划等阶段之后，形成了较为系统的战略管理理论。

安索夫(Ansoff)的《公司战略》(1965)一书的问世，开创了战略规划的先河。1976 年，安索夫的《从战略规则到战略管理》一书出版，标志着现代战略管理理论体系的形成。

迈克尔·波特(M. E. Porter)所著的《竞争战略》《竞争优势》《国家竞争论》把战略管理的理论推向了高峰，他强调通过对产业演进的说明和各种基本产业环境的分析，得出不同的战略决策。

2. 业务流程再造

20 世纪 80 年代为企业再造时代，业务流程再造理论的创始人是原美国麻省理工学院教授迈克尔·哈默(M. Hammer)与詹姆斯·钱皮(J. Champy)，他们认为企业应以工作流程为中心，重新设计企业的经营、管理及运作方式，进行所谓的"再造工程"。企业再造是指"为了飞越地改善成本、质量、服务、速度等重大的现代企业的运营基准，对工作流程(business process)作根本的重新思考与彻底翻新"。

美国企业从 80 年代起开始了大规模的企业重组革命，日本企业也于 90 年代开始进行所谓第二次管理革命，这十几年间，企业管理经历着前所未有的、类似脱胎换骨的变革。

3. 学习型组织

80 年代末以来，信息化和全球化浪潮迅速席卷全球，顾客的个性化、消费的多元化决定了企业必须适应不断变化的消费者的需要，在全球市场上争得顾客的信任，才有生存和发展的可能，相应诞生了学习型组织理论。这一时代，管理理论研究主要针对学习型组织而展开。"学习型组织"理论是美国麻省理工学院教授彼得·圣吉(P. M. Senge)在其著作《第五项修炼》中提出来的。

"学习型组织"理论认为"未来真正出色的企业,将是能够设法使各阶层人员全心投入,并有能力不断学习的组织。"在学习组织中,有五项新的技能正在逐渐汇集起来,这五项技能被他称为"五项修炼",分别为自我超越、改善心智模式、建立共同愿景、团队学习和系统思考。

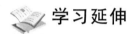
思考训练

1. 简述泰勒的科学管理理论的主要观点并分析该理论对后期管理理论的影响。
2. 霍桑试验获得哪些结论?对管理者的启示是什么?
3. 现代企业管理实例当中,有哪些体现了学习型组织的特点?请举例说明。

学习延伸

课下与同学一起参观学校实训基地企业,学生自愿组成小组,每组 3～5 人。在调查访问之前,每组需根据课程所学知识经过讨论制定调查访问的主题,并把具体步骤和主要问题计划好。

具体问题可参考下列问题:
(1) 企业中主要有哪些管理工作,属于哪种管理层次的?
(2) 这些管理工作的职责和权力是什么?
(3) 做好这些管理工作需要具备哪些素质?如何培养这些素质?

本章小结

一切管理活动都具有计划、组织、领导、控制、创新这五种最基本的职能,同时具有科学性、艺术性、动态性、创造性和经济性这五个特性。管理层次分为上、中、下三层。成功的管理人员需要同时具备概念思维技能、人际关系技能和技术技能这三个基本管理技能。在古代,管理思想体现在指挥军队作战、治国施政和管理教会等活动上,古巴比伦人、古埃及人及古罗马人都在这些方面有着重要贡献。早期管理思想还包括英国工业革命到美国科学管理诞生之前早期工厂的管理先驱们的思想贡献、管理探索。一般来说,管理学形成之前可分成两个阶段:早期管理实践与管理思想阶段(从有了人类集体劳动开始到 18 世纪)和管理理论产生的萌芽阶段(从 18 世纪到 19 世纪末)。管理学形成后又分为三个阶段:古典管理理论阶段(20 世纪初到 20 世纪 30 年代行为科学学派出现前)、现代管理理论阶段(20 世纪 30 年代到 20 世纪 80 年代,主要指行为科学学派及管理理论丛林阶段)和当代管理理论阶段(20 世纪 80 年代至今)。

第 2 章

管理道德与社会责任

课前阅读

孔子说:"志于道,据于德。"老子说:"道生之,德蓄之。"朱熹说:"德者,得也,行道而有得于心也。"道德是人在求道中形成的内在体会及外显品格。

每个人在进入组织时,都带着相对稳定的价值准则。这些准则是个人早年从父母、老师、朋友和其他人那里发展继承来的,是关于什么是对、什么是错的基本信念。它看起来和道德发展阶段非常相似,但实际上不一样,道德发展阶段相对稳定,而价值准则有时会受到环境变化的影响。

企业作为市场的细胞,其直接目的是追求利润的最大化,而作为社会的一分子,企业在追求利益的同时,又必须使自身的获利过程同时也成为有益于社会进步和促进人的全面发展的过程,即必须注重企业道德和社会责任。

2.1 管理与伦理道德

学习目标

- 了解什么是伦理道德和管理道德。
- 掌握组织需要承担的社会责任有哪些。

学习导读

管理者在进行计划、组织、领导、控制的同时,需要处理各种复杂的社会责任和道德规范事例,而一个组织需要多大程度地去承担社会责任,取决于很多因素。当管理者在进行管理时,这些事会影响他们的行动。

2.1.1 伦理道德的管理学意义

1. 伦理道德的真谛

站在管理道德与企业社会责任角度上而言,中国山西黑砖窑事件、三鹿奶粉事件,以及引发全球金融风暴的次贷危机和麦道夫诈骗案等无数事例,都无可辩驳地证明,任凭任性的自利和贪婪无节制发展,将会造成严重的恶果。企业在追求利润的同时,必须遵守管理道德和担当必要的社会责任。

管理道德会随着社会经济的发展而不断进步。

管理之所以需要伦理道德,不只是因为现代社会经济运行面临诸多伦理困境与道德风险,更不只是因为伦理道德可以帮助组织更好地达到经济目的,最根本的是,伦理道德是现代社会的核心价值构件,具有特殊的管理意义和文明意义。

人是群居的动物,同时每个人又都有个人的自由意志。

但是由于人性的特点,既有善的一面,仁爱和自律,又有恶的一面,自利和贪婪。因此,为了相互协调,共同生活,就必须有共同遵守的行为规范,这就是伦理。

2. 道德管理的意义

简单地说,在经营活动中,企业伦理与管理道德的管理学意义突出表现在以下两个方面。

(1) 对终极意义的追求

经济与经营活动的意义,是对终极意义的追求。

寻求意义,并在任何具体形式中赋予价值意义,是人类内心最深沉的呼唤。

一个人自己享受时,他也在促使一切人都得到享受。一个人劳动时,他既是为他自己劳动,也是为一切人劳动。而且,一切人也都为他而劳动。

(2) 人文力与企业精神

通过伦理道德的有效合理运作,建立企业的人文力体系,从而形成企业的伦理精神,构筑作为企业灵魂的"企业精神"。

2.1.2 管理的相关道德观

1. 功利主义道德观

功利主义道德观是指将实际功效或利益作为道德标准的伦理观点。代表人物有边沁、穆勒等。作为概念,功利主义一词是穆勒提出来的。但作为伦理思想,却渊源于18世纪法国唯物主义者的社会政治学说,甚至可追溯到17世纪英国经验主义伦理学说。

19世纪,英国的边沁提出功利原则。他认为,行为的动机是快乐和痛苦,道德的标准是功利;"个人利益是唯一现实的利益。""社会利益只是一种抽象,它不过是个人利益的总和。"

穆勒继承和论证了边沁的功利原则,要求不但区分快乐的量,而且区分快乐的质,认为"一个不满足的人要比作为一头满足的猪要好些",只有精神上的宁静才是真正的最大的幸福。马克思和恩格斯在指出这种思想的错误时,肯定它"至少有一个优点,即表明了社会的一切现存关系和经济基础之间的关系"。马克思主义不是一般地反对功利主义,而是主张以无产阶级和广大人民利益为最高道德标准的功利主义。

优点:功利主义道德观认为,如果行为能给行为影响所及的大多数人带来最大利益,当然就可以认为该行为是善的,必然得到大多数人的支持。

缺点:一是没有考虑取得最大化利益的手段;二是没有考虑所得利益的分配。

2. 权力至上道德观

"权力"是从西方文化中移植的概念,在英文中,权力即是"right"。"right"传到日本,被翻译和理解为"权力",中国文化从日本移植了这个概念,于是"right"变成了"权力"。其实,"right"和"权力"的关系并不那么直接和密切,它的基本意义是"正确"和"正当"。

权力是相互的,"肯定自己是人,并尊重他人为人",是"法"的绝对命令,这两个方面结合起来,才构成"权力"的基本内涵,否则权力会演化为自私自利和任性随意。

权力至上道德观强调管理决策要在尊重和保护个人基本权力(生存权、言论自由权、受教育权、医疗保障权、工作权)的前提下做出。如:当雇员揭发雇主违反法律时,应当对他们的言论自由和隐私加以保护。

优点:权力至上道德观在保护个人自由和隐私方面起到了积极作用。

缺点:管理者把对个人权力的保护看得比工作的完成更加重要,从而在组织中会产生对生产效率的不利,影响工作的氛围,阻碍生产力和效率的提高。

3. 公平公正道德观

公平公正是人类文明的重要标志,是衡量一个国家或社会文明发展的标准。社会和谐、人际和睦,无疑以公平公正为重要条件。而公平公正的创造和维持离不开公共权威,离不开公共行政。如果以政府为核心的公共组织及其公共行政不能倡导公平公正、不能奉行公平公正、不能主持公平公正,国家和社会就不会有公平公正。

公平是指按照一定的社会标准、正当的秩序合理地待人处事,是制度、系统、大型活动的重要道德品质。公平包含公民参与经济、政治和社会其他生活的机会公平、过程公平和结果分配公平。公平公正是每一个现代社会孜孜以求的理想和目标,因此,许多国家都在尽可能加大公共服务和社会保障力度的同时,高度重视机会和过程的公平。构筑一个公平公正的社会,需要全社会进行长期努力,要提高全体公民的文化、道德、法制等方面的素质，使人们有渴求公平公正的意识、参与公平公正的能力和依法追求公平公正的行为。

优点：公平公正道德观认为，管理者不能因种族、肤色、性别、个人爱好、国籍、户籍因素歧视部分员工，那些按照同工同酬的原则和公平公正的标准向员工支付薪酬的行为是善的。

缺点：这种道德观在理论上是完全正确的，但在实践中问题十分复杂。

4. 社会契约道德观

社会契约（social contracts）是某一社会全体成员就该社会行动的基本准则取得的一致协议，通常带有假设或想象性质。在18、19世纪，此概念曾用来解释民族国家的存在，但其后就废弃不用了。直至约翰·罗尔斯在他的《正义论》中重新提出这一概念，并对其进行了修正。罗尔斯分配公正理论的基础就是某种形式的社会契约。与法律契约不同，社会契约在很大程度上取决于传统习俗约束力。

社会契约最初作为一种社会规范是随着人类社会形态的发展而自然产生的，它分为两类：经济层面的社会契约与社会伦理层面的社会契约。随着人类社会的发展，社会契约在不断的斗争和妥协中融合演进。在劳动者充当生产资料时期，由于互利的需要，人们之间产生了互信、互助的行为规则。人们发现保持诚信是生存下去必要的"技巧"，这时就产生了对人的伦理进行规范的社会契约。随着技术发展和工业文明的到来，出现了企业，使人们自然而然地要求企业去遵守有利于人类自然发展的最基本的社会契约。

企业社会契约的核心内容是基于企业伦理的企业社会责任。作为一个社会主体，企业刚一建成时便应当自然而然地承担着对社会公众、政府以及内部员工的责任和承诺。由于企业面对的对象是多方面的，因此企业的社会契约也是多元化的，其基本内容主要包括内部社会契约与外部社会契约。

优点：社会契约道德观能最大幅度降低企业人力资源的成本，增加企业的利润。

缺点：一是企业具有很强的情境特征，在很多场合是相关各方利益博弈的结果，与合理性无关；二是契约的对象必须严格限制。

5. 推己及人道德观

"推己及人"是出自《论语》"己所不欲，勿施于人"的高度概括，凸显了孔子关于"仁"的道德观，被后人推崇成为中华民族极为纯粹和基本的道德品质。在我们这个时代，这一道德观可以肤浅地理解为，凡事要站在别人的角度想想，换位思考，时时处处想到"我所要的，也是他所要的；我所不要的，也是他所不要的。"是我们现代人必须遵守的道德底线和行为准则。

中国儒家道德观的高度概括，在现实中，能体现其思想的有"己所不欲，勿施于人""换位思考""将心比心""设身处地"等；在竞争激烈的社会中，推己及人的道德观却经常被讥讽为"书生气"，或"竞争不力"。

拓展阅读 2-1

[QR code]

超市涂改食品生产日期造假，被罚 102 万元

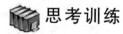 **思考训练**

1. 管理者应如何平衡企业目标与管理道德的关系？
2. 简述管理的道德观的几种代表性观点及各自的优缺点。

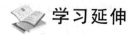 **学习延伸**

中央电视台每年 3·15 晚会都会曝光很多违法企业的内幕。请选择其中几个案例进行讨论：要成功地胜任公司总裁的工作，你觉得哪些管理道德是必须具备的？

2.2　组织的道德管理

学习目标

- 了解组织道德管理的主要特征。
- 了解道德管理的影响因素及其对管理者的启示。
- 掌握组织道德行为的改善途径。

学习导读

管理道德是人们在日常生活中逐渐形成的调整和协调各种管理关系的行为规范总和。管理道德是用来约束管理者的一种特殊的职业道德规范，所体现的是人类管理活动中的管理关系，是管理行为的道德规范。对企业来说，道德管理可以作为自身的一种重要的资源，以此来提高企业的经济利益；对管理者来说，管理道德可以作为管理的资本。

2.2.1　组织道德管理的特征

从人类诞生到现在，人类的生活等一系列的生产工作都是伴随着管理的活动，管理随着人类的社会生活产生并且发展与相互配合。为了使这种相互配合的合作方式能有

序、有效地持续进行下去,就需要采用控制和规范的方式来维持,这种方式就是管理。然而,并不是任何的管理活动都是有效的管理,都能达到预期的效果。不同的时期有着不同的管理,原始社会、封建社会、近代半殖民地半封建社会、社会主义社会和资本主义社会都有着不同的管理。不同的管理有着不同的影响,但都是当时社会的产物。

管理道德不是一般的社会道德,它包括组织管理目标的道德、实现组织管理目标的手段的道德、人际关系管理的道德、人事管理的道德和财物管理的道德,具有一定的特殊性,因为它调整的是管理关系。组织的道德管理具有以下特征:

第一,不仅把遵守道德规范视作组织获取利益的一种手段,而且更把其视作组织的一项责任。

第二,不仅应从组织自身角度,更应从社会整体角度看问题。有时,为了社会整体的利益,甚至不惜在短期内牺牲组织自身的利益。

第三,尊重所有者以外的利益相关者的利益,善于处理组织与利益相关者的关系,也善于处理管理者与一般员工及一般员工内部的关系。

第四,不仅把人看作手段,更把人看作目的。组织行为的目的是为了人。

第五,超越了法律的要求,能让组织取得卓越的成就。

第六,具有自律的特征。

第七,以组织的价值观为行为导向。组织的价值观是组织所推崇的并为全体(或大多数)成员所认同的价值观。它有时可以替代法律来对组织内的某种行为作"对与错""应该不应该"的判断。

2.2.2 道德管理的影响因素

1. 道德发展阶段

道德发展阶段论是美国心理学家劳伦斯·科尔伯格提出的。科尔伯格在皮亚杰的道德发展理论基础上,提出了道德判断能力的发展有三种水平六个阶段的理论。三种水平,即:前世俗水平、世俗水平、后世俗水平。其中每种水平又有两个阶段,共六个阶段,即:惩罚和服从的定向阶段、工具性的相对主义的定向阶段、人际关系和谐的定向阶段、维护权威或秩序的道德定向阶段、社会契约的定向阶段、普遍的道德原则的定向阶段。

第一,惩罚和服从的定向阶段。行动的物质后果决定这一行动的好坏,不理会这些后果所涉及的人的意义或价值。人们凭自己的水平作出避免惩罚和无条件服从权威的决定,而不考虑惩罚或权威背后的道德准则。

第二,工具性的相对主义的定向阶段。正当的行动就是满足自己需要的行动,偶尔也包括满足别人需要的行动。人际关系被看作犹如交易场中的关系,人们相互之间也有公正、对等和公平的因素,但往往是从物质的、实用的途径去对待。所谓对等,实际上就是"你对我好,我也就对你好",谈不上什么忠诚、感恩或公平合理。

第三，人际关系和谐的定向阶段。好的行为就是帮助别人、使别人愉快、受他人赞许的行为。这很大程度上是遵从一种老看法，就是遵从大多数人的或是"惯常如此的"行为。皮亚杰的"主观责任感"是在本阶段出现的。

第四，维护权威或秩序的道德定向阶段。倾向于靠权威、法则来维护社会秩序。正当的行为就是恪尽职守、尊重权威以及维护社会自身的安宁。

第五，社会契约的定向阶段。一般说来，这一阶段带有功利的意义。正当的行为被看作是与个人的一般权力有关的行为，被看作是曾为全社会所认可、其标准经严格检验过的行为。这里可以清楚地看到个人价值和个人看法的相对性，同时相应地强调为有影响的舆论而规定的那些准则。除了按规章和民主商定的以外，所谓权力，实际上就是个人的"价值"和"看法"。这样就形成一种倾向于"法定的观点"，所不同的是可以根据合理的社会功利的理由改变法律与秩序。在法定范围以外，双方应尽义务的约束因素就是自由协议和口头默契。这就是美国政府和宪法的"官方品德"。

第六，普遍的道德原则的定向阶段。公正被看作是与自我选择的伦理原则相符的、由良心作出的决断，这些原则是抽象的、伦理的，如金箴（基督）、绝对命令（康德的）等；它们不是像圣经上的"十诫"那样的具体的道德准则。这些实质上都是普遍的公正原则、人的权力的公平和对等原则、尊重全人类每个人的尊严的原则。

2. 个人特性

个人特性主要是指管理者的个人价值观（包括道德观）、自信心和自控力。

第一，价值观。价值观是由家庭、朋友、社区环境、教育环境、宗教信仰、生活和工作经历等因素影响而逐渐形成的。在同样的管理道德问题面前，拥有不同价值观的管理者作出的决策不可能完全相同，甚至可能完全相反。

第二，自信心和自控力。自信心和自控力强的人，一般都会深信自己的判断是正确的。因而通常都能坚持去做自己认为正确的事。他们也会听取不同的意见，但自己确定的方向和底线不会轻易改变。由于涉及道德的管理问题，一般都有较大争议，都会受到利益与道德风险两方面的巨大压力，自信心和自控力弱的人就会摇摆不定和困惑不解，很容易屈服于外力摆布，而难再坚持自己的主张。

3. 组织结构

组织结构对管理道德影响巨大。组织内部机构和职责分工、规章制度、上级的管理行为、绩效评估考核体系等结构因素对管理道德都有显著的影响。

4. 组织文化

组织有无诚信、包容的组织文化对管理道德有重要影响。诚信做事、包容失败的组织文化将必然减少不道德的管理行为。

5. 问题强度

问题强度是指该问题如果采取不道德的处理行为可能产生后果的严重程度。例如，有多少人会受到伤害？有多少舆论会谴责这种行为？这种行为造成危害的概率有多大？人们是否能直接感觉到？潜在受害者与这种不道德行为距离有多近？这种行为的危害是否可能集中爆发？如果这些问题的答案是肯定的，那么管理者很可能采取道德的行为。

2.2.3 道德行为的改善途径

1. 挑选道德素质高的员工

管理者可通过审查申请材料、组织笔试和面试以及试用等方式将低道德素质的求职者挡在门外。另外，招聘还有助于管理者了解求职者的个人道德发展阶段、个人价值观、自我强度和控制中心。

2. 建立组织的道德守则

员工对道德是什么认识不清，这显然对组织不利。确立道德准则可以缓解这一问题。道德准则是表明组织的基本价值观和组织期望员工遵守的道德规则的正式文件。道德准则既要相当具体以便让员工明白应该以什么样的精神来从事工作、以什么样的态度来对待工作，也要相当宽泛以便让员工有判断的自由。管理者对道德守则的态度（是支持还是反对），以及对违背者的处理办法对道德守则的遵守效果有重大影响。

3. 管理者在道德方面以身垂范

在道德方面领导的作用是做比说更重要，主要体现在以下几方面：
第一，高层管理人员在言行方面是员工的表率；
第二，高层管理人员可以通过奖惩机制来影响员工的道德行为；
第三，高层管理者要勇于承担责任。

4. 设定明确和现实的工作目标

员工应该有明确和现实的目标。如果目标对员工的要求不切实际，即使目标是明确的，也会产生道德问题。在不现实的目标的压力下，即使道德素质较高的员工也会感到迷惑，很难在道德和目标之间做出选择，甚至有时为了达到目标而不得不牺牲道德。而明确和现实的目标可以减少员工的迷惑，并能激励员工而不是惩罚他们。

5. 对员工进行道德教育

采取各种方式（如开设研修班、组织专题讨论会等）来提高员工的道德素质，向员工讲授解决道德问题的方案,可以显著改变其道德行为;这种教育提升了个人的道德发展阶段,道德教育增强了有关人员对商业道德问题的认识。

6．对绩效进行全面评估

如果仅以经济成果来衡量绩效,人们为了取得结果,就会不择手段,从而有可能产生不符合道德的行为。在对管理者的评价中,不仅要考察其决策带来的经济成果,还要考察其决策带来的道德后果。

7．进行独立的社会审计

有不道德行为的人都有害怕被抓住的心理,被抓住的可能性越大,产生不道德行为的可能性越小。有正常思维的员工都是不愿轻易去冒道德风险的。根据组织的道德守则来对决策和管理行为进行评价的独立审计,是发现不道德行为的有效手段。

8．提供正式的保护机制

正式的保护机制可以使那些面临道德困境的员工在不用担心受到斥责或报复的情况下自主行事。

综上所述,高层管理人员可以采取多种措施来提高员工的道德素质。单个措施的作用可能是有限的,但若把它们综合起来,就很可能收到预期的效果。

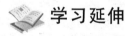

思考训练

1. 组织的道德管理具有哪些特征?
2. 组织的道德管理有哪些影响因素?如何改善组织的道德行为?

学习延伸

重点选择近期媒体曝光某个企业的事例,讨论该企业经营管理中不规范的地方,并就如何进行组织的道德管理提出自己的观点。

2.3　组织的社会责任

学习目标

- 理解社会责任的概念。
- 了解社会责任意识的发展过程。

- 掌握社会责任履行的内容和方法。

学习导读

20世纪前期,受传统经济理论的影响,企业行为大多是以利润最大化为唯一目标,这一现象造成了严重的社会问题。针对这一系列的问题,一些有远见的企业家及学者提出了一种新的企业经营伦理理念——企业社会责任。在提出该理论之后,学术界对于企业社会责任这一话题进行了热烈的讨论,整个社会也对此十分关注。

2.3.1 社会责任的概念

1. 思想渊源

早在18世纪中后期英国完成第一次工业革命后,现代意义上的企业就有了充分的发展,但企业社会责任的观念还未出现,实践中的企业社会责任局限于业主个人的道德行为之内。企业社会责任思想的起点是亚当·斯密(Adam Smith)的"看不见的手"。古典经济学理论认为,一个社会通过市场能够最好地确定其需要,如果企业尽可能高效率地使用资源以提供社会需要的产品和服务,并以消费者愿意支付的价格销售它们,企业就尽到了自己的社会责任。

到了18世纪末期,西方企业的社会责任观开始发生了微妙的变化,表现为小企业的业主们经常捐助学校、教堂和穷人。

进入19世纪以后,两次工业革命的成果带来了社会生产力的飞跃,企业在数量和规模上有较大程度的发展。这个时期受"社会达尔文主义"思潮的影响,人们对企业的社会责任观是持消极态度的,许多企业不是主动承担社会责任,而是对与企业有密切关系的供应商和员工等极尽盘剥,以求尽快变成社会竞争的强者,这种理念随着工业的大力发展产生了许多负面的影响。

与此同时,19世纪中后期企业制度逐渐完善,劳动阶层维护自身权益的要求不断高涨,加之美国政府接连出台《反托拉斯法》和《消费者保护法》以抑制企业不良行为,客观上对企业履行社会责任提出了新的要求,企业社会责任观念的出现成为历史必然。

2. 发展历程

随着经济和社会的进步,企业不仅要对赢利负责,而且要对环境负责,并承担相应的社会责任。

(1) 赢利至上(20世纪50—70年代)

1970年9月13日,诺贝尔奖得奖人、经济学家米尔顿·弗里德曼在《纽约时报》刊登题为《商业的社会责任是增加利润》的文章,指出"企业的一项也是唯一的社会责任是在比赛规则范围内增加利润。"社会经济观认为,利润最大化是企业的第二目标,企业的第一目标是保证自己的生存。"为了实现这一点,他们必须承担社会义务以及由此产生的社会成本。他们必须以不污染、不歧视、不从事欺骗性的广告宣传等方式来保护社会福利,他们必须融入自己所在的社区及资助慈善组织,从而在改善社会中扮演积极的角色。"

1976 年经济合作与发展组织(OECD)制定了《跨国公司行为准则》,这是迄今唯一由政府签署并承诺执行的多边、综合性跨国公司行为准则。这些准则虽然对任何国家或公司没有约束力,但要求更加保护利害相关人士和股东的权力,提高透明度,并加强问责制。2000 年该准则重新修订,更加强调了签署国政府在促进和执行准则方面的责任。

(2) 关注环境(20 世纪 80—90 年代)

20 世纪 80 年代,企业社会责任运动开始在欧美发达国家逐渐兴起,它包括环保、劳工和人权等方面的内容,由此导致消费者的关注点由单纯关心产品质量,转向关心产品质量、环境、职业健康和劳动保障等多个方面。一些涉及绿色和平、环保、社会责任和人权等的非政府组织以及舆论也不断呼吁,要求社会责任与贸易挂钩。迫于日益增大的压力和自身的发展需要,很多欧美跨国公司纷纷制定对社会作出必要承诺的责任守则(包括社会责任),或通过环境、职业健康、社会责任认证应对不同利益团体的需要。

(3) 社会责任运动(20 世纪 90 年代至今)

90 年代初期,美国劳工及人权组织针对成衣业和制鞋业发动了"反血汗工厂运动"。因利用"血汗工厂"制度生产产品的美国服装制造商 Levi-Strauss 被新闻媒体曝光后,为挽救其公众形象,制定了第一份公司生产守则。在劳工和人权组织等 NGO 和消费者的压力下,许多知名品牌公司也都相继制定了自己的生产守则,后演变为"企业生产守则运动",又称"企业行动规范运动"或"工厂守则运动"。企业生产守则运动的直接目的是促使企业履行自己的社会责任。

但这种跨国公司自己制定的生产守则有着明显的商业目的,而且其实施状况也无法得到社会的监督。在劳工组织、人权组织等 NGO 组织的推动下,生产守则运动由跨国公司"自我约束"(self-regulation)的"内部生产守则"逐步转变为"社会约束"(social regulation)的"外部生产守则"。

到 2000 年,全球共有 246 个生产守则,其中除 118 个是由跨国公司自己制定的外,其余皆是由商贸协会或多边组织或国际机构制定的所谓"社会约束"的生产守则。这些生产守则主要分布于美国、英国、澳大利亚、加拿大、德国等国。

2000 年 7 月《全球契约》论坛第一次高级别会议召开,参加会议的 50 多家著名跨国公司的代表承诺,在建立全球化市场的同时,要以《全球契约》为框架,改善工人工作环境、提高环保水平。《全球契约》行动计划已经有包括中国在内的 30 多个国家、200 多家著名大公司参与。

2001年2月,全球工人社会联盟公布了一份长达106页的由耐克公司资助完成的报告。报告的内容是关于印尼9家耐克合约工厂的劳工调查。这份报告的新意在于它是由耐克出钱完成并公布的,而耐克又不能拒绝公布。耐克对这些问题的反应将会为服装公司设立新的基准。

2002年2月在纽约召开的世界经济峰会上,36位首席执行官呼吁公司履行其社会责任,其理论根据是,公司社会责任"并非多此一举",而是核心业务运作至关重要的一部分。

2002年,联合国正式推出《联合国全球协约》(UN Global Compact)。协约共有九条原则,联合国恳请公司对待其员工和供货商时都要尊重其规定的九条原则。

3. 我国发展

纵观企业社会责任建设工作在中国近十几年的发展,大致经历了以下三个阶段。

(1) 第一个阶段

20世纪90年代中期到21世纪初,在国际零售商、品牌商推动下,中国企业逐步重视起社会责任问题,建立了在国际采购中实施社会责任方面的准则、标准或体系,开始接受跨国公司实施的社会责任方面的工厂审核。

(2) 第二个阶段

从21世纪初到2006年,企业社会责任开始受到广泛关注。中国的学术机构、非政府组织以及在华国际组织开始对社会责任进行系统的介绍和广泛的研究、讨论,政府部门也开始关注企业社会责任建设工作,劳动部、商务部开始调查中国企业社会责任建设情况。

(3) 第三个阶段

企业落实社会责任,实现企业经济责任、社会责任和环境责任的动态平衡,反而会提升企业的竞争力与社会责任,为企业树立良好的声誉和形象,从而提升公司的品牌形象,获得所有利益相关者对企业的良好印象,增强投资者的信心,更加容易地吸引到企业所需要的优秀人才,并且留住人才,等等。

4. 责任对象

(1) 企业对政府的责任

在现代社会,政府越来越演变为社会的服务机构,扮演着为公民和各类社会组织服务和实施社会公正的角色。在这种制度框架下,要求企业扮演好社会公民的角色,自觉按照政府有关法律、法规的规定,合法经营、照章纳税,承担政府规定的其他责任和义务,并接受政府的监督和依法干预。

(2) 企业对股东的责任

现代社会,股东队伍越来越庞大,遍及社会生活的各个领域,企业与股东的关系逐渐具有了企业与社会的关系的性质,企业对股东的责任也具有了社会性。首先,企业应严格遵守有关法律规定,对股东的资金安全和收益负责,力争给股东以丰厚的投资回报。其次,企业有责任向股东提供真实、可靠的经营和投资方面的信息,不得欺骗投资者。

(3) 企业对消费者的责任

企业与消费者是一对矛盾统一体,企业利润的最大化最终要借助于消费者的购买行为来实现。作为通过为消费者提供产品和服务来获取利润的组织,提供物美价廉、安全、舒适、耐用的商品和服务,满足消费者的物质和精神需求,是企业的天职,也是企业对消费者的社会责任。对消费者的社会责任要求企业对提供的产品质量和服务质量承担责任,履行对消费者在产品质量和服务质量方面的承诺,不得欺诈消费者和牟取暴利,在产品质量和服务质量方面自觉接受政府和公众的监督。

(4) 企业对员工的责任

企业对员工的责任属于内部利益相关者问题,企业必须以相当大的注意力来考虑雇员的地位、待遇和满足感。在全球化背景下,劳动者的权力问题得到了世界各国政府及各社会团体的普遍重视。美国著名的牛仔裤制造商 Levi-Strauss 在类似监狱一般的工作条件下使用年轻女工的事实被曝光后,为了挽救其形象,推出了第一份公司社会责任守则,随之一些跨国公司为了应对激烈的全球化竞争,也纷纷效仿。1997 年,长期从事社会与环境保护的非政府组织经济优先委员会(CEP)成立认可委员会(CE2PA),2001 年更名为社会责任国际(SAI),根据《国际劳工组织公约》《世界人权宣言》《联合国儿童权利公约》等国际公约制定了全球第一个企业社会责任的国际标准,即 SA8000 标准及其认证体系(2001 年修订)。

(5) 企业对资源环境和可持续发展的责任

实践证明,工业文明在给人类社会带来前所未有的繁荣的同时,也给我们赖以生存的自然环境造成了灾害性的影响。企业对自然环境的污染和消耗起了主要的作用。近半个世纪以来的环境革命改变了企业对待环境的态度——从矢口否认对环境的破坏转为承担起不再危害环境的责任,进而希望对环境施加积极的影响。然而,环境日渐好转的情况仅仅发生在发达国家,整个人类并未走上可持续发展的道路。造成这种局面的根源,在于新兴国家人口和经济的飞速增长。虽然这些政治和社会问题超出了任何一个企业的管辖和能力范围,但是集资源、技术、全球影响以及可持续发展动机于一身的组织又只有企业,所以企业应当承担起建立可持续发展的全球经济这个重任,进而利用这个历史性转型实现自身的发展。

(6) 企业对社区的责任

企业是社会的组成部分,更是所在社区的组成部分,与所在社区建立和谐融洽的相互关系是企业的一项重要社会责任。企业对社区的责任就是回馈社区,比如为社区提供就业机会,为社区的公益事业提供慈善捐助,向社区公开企业经营的有关信息,等等。有社会责任的企业意识到通过适当的方式把利润中的一部分回报给所在社区是其应尽的义务。世界著名的管理大师孔茨和韦里克认为,企业必须同其所在的社会环境进行联系,对社会环境的变化做出及时反应,成为社区活动的积极参加者。

2.3.2 社会责任的履行

1. 责任的内容

应从以下八个方面来确立我国企业的社会责任标准。

(1) 明礼诚信

由于种种原因造成的诚信缺失正在破坏着社会主义市场经济的正常运营,由于企业的不守信,造成假冒商品随时可见,消费者因此而造成的福利损失每年在2 500亿~2 700亿元,占GDP比重的3%~3.5%。很多企业因商品造假的干扰和打假难度过大,导致企业难以为继。为了维护市场的秩序,保障人民群众的利益,企业必须承担起明礼诚信、确保产品货真价实的社会责任。

(2) 科学发展

企业的任务是发展和赢利,并担负着增加税收和国家发展的使命。企业必须承担起发展的责任,搞好经济发展,要以发展为中心,以发展为前提,不断扩大企业规模,扩大纳税份额,完成纳税任务,为国家发展做出大贡献。但是这个发展观必须是科学的,任何企业都不能只顾眼前,不顾长远,也不能只顾局部,不顾全局,更不能只顾自身,而不顾友邻。所以无论哪个企业,都要高度重视在"五个统筹"的科学发展观指导下的发展。

(3) 可持续发展

中国是一个人均资源特别紧缺的国家,企业的发展一定要与节约资源相适应。企业不能顾此失彼,不顾全局。作为企业家,一定要站在全局立场上,坚持可持续发展,高度关注节约资源。并要下决心改变经济增长方式,发展循环经济、调整产业结构。尤其要响应中央号召,实施"走出去"的战略,用好两种资源和两个市场,以保证经济的运行安全。这样,我们的发展才能持续,再翻两番的目标才能实现。

(4) 保护环境

随着全球和我国的经济发展,环境日益恶化,特别是大气、水、海洋的污染日益严重。野生动植物的生存面临危机,森林与矿产过度开采,给人类的生存和发展带来了很大威胁,环境问题成了经济发展的瓶颈。为了人类的生存和经济持续发展,企业一定要担当起保护环境、维护自然和谐的重任。

(5) 文化建设

医疗卫生,公共教育与文化建设,对一个国家的发展极为重要。特别是公共教育,对一个国家的消除贫困、走向富强就更具有不可低估的作用。医疗卫生工作不仅影响全民族的身体健康,也影响社会劳力资源的供应保障。文化建设则可以通过休闲娱乐,陶冶人的情操，提高人的素质。我们的国家，由于前一个时期对这些方面投入较少，欠债较多、存在问题比较严重。而公共产品和文化事业的发展固然是国家的责任，但在国家对这些方面扶植困难、财力不足的情况下，企业应当分出一些财力和精力担当起发展医疗卫生、教育和文化建设的责任。

（6）发展慈善事业

虽然我国的经济取得了巨大发展，但是作为一个有14亿人口的大国还存在很多困难。特别是农村的困难就更为繁重，更有一些穷人需要扶贫济困。这些责任固然需要政府去努力，但也需要企业为国分忧，参与社会的扶贫济困。为了社会的发展，也是为了企业自身的发展，我们的广大企业，更应该重视扶贫济困，更好地承担起扶贫济困的责任。

（7）保护员工健康

人力资源是社会的宝贵财富，也是企业发展的支撑力量。保障企业员工的生命、健康和确保员工的工作与收入待遇，这不仅关系到企业的持续健康发展，而且关系到社会的发展与稳定。为了应对国际上对企业社会责任标准的要求，也为了使中央关于"以人为本"和构建和谐社会的目标落到实处，企业必须承担起保护员工生命、健康和确保员工待遇的责任。作为企业要坚决作好遵纪守法，爱护企业的员工，搞好劳动保护，不断提高工人工资水平和保证按时发放。企业要多与员工沟通，多为员工着想。

（8）发展科技

当前，就总的情况看，我国企业的经济效益是较差的，资源投入产出率较低。为解决效益低下问题，必须要重视科技创新。通过科技创新，降低煤、电、油、运的消耗，进一步提高企业效益。改革开放以来，我国为了尽快改变技术落后状况，实行了拿来主义，使经济发展走了捷径。但时至今日，企业的引进风依然越刮越大，越刮越严重，很多工厂几乎都成了外国生产线的博览会，而对引进技术的消化吸收却没有引起注意。因此，企业要高度重视引进技术的消化吸收和科技研发，加大资金与人员的投入，努力做到创新以企业为主体。

2．责任的履行

世界上一些国际组织对推进企业社会责任非常重视，并成立了相关机构和组织，企业社会责任工作正在全球迅速扩展。如联合国2000年实施的"全球契约"计划，提倡包括人权、劳工、环境和反腐败4个方面的十项原则，已有2 900多家世界著名企业加入全球契约。世界经济合作与发展组织、国际劳工组织、国际标准化组织、国际雇主组织等，也都积极推行企业社会责任，就如何进一步推动企业社会责任达成了共识。

企业履行社会责任有助于解决就业问题。除通过增加投资，新增项目，扩大就业外，最重要的是提倡各企业科学安排劳动力，扩大就业门路，创造不减员而能增效的经验，尽量减少把人员推向社会而加大就业压力。过去只有ISO 9000和ISO 14000国际认证，这一标准明确规定了企业需保证工人工作环境的干净卫生，消除工作安全隐患，不得使用童工,等等,切实保障了工人的切身利益,不仅可以吸引劳动力资源,激励他们创造更多的价值,更重要的是通过这种管理可以树立良好的企业形象,获得美誉度和信任度,从而实现企业长远的经营目标。从这个意义上说,企业履行社会责任,有助于解决就业问题。

企业履行社会责任的方法有:

第一,企业应该建立明确的流程,确保社会问题以及新兴社会力量在最高级别得到充分探讨,并纳入公司战略规划中,从公司总体发展战略出发,将企业的社会责任贯穿到公司整体经营活动中。

第二,企业应该设置专门的机构来负责社会责任的推行,并设置相应的社会责任考核指标。

第三,培养企业员工的社会责任意识,使企业的每个员工在实际的日常行为中处处履行社会责任。

第四,持续定期发放企业社会责任报告,全面真实地展现企业公民形象。

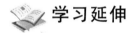

思考训练

1. 如何理解企业社会责任的概念?
2. 如何履行企业的社会责任?

学习延伸

利用课余时间走访企业,或通过网上、报纸杂志中的报道,搜集一个我国改革开放后的有关企业道德管理的案例或资料。

本章小结

企业在追求利润的同时,必须遵守管理道德和担当必要的社会责任。在企业实践过程中,形成了功利主义道德观、权力至上道德观、公平公正道德观、社会契约道德观和推己及人道德观。管理道德不是一般的社会道德,它包括组织管理目标的道德、实现组织管理目标的手段的道德、人际关系管理的道德、人事管理的道德和财物管理的道德,具有一定的特殊性。道德发展阶段、个人特性、组织结构、组织文化、问题强度等因素都会影响组织的道德管理实践,组织必须综合采取各种措施改善组织的道德行为。组织作为社会的组成部分,必须承担相应的社会责任。关于对企业社会责任的认识,经过了一个不断发展的过程,同时形成了履行社会责任的各种做法。

第 3 章 计划工作

课前阅读

最早系统地提出管理职能的是法国的法约尔。他提出管理的职能包括计划、组织、领导、协调、控制五个职能,其中计划职能为他所重点强调。在法约尔之后,许多学者根据社会环境的新变化,对管理的职能进行了进一步的探究,有了许多新的认识。当代管理学家对管理职能的划分,大体上没有超出法约尔的范围。美国学者米和希克斯在总结前人对管理职能分析的基础上,提出了创新职能,突出了创新可以使组织的管理不断适应时代发展的论点。

孔子曰:"人无远虑,必有近忧。"计划是一种结果,它是计划工作所包含的一系列活动完成之后产生的。它是对未来行动方案的一种说明,它告诉管理者和执行者未来的目标是什么,要采取什么样的活动来达到目标,要在什么时间范围内达到这种目标,以及由谁来进行这种活动。

3.1 计划的概念

学习目标

- 了解计划的 5W1H 的含义。
- 了解计划的性质和作用。
- 掌握计划和决策制定的过程。

学习导读

计划是决策的逻辑延续,它通过将组织在一定时期内的活动任务分解给组织的每个部门、环节和个人,从而不仅使组织的每个部门、环节和个人知道将来应做的工作,而且也为组织、领导和控制等一系列管理工作提供了一定的基础,并最终使组织目标得以实现。

从名词意义上说,计划是指用文字和指标等形式所表述的,组织以及组织内不同部门和不同成员在未来一定时期内,关于行动方向、内容和方式安排的管理文件。计划既是决策所确定的组织在未来一定时期内的行动目标和方式在时间和空间的进一步展开,又是组织、领导、控制和创新等管理活动的基础。

从动词意义上说,计划是指为了实现决策所确定的目标,预先进行的行动安排。这项行动安排工作包括:在时间和空间两个维度上进一步分解任务和目标、选择任务和目标实现的方式、进度规定、行动结果的检查与控制等。有时用"计划工作"表示动词意义上的计划内涵。因此,计划工作就是对决策所确定的任务和目标提供一种合理的实现方法。

计划的内容包括6个方面(5W1H):
- What 做什么?——活动和内容;
- Why 为什么做?——原因和目的;
- Who 谁做?——人员安排;
- Where 何地做?——空间定位;
- When 何时做?——时间定位;
- How 怎样做?——手段和方法。

3.1.1 计划的性质

可以从5个方面来阐明计划工作的性质:目的性、首位性、普遍性、效率性和创新性。

1. 目的性

每一个计划及其辅助计划都是为实现企业或各类组织的总目标或一定时期的目标服务的。没有计划,一个组织就不可能实现它的目标。计划工作是最明白地显示出管理的基本特征的主要职能活动。

2. 首位性

计划工作相对于其他管理职能处于首位。从管理过程的角度看,计划、组织、领导和控制等方面的管理活动都是为了实现企业的目标,计划工作必须先于其他管理职能。在实际工作中,所有职能交织成一个行动网络,但计划工作有它特殊的地位,因为它牵涉到整个集体去努力完成的目标。此外,主管人员必须制定计划以了解需要什么样的组织关系和人员素质,按什么方针去领导下属工作人员,以及采用什么样的控制方法。因此,要使其他管理职能发挥效用,必须首先做好计划。

3. 普遍性

虽然计划工作的特点和范围随制定计划的主管人员的职位不同而不同,但它却是各级主管人员的一个共同职责。所有的主管人员,无论是总经理还是班组长,都要从事计划工作。主管人员的主要任务是做决策,而决策本身就是计划工作的核心。如果不给主管人员一定程度的自主权和制定计划的责任,他们就会养成依赖上级的习惯,失去计划工作的职能和职责,他们就不是真正的主管人员了。虽然所有主管人员都做计划,但是基层管理人员的工作计划与高层主管人员制定的战略计划是根本不同的。在高层管理人员规划企业总方向时,各级管理人员必须准备好自己的计划,这样才能保证全面完成组织的目标。

4. 效率性

计划工作的任务不仅要确保总目标的实现,而且要从众多方案中选择最优的资源配置方案,在实现总目标的过程中合理地利用资源和提高效率。计划工作的效率,是以实现企业的总目标和一定时期的目标所得到的利益,扣除制定和执行计划所花的费用以及预计不到的损失之后的总额来测定的。它一般是指投入与产出之间的比率,但这一概念不仅包括了按资金、工时或成本表示的投入产出比率,而且包括了组织和个人的满意程度这一类主观评价标准。所以,只有按合理的代价实现目标,所制定的计划才是有效率的。

5. 创新性

计划工作总是针对需要解决的新问题和可能发生的新变化、新机会而做的,因而它是一个创造性的管理过程。正如一项新产品的成功在于创新一样,成功的计划也依赖于创新。

综上所述,计划工作是一项指导性、预测性、科学性和创造性很强的管理活动,但同时又是一项复杂而困难的工作。当前我国面临着实现社会主义现代化的宏伟目标,在对外开放的形势下,我国企业正面临着全球市场的激烈竞争,形势要求我们必须迅速提高管理水平,而加强计划工作,提高计划工作的科学性是全面提高管理水平的关键和前提。

3.1.2 计划的作用

在管理实践中,计划是其他管理职能的前提和基础,并且还渗透到其他管理职能之中。列宁指出过:"任何计划都是尺度、准则、灯塔、路标。"它是管理过程的中心环节,因此,计划在管理活动中具有特殊重要的作用。

1. 计划是组织生存与发展的纲领

我们正处在一个经济、政治、技术、社会变革与发展的时代。在这个时代,变革与发展既给人们带来了机遇,也给人们带来了风险,特别是在争夺市场、资源、势力范围的竞争中更是如此。如果管理者在看准机遇和利用机遇的同时,又能最大限度地减少风险,即在朝着目标前进的道路上架设一座便捷而稳固的桥梁,那么,组织就能立于不败之地,在机遇与风险的纵横选择中,得到生存与发展。如果计划不周,或根本没计划,那就会遭遇灾难性的后果。

2. 计划是组织协调的前提

现代社会的各行各业的组织以及它们内部的各个组成部分之间,分工越来越精细,过程越来越复杂,协调关系更趋严密。要把这些繁杂的有机体科学地组织起来,让各个环节和部门的活动都能在时间、空间和数量上相互衔接,既围绕整体目标,又各行其是,互相协调,就必须要有一个严密的计划。管理中的组织、协调、控制等如果没有计划,那就好比汽车总装厂事先没有流程设计一样不可想象。

3. 计划是指挥实施的准则

计划的实质是确定目标以及规定达到目标的途径和方法。因此,如何朝着既定的目标步步逼近,最终实现组织目标,计划无疑是管理活动中人们一切行为的准则。它指导不同空间、不同时间、不同岗位上的人们,围绕一个总目标,秩序井然地去实现各自的分目标。行为如果没有计划指导,被管理者必然表现为无目的地盲动,管理者则表现为决策朝令夕改,随心所欲,自相矛盾,结果必然是组织秩序的混乱,事倍功半,劳民伤财。在现代社会,可以这样说,几乎每项事业、每个组织,乃至每个人的活动都不能没有计划蓝图。

4. 计划是控制活动的依据

计划不仅是组织、指挥、协调的前提和准则,而且与管理控制活动紧密相联。计划为各种复杂的管理活动确定了数据、尺度和标准,它不仅为控制指明了方向,而且还为控制活动提供了依据。经验告诉我们,未经计划的活动是无法控制的,也无所谓控制。因为控制本身是通过纠正偏离计划的偏差,使管理活动保持与目标的要求一致。

3.1.3 计划和决策

计划与决策是两个既相互区别又相互联系的概念。

1. 决策之前发现问题以影响计划

决策需要发现问题,计划需要解决问题。因此,二者的共同起点应该是"问题"本身。而这些值得关注的问题,就是企业希望的现象与目前存在现象之间的差距。决策,正是解决这些差距的方向性,而计划,则是解决这些差距的方法性。

因此,为了确保决策的目标正确而合理,并能够同计划共同起作用,管理者需要对问题进行研究分析。例如,问题的产生有着不同的原因,其中哪些是主要原因,应该加以确定;即使同一类原因,也有根本原因,管理者需要经过纵向的分析加以确定。这样,决策才能对计划产生指导意义。

2. 用目标来结合决策和计划

确定目标,是制定科学决策的前提。同样,也是让计划更加科学的基础。因此,对于目标的确立,应从以下几个方面来对决策和计划加以结合,从而起到指导性的作用。

第一,让目标具有更多确定的内涵。管理者应当让目标更加确定,从而保证执行者无论是在理解决策还是在执行计划时,都能够明确领会其含义。

第二,要明确目标的约束条件。决策的目标,可以分为有条件的和无条件的。对于前者,其条件也应该具体反映到计划中去,从而增加计划的可行性。所以在决策之前,管理者不仅要学会确定目标,还要明确其约束条件。

第三,区分决策的主次目标。决策的目标并非只有一个,因此,管理者要注重主要目标,或者将其他次要目标进行合并、协调、舍弃,这样才能利用对决策目标的明确来让计划更加清晰完整、意义突出。

3. 决策开始于对计划的选择

决策的意义在于挑选出最优秀的方法,因此,没有对计划的决策,就没有决策本身。管理者必须尽可能地进行详细的准备工作,列出所有可以进行的备用计划。

实际上,对计划的决策,应该是决策程序中必不可少的环节。因为整体决策质量的好坏高低,在相当大程度上是受到这一环节制约的。

对计划的决策选择过程,就是对计划进行推想、分析、淘汰和提高的过程。管理者应该在这样的选择过程开始之初,尽可能地提出一些备用计划。然后,再将之相互对比,淘汰那些对决策作用不大或者缺乏现实意义的计划,最终剩下的才是可行的计划。

拓展阅读 3-1

企业资源计划案例

思考训练

1. 计划工作具有哪些性质?
2. 简述计划作为管理的首要职能具有哪些作用。
3. 简述计划与决策的关系。

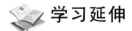 **学习延伸**

以某个学生活动为例,如组织班级野外拓展活动,或者组织一次社团活动,详细制定一次策划活动的目标,包括初期目标和最终目标。

3.2 计划的类型

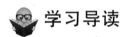 **学习目标**

- 了解计划的主要类型有哪些。
- 掌握计划的层次及其含义。

学习导读

从动词意义上说,计划是指为了实现决策所确定的目标,预先进行的行动安排。这些行动包括:根据决策的任务和目标进一步在时间和空间两个维度上分解任务和目标,对展开和分解的这些任务和目标的实现方式进行选择,对选择好的实现方式进行进一步的进度安排,最后确定行动结果检查与控制的人员等。

3.2.1 计划的分类

计划的种类很多,可以按不同的标准进行分类。主要分类标准有:计划的重要性、时间界限、明确性和抽象性等。但是依据这些分类标准进行划分,所得到的计划类型并不是相互独立的,而是密切联系的。比如,短期计划和长期计划,战略计划和作业计划等。

1. 按计划的重要性分类

从计划的重要性程度上来看,可以将计划分为战略计划和作业计划。

应用于整体组织的,为组织设立总体目标和寻求组织在环境中的地位的计划,称为战略计划。规定总体目标如何实现的细节的计划称为作业计划。战略计划与作业计划在时间框架上、在范围上和在是否包含已知的一套组织目标方面是不同的。战略计划趋向于包含持久的时间间隔,通常为5年甚至更长,它们覆盖较宽的领域和不规定具体的细节。此外,战略计划的一个重要的任务是设立目标;而作业计划假定目标已经存在,只是提供实现目标的方法。

2. 按计划的时期界限分类

财务人员习惯于将投资回收期分为长期、中期和短期。长期通常指 5 年以上,短期一般指 1 年以内,中期则介于两者之间。管理人员也采用长期、中期和短期来描述计划。长期计划描述了组织在较长时期(通常 5 年以上)的发展方向和方针,规定了组织的各个部门在较长时期内从事某种活动应达到的目标和要求,绘制了组织长期发展的蓝图。短期计划具体地规定了组织的各个部门在目前到未来的各个较短的时期阶段,特别是最近的时段中,应该从事何种活动,从事该种活动应达到何种要求,因而为各组织成员的行动提供了依据。

3. 按计划内容的明确性分类

根据计划内容的明确性指标,可以将计划分为具体性计划和指导性计划。

具体性计划具有明确规定的目标,不存在模棱两可。比如,企业销售部经理打算使企业销售额在未来 6 个月中增长 15%,他会制定明确的程序、预算方案以及日程进度表,这便是具体性计划。指导性计划只规定某些一般的方针和行动原则,给予行动者较大自由处置权,它指出重点但不把行动者限定在具体的目标上或特定的行动方案上。比如,一个增加销售额的具体性计划可能规定未来 6 个月内销售额要增加 15%,而指导性计划则可能只规定未来 6 个月内销售额要增加 12%~16%。相对于指导性计划而言,具体性计划虽然更易于执行、考核及控制,但缺少灵活性,它要求的明确性和可预见性条件往往很难满足。

4. 按计划的重复性分类

按照计划是否重复进行,可以将计划分为程序化计划和非程序化计划。

西蒙把组织活动分为两类:一类是例行活动,指一些重复出现的工作,如订货、材料的出入库等。有关这类活动的决策是经常反复的,而且具有一定的结构,因此可以建立一定的决策程序。每当出现这类工作或问题时,就利用既定的程序来解决,而不需要重新研究。这类决策叫程序化决策,与此对应的计划是程序性计划。另一类活动是非例行活动,不重复出现,比如新产品的开发、生产规模的扩大、品种结构的调整、工资制度的改变等。处理这类问题没有一成不变的方法和程序,因为这类问题或在过去尚未发生过,或因为其确切的性质和结构捉摸不定或极为复杂,或因为其十分重要而需用个别方法加以处理。解决这类问题的决策叫作非程序化决策,与此对应的计划是非程序性计划。

3.2.2 计划的层次

哈罗德·孔茨和海因茨·韦里克从抽象到具体把计划分为一种层次体系:一是目的

或使命；二是目标；三是战略；四是政策；五是程序；六是规则；七是方案；八是预算。如图 3-1 所示。

图 3-1　计划的层次

孔茨和韦里克的分类对于理解计划及计划工作颇有裨益。

1．目的或使命

目的或使命指明一定的组织机构在社会上应起的作用和所处的地位。它决定组织的性质，是决定此组织区别于彼组织的标志。各种有组织的活动，至少应该有自己的目的或使命。比如，大学的使命是教书育人和科学研究，研究院所的使命是科学研究，医院的使命是治病救人，法院的使命是解释和执行法律，企业的使命是生产和分配商品及服务。

2．目标

组织的目的或使命往往太抽象，太原则化，它需要进一步具体化为组织一定时期的目标和各部门的目标。组织的使命支配着组织各个时期的目标和各部门的目标，并且组织各个时期的目标和各部门的目标是围绕组织存在的使命所制定的，并为完成组织使命而努力。虽然教书育人和科学研究是一所大学的使命，但一所大学在完成自己的使命时会进一步具体化不同时期的目标和各院系的目标，比如最近 3 年培养多少人才，发表多少论文等。

3．战略

战略是为了达到组织总目标而采取的行动和利用资源的总计划，其目的是通过一系列的主要目标和政策来决定和传达期望成为什么样的组织。战略并不需要确切地描述这个组织怎样去完成它的目标，这些属于无数主要的和次要的支持性计划的任务。

4．政策

政策是指导或沟通决策思想的全面的陈述书或理解书。但不是所有政策都是陈述书,政策也常常会从主管人员的行动中含蓄地反映出来。比如,主管人员处理某问题的习惯方式往往会被下属作为处理该类问题的模式,这就是一种含蓄的、潜在的政策。政策用来帮助事先决定问题的处理方法。这一方面可以减少对某些例行事件处理的成本,另一方面可以把其他计划统一起来。政策支持分权,同时也支持上级主管对该项分权的控制。政策允许对某些事情有酌情处理的自由,一方面我们切不可把政策当作规则,另一方面我们又必须把这种自由限制在一定的范围内。自由处理的权限的大小一方面取决于政策自身,另一方面取决于主管人员的管理艺术。

5. 程序

程序是制定处理未来活动的一种必需方法的计划;它详细列出完成某类活动的切实方式,并按时间顺序对必要的活动进行排列。它与战略不同,它是行动的指南,而非思想的指南。它与政策不同,它没有给行动者自由处理的权力。出于理论研究的考虑,我们把政策与程序区分开来,但实践工作中,程序往往表现为组织的规章制度。比如,一家制造业企业处理订单的程序、财务部门批准给客户信用的程序、会计部门记载往来业务的程序等,这些都表现为企业的规章制度,也即政策。组织中每个部门都有程序。并且在基层,程序更加具体化,数量也更多了。

6. 规则

规则没有酌情处理的余地。它详细地阐明了必需的行动或非必需的行动,其本质是一种必须或无须采取某种行动的管理决策;规则通常是最简单形式的计划。

规则不同于程序。其一,规则用于指导行动但不说明时间顺序;其二,可以把程序看作是一系列的规则,但是一条规则可能是也可能不是程序的组成部分。

比如,"禁止吸烟"是一条规则,但和程序没有任何联系;一种规定为顾客服务的程序可能表现为一种规则,如在接到顾客需要服务的信息30分钟内必须给予顾客答复。

规则也不同于政策。政策的目的是要指导行动,并给执行人员留有酌情处理的余地;而规则虽然也起指导行动的作用,但是在运用规则时,执行人员没有自行处理权。

必须注意的是,就性质而言,规则和程序均旨在约束行为;但只有在不要组织成员行使他们的自行处理权时,才应该使用规则和程序。

7. 方案

方案是一个综合性的计划,它包括目标、政策、程序、规则、任务分配、采取的步骤、要使用的资源,以及为完成既定行动方针所需的其他因素。一个方案可能很大,也可能很小。通常情况下一个主要方案可能需要很多支持计划,在该主要方案进行之前,必须把这些支持计划制定出来,并付诸实施。所有这些计划都必须加以协调和安排时间。

8. 预算

预算是一份用数字表示预期结果的报表。预算通常是为规划服务的,但其本身可能就是一项规划。

例如企业中的财务收支预算也可称为"利润计划"或"财务收支计划"。预算可以帮助组织或企业上层和各级管理部门的主管人员,从资金和现金收支的角度,全面、细致地了解企业经营管理活动的规模、重点和预期成果。例如,某企业的财务预算包括:利税计划、流动资金计划、财务收支计划、财务收支明细计划表和资本计划等。其中财务收支明细计划表详细地规划出企业各管理部门的主要收支项目的金额、数量。

预算也是一种控制方法,对此将在第 13 章中进行详细讨论。预算的主要优点是它促使人们去详细制定计划,去平衡各种计划。由于预算要用数字来表现,因此它能使计划工作做得更细致、更精确。

思考训练

1. 简述对计划进行分类的各种方法,并解释其含义。
2. 简述计划层次体系中 8 种计划的含义。

学习延伸

管理者彼得·德鲁克在 1954 年提出了用来设定目标的 SMART 原则:具体的;可测量的;可实现的;相关的;有时限的。这些原则在今天是否仍然适用?上网收集某公司的企业发展目标,运用 SMART 原则分析该目标的设定。

3.3　计划的编制

学习目标

- 了解计划工作的主要原则。
- 掌握计划编制的程序。

学习导读

计划指的是正式计划,它既涉及目标(做什么),又涉及实现目标的方法(怎么做)。管理者们需要做计划,是因为计划可以给出方向,减少变化的冲击,使浪费和冗余减至最少,以及设立标准,有效控制。计划的编制,既要遵循一定的原则,也要按照一定的程序进行。

3.3.1 计划工作的原则

1. 统筹原则

计划工作的统筹原则是指计划对象内部要素之间的相互协调、平衡;计划对象内部与外部关系的协调;把握计划系统内部、外部各因素间的相互连锁关系。

2. 承诺原则

每一个计划就是一个承诺人们在调查中总结出来的确定计划期限的规律性(86%的企业制定3至5年的计划,1%的企业制定10年以上的计划,19%的企业没有长期计划)应避免过长或过短两个极端。长期计划也在不断调整,每一短期计划的制定和执行都是长期计划的补充和完善。

3. 限制原则

计划的制定是受一些因素限制的,限制因素常常是隐蔽的、潜在的;限制因素又常处于动态的变化之中。

4. 弹性原则

弹性原则指理想的计划必须在遇到例外情况时具有修正方向的能力。即使最有权威的预测也会有差错,故计划只能接近实际而不可能完全符合实际。任何决策都存在风险,弹性越大,风险越小;成本越高,承诺期限越短。

5. 参与原则

参与原则是指管理人员在制定计划时,必须与下属人员商议。这样能够增加计划被下属人员接受的程度,同时调动下属人员实施计划的积极性。

3.3.2 计划编制的程序

任何计划工作都要遵循一定的程序或步骤。虽然小型计划比较简单,大型计划复杂些,但是,管理人员在编制计划时,其工作步骤都是相似的,依次包括以下内容。

1. 认识机会

认识机会先于实际的计划工作开始以前,严格来讲,它不是计划的一个组成部分,但却是计划工作的一个真正起点。因为它预测到了未来可能出现的变化,清晰而完整地认识到组织发展的机会,搞清了组织的优势、弱点及所处的地位,认识到组织利用机会的能力,意识到不确定因素对组织可能发生的影响程度等。

认识机会,对做好计划工作十分关键。一位经营专家说过:"认识机会是战胜风险,求得生存与发展的诀窍。"诸葛亮"草船借箭"的故事流传百世,其高明之处就在于他看到了三天后江上会起雾,而曹军不习水性不敢迎战的机会,神奇般地实现了自己的战略目标。企业经营中也不乏这样的例子。

2. 确定目标

制定计划的第二个步骤是在认识机会的基础上,为整个组织及其所属的下级单位确定目标。目标是指期望达到的成果,它为组织整体、各部门和各成员指明了方向,描绘了组织未来的状况,并且作为标准可用来衡量实际的绩效。计划的主要任务,就是将组织目标进行层层分解,以便落实到各个部门、各个活动环节,形成组织的目标结构,包括目标的时间结构和空间结构。

3. 确定前提条件

所谓计划工作的前提条件就是计划工作的假设条件,简言之,即计划实施时的预期环境。负责计划工作的人员对计划前提了解得愈细愈透彻,并能始终如一地运用它,则计划工作也将做得越协调。

按照组织的内外环境,可以将计划工作的前提条件分为外部前提条件和内部前提条件;还可以按可控程度,将计划工作的前提条件分为不可控的、部分可控的和可控的。外部前提条件大多为不可控的和部分可控的,而内部前提条件大多数是可控的。不可控的前提条件越多,不肯定性越大,就愈需要通过预测工作确定其发生的概率和影响程度的大小。

4. 拟定可供选择的可行方案

编制计划的第四个步骤是,寻求、拟定、选择可行的行动方案。"条条道路通罗马",描述了实现某一目标的方案途径是多条的。通常,最显眼的方案不一定就是最好的方案,对过去方案稍加修改和略加推演也不会得到最好的方案,一个不引人注目的方案或通常人提不出的方案,效果却往往是最佳的,这里体现了方案创新性的重要。此外,方案也不是越多越好。编制计划时没有可供选择的合理方案的情况是不多见的,更加常见的不是寻找更多的可供选择的方案,而是减少可供选择方案的数量,以便可以分析最有希望的方案。即使用数学方法和计算机,我们还是要对可供选择方案的数量加以限制,以便把主要精力集中在对少数最有希望的方案的分析方面。

5. 评价可供选择的方案

在找出了各种可供选择的方案和检查了它们的优缺点后,下一步就是根据前提条件和目标,权衡它们的轻重优劣,对可供选择的方案进行评估。评估实质上是一种价值判断,它一方面取决于评价者所采用的评价标准;另一方面取决于评价者对各个标准所赋予的权重。一个方案看起来可能是最有利可图的,但是需要投入大量现金,而回收资金很慢;另一个方案看起来可能获利较少,但是风险较小;第三个方案眼前看没有多大的利益,但可能更适合公司的长远目标。应该用运筹学中较为成熟的矩阵评价法、层次分析法、多目标评价法,进行评价和比较。

如果唯一的目标是要在某项业务里取得最大限度的当前利润,如果将来不是不确定的,如果无须为现金和资本可用性焦虑,如果大多数因素可以分解成确定的数据,评估将是相对容易的。但是,由于计划工作者通常面对很多不确定因素、资本短缺问题以及各种各样无形因素,评估工作通常很困难,甚至比较简单的问题也是这样。一家公司主要为了声誉,而想生产一种新产品;而预测结果表明,这样做可能造成财务损失,但声誉的收获是否能抵消这种损失,仍然是一个没有解决的问题。因为在多数情况下,存在很多可供选择的方案,而且有很多应考虑的可变因素和限制条件,评估会极其困难。

评估可供选择的方案,要注意考虑以下几点:第一,认真考察每一个计划的制约因素和隐患;第二,要用总体的效益观点来衡量计划;第三,既要考虑到每一个计划的有形的可以用数量表示的因素,又要考虑到无形的、不能用数量表示的因素;第四,要动态地考察计划的效果,不仅要考虑计划执行所带来的利益,还要考虑计划执行所带来的损失,特别要注意那些潜在的、间接的损失。

6. 选择方案

计划工作的第六步是选定方案。这是在前五步工作的基础上,作出的关键一步,也是决策的实质性阶段——抉择阶段。可能遇到的情况是,有时会发现同时有两个以上可取方案。在这种情况下,必须确定首先采取哪个方案,而将其他方案也进行细化和完善,以作为后备方案。

7. 制定派生计划

基本计划还需要派生计划的支持。比如,一家公司年初制定了"当年销售额比上年增长15%"的销售计划,与这一计划相连的有许多计划,如生产计划、促销计划等。再如当一家公司决定开拓一项新的业务时,这个决策需要制定很多派生计划作为支撑,比如雇用和培训各种人员的计划、筹集资金计划、广告计划等。

8. 编制预算

在做出决策和确定计划后,计划工作的最后一步就是把计划转变成预算,使计划数字化。编制预算,一方面是为了计划的指标体系更加明确,另一方面是使企业更易于对计划执行进行控制。定性的计划往往在可比性、可控性和进行奖惩方面比较困难,而定量的计划具有较大的约束性。

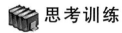 思考训练

1. 计划工作需要坚持哪些原则?
2. 制定计划的程序一般分为哪几个阶段?

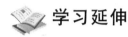 学习延伸

依据计划目标与所确定的最优方案,按照计划要素与工作要求,编制一份计划书。与他人分享自己的计划思想。

计划付诸实施,管理的计划职能并未结束。为了保证计划的有效执行,要对计划进行跟踪反馈,及时检查计划执行情况,分析计划执行中存在的问题,并对计划执行结果进行总结。

 本章小结

计划既是决策所确定的组织在未来一定时期内的行动目标和方式在时间和空间的进一步展开,又是组织、领导、控制和创新等管理活动的基础。计划工作具有目的性、首位性、普遍性、效率性、创新性等性质。计划是管理过程的中心环节,在管理活动中具有特殊重要的地位和作用。决策与计划是两个既相互区别又相互联系的概念。计划的种类很多,可以按计划的重要性、时间界限、明确性和抽象性等不同的标准进行分类。计划层次体系包括目的或使命、目标、战略、政策、程序、规则、方案、预算等类型。计划工作要坚持统筹原则、承诺原则、限制原则、弹性原则、参与原则。任何计划工作都要遵循一定的程序或步骤,一般包括认识机会、确定目标、确定前提条件、拟定可供选择的可行方案、评价可供选择的方案、选择方案、制定派生计划、编制预算等步骤。

第 4 章

战略性计划

课前阅读

彼得·德鲁克说:"一个企业不是由它的名字、章程和企业条例来定义,而是由它的任务来定义的。企业只有具备了明确的任务和目标,才可能制定明确和现实的企业目标。"

企业战略性计划(strategic planning)是企业根据外部环境和内部资源条件而制定的涉及企业管理各方面(包括生产管理、营销管理、财务管理、人力资源管理等)的带有全局性的重大计划。这种计划一般要定出 5~10 年甚至更长的发展方向,但也不是一次完成后就固定不变的,它是一种随着企业内部和外部环境的变化而不断修正的管理过程。

企业制定战略性计划、统一思想、统一步调,能够大大提高营销活动的目的性、预见性、整体性、有序性和有效性,增强企业的竞争能力和应变能力。在当代,无论是面对国内市场,还是面对国际市场,制定有效的企业战略计划都是维系企业生存与发展的关键。战略性计划内容包括:远景和使命陈述;战略环境分析和战略选择。

4.1 战略环境分析

学习目标

- 了解管理活动中环境分析的几个层次。
- 了解管理活动中宏观环境分析的主要因素。
- 掌握管理活动中产业环境分析的五力模型。
- 掌握管理活动中内部环境分析的主要方面。

学习导读

战略环境分析是为战略决策和选择服务的。用《孙子兵法》的语言,环境分析的内容是"天、地、彼、己"和"顾客(目标市场)",其目的是"知天知地,知彼知己和知顾客"。从企业管理的角度,企业在制定计划的时候必须从宏观环境、产业环境和内部环境进行分析,把握外部环境的机遇、挑战,明确自身的优势和劣势,从而制定正确的计划。

4.1.1 宏观环境分析

企业的宏观环境主要包括政治法律、经济、社会文化以及技术等宏观因素,其分析的意义在于评价这些因素对企业战略目标和战略制定的影响。为了更好地从总体上把握宏观环境分析的概貌,一个常用的工具就是PEST分析模型。

1. 政治法律环境

政治法律环境是指对企业经营活动具有实际与潜在影响的政治力量和有关的法律法规等因素。

2. 经济环境

经济环境是指一个国家的经济制度、经济结构、产业布局、资源状况、经济发展水平以及未来的经济走势等。

3. 社会文化环境

社会文化环境是指企业所在的社会中的成员的民族特征、文化传统、价值观念、宗教信仰、教育水平以及风俗习惯等因素。

4. 技术环境

技术环境不仅包括那些引起时代革命性变化的发明,而且还包括与企业生产有关的新技术、新工艺、新材料的出现和发展趋势以及应用前景。

4.1.2 产业环境分析

产业环境的分析主要包括两个方面,一是产业中竞争的性质和该产业中所具有的潜在利润;二是该产业内部企业之间在经营上的差异以及这些差异与它们的战略地位的关系。

1. 五力模型分析

(1)现有企业之间的竞争

现有企业之间的竞争是指产业内各个企业之间的竞争关系和程度。不同产业竞争的激烈程度是不同的。如果一个产业内主要竞争对手基本上势均力敌,无论产业内企业数目的多少,产业内部的竞争必然激烈,在这种情况下,某个企业要想成为产业的领先企业或保持原有的高收益水平,就要付出较高的代价;反之,如果产业只有少数几个大的竞争者,形成半垄断状态,企业间的竞争便趋于缓和,企业的获利能力就会增大。

(2) 供方讨价还价的能力

供方是指企业从事生产经营活动所需要的各种资源、配件等的供应单位。它们往往通过提高价格或降低质量及服务的手段,向产业链的下游企业施加压力,以此来榨取尽可能多的产业利润。

(3) 买方讨价还价的能力

作为买方(顾客、用户)必然希望所购产业的产品物美价廉,服务周到,且从产业现有企业之间的竞争中获利。因此,他们总是为压低价格,要求提高产品质量和服务水平而同该产业内的企业讨价还价,使得产业内的企业相互竞争,导致产业利润下降。

(4) 潜在进入者的威胁

所谓潜在进入者是指产业外随时可能进入某行业而成为竞争者的企业。由于潜在进入者的加入会带来新的生产能力和物质资源,并要求取得一定的市场份额,因此对本产业的现有企业构成威胁,这种威胁称为进入威胁。进入威胁的大小主要取决于进入壁垒的高低以及现有企业的反应程度。

(5) 替代品的压力

替代品是指那些与本企业产品具有相同功能或类似功能的产品。决定替代品压力大小的因素主要有:替代品的盈利能力;替代品生产企业的经营策略;购买者的转换成本。

竞争者研究需要大量信息资料,大量丰富的信息资料是在长期的一点一滴积累过程中形成的,而不是一次性工作中就能形成的。研究竞争者不仅需要长期艰苦细致的工作和适当的资料来源渠道,而且需要建立保障信息效率的组织机构。

2. 战略集团分析

战略集团是指在产业中同样的战略领域,遵循着相同或类似战略的公司群体。这里的战略领域包括技术领先的程度、产品质量、定价策略、销售渠道的选择以及对顾客服务的程度和类型。

运用战略集团分析的意义:可以使企业很好地了解战略集团的竞争状况以及某一集团与其他集团的差异点所在;可以帮助企业预测市场变化以及发现新的战略机会;揭示不同战略集团之间演变的难点与障碍所在。

4.1.3 内部环境分析

1. 经营资源分析

(1) 经营资源的定义

经营资源是企业竞争优势的根本源泉。经营资源可以理解为能够给企业带来竞争优势或劣势的任何要素,它既包括那些看得见、摸得着的有形资源,也包括那些看不见、摸不着的无形资源。

(2) 经营资源的战略意义

高效益的产业结构与竞争优势都根源于企业本身的经营资源。首先,专利权、品牌、报复能力形成的进入障碍,高市场占有率形成的垄断,以及因企业规模、资金实力与运用能力形成的强有力的讨价还价能力都有助于形成对企业竞争有利的产业结构。其次,低成本优势和差异化优势也都源于企业的经营资源:低成本优势源于企业所具有的工程技术、工厂规模、廉价投入要素等经营资源;差异化优势源于企业所具有的品牌、生产技术、市场能力、流通能力以及服务能力等经营资源。总之,企业要想获得竞争优势,就必须正确分析企业的经营资源。

2. 价值链分析

(1) 价值链的含义

对企业经营资源进行分析的一个常用工具是迈克尔·波特教授提出的价值链。所谓价值链是一个企业用来进行设计、生产、营销、交货以及对产品起辅助作用的各种活动的集合。价值链概念的提出基于如下基本逻辑关系:经营资源——价值活动——竞争优势。企业要想在竞争中获得优势,就必须把自己的经营资源通过各种活动为顾客创造价值。也就是说,企业内部的各种活动都应该是创造价值的活动,由于这些活动在企业内部犹如一条链条,因而称为"价值链"。

(2) 价值链分析的重点

价值链分析的重点在于价值活动分析。价值活动可以分为两大类:基本活动和辅助活动。基本活动是涉及产品的物质创造及其销售、转移给买方和售后服务的各种活动;辅助活动是辅助基本活动并通过提供外购投入、技术、人力资源以及各种公司范围的职能以相互支持。价值活动是企业内部各种相互分离活动的组合,决定着一个企业竞争优势的大小。

(3) 价值链分析的意义

价值链分析能有效帮助企业决策者认识竞争优势。价值链内在的有机联系是公司价值活动的重点,但要实现预期的价值目标必须考虑公司外部的价值链。在重视内部价值活动的基础上,有效连接上游供应商、下游销售商的价值活动,是构造价值链体系的主要内容,也是建立公司竞争优势的坚实基础。

(4) 资源审核

价值链中所有的价值活动都依赖于公司的资源禀赋,没有充足的、齐全的、高质量的资源支持,价值链就难以正常运行及产生效能。

资源审核所要解决的主要问题,不是列举公司资源数量、种类和品质的清单,而是分析和判定在所有可控资源中,哪些资源是形成公司核心能力的战略性资源,它在何种程度上支持公司的战略行动并帮助公司构建起市场竞争的优势地位。

3. 战略能力分析

(1) 财务能力分析

评估判断一个企业的现实经营能力,首先必须对企业的财务状况进行客观公正的分析。把纵向和横向的分析比较方法结合起来,综合计算企业的收益性、成长性、安全性、流动性及生产性这五类指标,就能够清楚地、直观地、形象地揭示企业财务及经营状况的优势和劣势。

(2) 营销能力分析

企业营销能力可以分解为产品竞争能力、销售活动能力、新产品开发能力和市场决策能力等,这四种能力虽然自成系统但相互联系,相互影响,在一定的市场环境下共同决定着企业经营成果的优劣,影响着企业存亡兴衰。因此,营销能力分析通常都离不开对这四种能力的分析评估。

第一,产品竞争能力。反映一个企业产品竞争能力的指标包括产品的市场地位、收益性、成长性、竞争性与结构性。

第二,销售活动能力。经过产品竞争能力的分析,我们已经了解了企业产品的市场竞争能力,发现了优势产品和销路不畅产品。接着,我们还要对优势产品和劣势产品进行销售能力分析,即通过分析其销售组织、渠道、业绩和促销等方面,找到销售活动中的问题和原因、优势和劣势。

第三,新产品开发能力。新产品开发能力分析是在现有产品的市场竞争力分析的基础之上,着重从新产品开发组织、开发效果、开发过程和开发计划等四个方面进行分析。其目的在于提高新产品开发的效果,改进企业的产品组合,增强企业的应变能力。

第四,市场决策能力。市场决策能力分析是以产品市场竞争力分析、销售活动能力分析以及新产品开发能力分析的结果为依据,对照企业的经营方针和经营计划,指出企业在市场决策中的不当之处,探讨企业的中、长期市场营销课题和应采取的市场战略,以提高企业经营领导层的决策能力和决策水平,使企业获得持续的发展。

(3) 组织效能分析

第一,良好组织的四项基本原则。一个良好组织至少要体现以下四项原则:有效性原则;统一指挥原则;合理管理层次和幅度原则;责权对等原则。

第二,组织效能分析的主要问题。有了良好组织的四项原则作为基准以后,就可以对管理组织所涉及的多方面问题进行分析。可以从分析职务体系入手,看看管理岗位设置、人员配备及其素质是否对完成职能管理有保证;可以从分析岗位责任制入手,看看职权与职责对等性如何;也可以从分析管理层次和管理幅度入手,看看管理职能的分工是否有效合理;还可以从人员素质、管理体制等其他角度入手进行分析。当然,我们认为,最重要的是对组织内管理的层次和幅度状况以及职权对等匹配情况进行分析。

4. 核心能力分析

(1) 核心能力的定义

核心能力是指居于核心地位并能产生竞争优势的要素作用力,具体地说是组织的集体学习能力和集体知识,尤其是如何协调各种生产技术以及如何将多种技术、市场趋势和开发活动相结合的知识。

核心能力包括3个方面:一是市场和事业的开拓能力;二是对消费者福利贡献的能力;三是阻挡竞争者模仿的能力。

(3) 核心能力的评价标准

尽管各公司核心能力的表现形式有所差异,但衡量和评价核心能力能否形成可持续竞争优势的标准是相同的,即占用性、耐久性、转移性、复制性。

所谓占用性,是指由公司内部战略资产产生的收益必须为公司所有,而不能被其他个人或组织据为己有的占有程度。所谓耐久性,是指公司战略资源与核心能力作为利润源泉的持久程度。所谓转移性,是指战略性资源与核心能力转移程度越低,其保持高额利润的竞争优势就越高;战略资源与核心能力转移程度越高,公司竞争优势的持续性就越差。所谓复制性,是指公司的战略资源与核心能力被竞争者轻而易举地"仿制"和"再版",公司就难以持久地拥有获取高额利润的竞争优势。

评价核心能力的这四个标准,实质上是说公司适应市场需要的核心能力必须具有在较长时期内获得超平均利润的与众不同的特质,并且很难被竞争者效仿。

拓展阅读 4-1

企业核心竞争力识别标准确定

 思考训练

1. 简述战略环境分析中对宏观环境分析一般从哪些角度进行。
2. 简述产业环境分析中的五力模型分析。
3. 战略环境分析中企业内部环境分析包括哪些内容?

学习延伸

调查某一个企业,了解该企业的核心能力,并分析其战略能力。

4.2　战略性计划选择

学习目标

- 了解战略的含义和企业战略的类型。
- 掌握主要的战略计划模型分析的框架。

学习导读

战略规划使得企业即使在紧急情况下也可以处变不惊,有条不紊地采取有效措施回避风险,赢得竞争的主动权。同时,战略计划有利于发现各种机会和问题,及时协调企业各部门的活动以适应环境的变化,使企业永远充满活力。因此,制定一个既有远大前景又切合实际的战略规划,关系到企业的前途与命运。否则,具体运营工作做得再好,战略上的失误仍会使企业蒙受巨大的损失,甚至难以生存。

4.2.1　战略的含义

战略是指对事物的总体筹划和谋略。战略性计划是指应用于整体组织,为组织未来较长时期(通常为 5 年以上)设立总目标和寻求组织在环境中的地位的计划。战略性计划的首要内容是愿景和使命陈述;战略性计划的第二项内容是战略环境分析,即分析外部环境和内部条件;战略性计划的第三项内容是战略选择,选择企业合适的发展途径。

在西方"战略"(strategy)一词来源于希腊语,意为"将军的艺术"。"战略"一词在我国最早见于西晋司马彪《战略》一书,原指对战争全局方略的筹划与指导,现在已经广泛应用于社会各个领域对全局性与高层次重大问题的筹划与指导。因此从企业经营的角度来讲,战略是为达到企业目标而采取的行动方式和资源配置方式。

企业把战略应用到管理中最早出现在 20 世纪 50 年代的美国,到 20 世纪 60 年代,美国管理学者对战略管理进行了一系列开拓工作。著名管理学者小阿尔福莱德·D.钱德勒 1962 年出版《战略与结构》一书,揭开了企业战略问题研究的序幕。1971 年美国管理学者肯尼斯·R.安德鲁斯在其所著《公司战略思想》一书中,第一次明确提出"公司战略的思想"。1972 年,安索夫在美国《企业经营政策》杂志上,发表《战略管理思想》一文,正式提出"战略管理"概念,安索夫被誉为现代企业战略方面的先驱者。1994 年乔治·费舍出任柯达公司 CEO,为柯达公司制定的战略是使公司更具创新能力,增强在数字摄影方面的竞争力。因此在柯达的前 3 年,费舍放弃柯达多样化战略,致力于柯达最具核心能力的成像技术,每年投资近 500 万美元从事产品开发研究,每几个月就推出新款数字成像产品,使柯达生产的相机、扫描仪和其他使用芯片的系列产品令人目不暇接。种类繁多的产品,使柯达的数字产品销售额以每年 25% 的速度递增,远远超过其他公司。

4.2.2 企业战略的类型

企业战略可以根据集团企业层次分为三档,即公司战略、业务单元战略和职能战略。

1. 公司战略

公司战略,又叫总体战略、集团战略,包含三种战略类型,分别为成长型战略、稳定型战略、收缩型战略。

成长型战略包括一体化战略、多元化战略、密集型成长战略。一体化战略包括纵向一体化战略和横向一体化战略。以面向用户为前向,获得对经销商或者零售商的所有权或对其加强控制,称为前向一体化。获得对供应商的所有权或对其加强控制,称为后向一体化。横向一体化可以通过以下途径实现:购买、合并、联合。在企业战略都是包括哪些不同的种类分析中,多元化战略的类型包括:同心多元化和离心多元化。同心多元化也称为相关多元化,是以现有业务为基础进入相关产业的战略。当企业在产业内具有较强的竞争优势,而该产业的成长性或者吸引力逐渐下降时,比较适宜采取同心多元化战略。离心多元化,也称为不相关多元化。采用离心多元化的目标是从财务上考虑平衡现金流或者获取新的利润增长点。密集型成长战略,也称为加强型成长战略,包括三种类型:市场渗透战略、市场开发战略和产品开发战略。

稳定型战略,也称为防御型战略、维持型战略,包括四种类型:暂停战略、无变化战略、维持利润战略、谨慎前进战略。

收缩型战略,也称为撤退型战略,包括三种类型:转变战略、放弃战略、清算战略。

2. 业务单元战略

业务单元战略,又叫竞争战略,包含三种战略类型,分别为成本领先战略、差异化战略和集中化战略。

成本领先战略的优势包括:可以抵御竞争对手的进攻;具有较强的对供应商的议价能力;形成了进入壁垒。在企业战略都是包括哪些不同的种类分析中,成本领先战略的适用条件:市场需求具有较大的价格弹性;所处行业的企业大多生产标准化产品,价格因素决定了企业的市场地位;实现产品差异化的途径很少;多数客户以相同的方式使用产品;用户购买从一个销售商改变为另外一个销售商时,转换成本很小,因而倾向于购买价格最优惠的产品。

采取差异化战略的风险包括:竞争者可能模仿,使得差异消失;保持产品的差异化往往以高成本为代价;产品和服务差异对消费者来说失去了意义;与竞争对手的成本差距过大;企业要想取得产品差异,有时要放弃获得较高市场占有率的目标。

集中化战略可以分为:集中成本领先战略和集中差异化战略。集中化战略的条件包括:企业资源和能力有限,难以在整个产业实现成本领先或者差异化,只能选定个别细分市场;目标市场具有较大的需求空间或增长潜力;目标市场的竞争对手尚未采用统一战略。实施集中化战略的风险包括:竞争者可能模仿;目标市场由于技术创新、替代品出现等原因而需求下降;由于目标细分市场与其他细分市场的差异过小,大量竞争者涌入细分市场;新进入者重新细分市场。

3. 职能战略

职能战略又称职能支持战略,是按照总体战略或业务战略对企业内各方面职能活动进行的谋划。职能战略一般可分为生产运营型职能战略、资源保障型职能战略和战略支持型职能战略。职能战略是为企业战略和业务战略服务的,所以必须与企业战略和业务战略相配合。比如,企业战略确立了差异化的发展方向,要培养创新的核心能力,企业的人力资源战略就必须体现对创新的鼓励;要重视培训,鼓励学习;把创新贡献纳入考核指标体系;在薪酬方面加强对各种创新的奖励。

企业职能战略一般可分为营销战略、人力资源战略、财务战略、生产战略、研究与开发战略、品牌战略等。

职能战略是为贯彻、实施和支持公司战略与竞争战略而在企业特定的职能管理领域制定的战略,其重点是提高企业资源的利用率,使企业资源的利用最大化。职能战略与企业总体战略(公司战略)、竞争战略必须相辅相成。

4.2.3 战略性计划的模型

1. 道斯矩阵(SWOT 分析法)

在现在的战略规划报告里,SWOT 分析算是一个众所周知的工具了,同样 SWOT 也是来自 McKinsey 咨询公司。SWOT 分析代表分析企业优势(strength)、劣势(weakness)、机会(opportunity)和威胁(threats)。因此,SWOT 分析实际上是将对企业内外部条件各方面内容进行综合和概括,进而分析组织的优劣势、面临的机会和威胁的一种方法。

(1) 模型含义介绍

优劣势分析主要是着眼于企业自身的实力及其与竞争对手的比较,而机会和威胁分析将注意力放在外部环境的变化及对企业的可能影响上。在分析时,应把所有的内部因素(即优劣势)集中在一起,然后用外部的力量来对这些因素进行评估。

第一,机会与威胁分析(OT)

随着经济、社会、科技等诸多方面的迅速发展,特别是世界经济全球化、一体化过程的加快,全球信息网络的建立和消费需求的多样化,企业所处的环境更为开放和动荡。这种变化几乎对所有企业都产生了深刻的影响。正因为如此,环境分析成为一种日益重要的企业职能。

环境发展趋势分为两大类:一类表示环境威胁,另一类表示环境机会。环境威胁指的是环境中一种不利的发展趋势所形成的挑战,如果不采取果断的战略行为,这种不利趋势将导致公司的竞争地位受到削弱。环境机会就是对公司行为富有吸引力的领域,在这一领域,该公司将拥有竞争优势。

对环境的分析也可以有不同的角度。比如,一种简明扼要的方法就是 PEST 分析,另外一种比较常见的方法就是波特的五力分析。

第二,优势与劣势分析(SW)

识别环境中有吸引力的机会是一回事,拥有在机会中成功所必需的竞争能力是另一回事。每个企业都要定期检查自己的优势与劣势,这可通过"企业经营管理检核表"的方式进行。企业或企业外的咨询机构都可利用这一格式检查企业的营销、财务、制造和组织能力。每一要素都要按照特强、稍强、中等、稍弱或特弱划分等级。

当两个企业处在同一市场或者说它们都有能力向同一顾客群体提供产品和服务时,如果其中一个企业有更高的赢利率或赢利潜力,那么,就认为这个企业比另外一个企业更具有竞争优势。换句话说,所谓竞争优势是指一个企业超越其竞争对手的能力,这种能力有助于实现企业的主要目标——赢利。但值得注意的是:竞争优势并不一定完全体现在较高的赢利率上,因为有时企业更希望增加市场份额,或者多奖励管理人员或雇员。

显然,公司不应去纠正它的所有劣势,也不是对其优势不加利用。主要的问题是公司应研究:它究竟是应只局限在已拥有优势的机会中,还是去获取和发展一些优势以找到更好的机会。有时,企业发展慢并非因为其各部门缺乏优势,而是因为它们不能很好地协调配合。例如有一家大电子公司,工程师们轻视推销员,视其为"不懂技术的工程师";而推销员则瞧不起服务部门的人员,视其为"不会做生意的推销员"。因此,评估内部各部门的工作关系作为一项内部审计工作是非常重要的。

(2) SWOT 分析步骤

第一,确认当前的战略是什么;

第二,确认企业外部环境的变化(波特五力或者 PEST);

第三,根据企业资源组合情况,确认企业的关键能力和关键限制;

第四,按照通用矩阵或类似的方式打分评价;

第五,将结果在 SWOT 分析图上定位;

第六,战略分析。

（3）战略选择

战略选择是用来分析外部环境中的危险因素和机遇及其同组织（内部的）利弊间关系的现代工具。它提供了四种可供选择的战略，这些战略要随着时间的变化而调整。

第一，WT 战略：要把弱点和危险减至最少。

第二，WO 战略：要把弱点减至最少，把良机增加到最大。

第三，ST 战略：要把优点扩大到最大限度，要对付环境中的危险。

第四，SO 战略：用优点去利用良机。

2. 波士顿矩阵（资产组合分析法）

波士顿矩阵法是波士顿咨询公司（BCG）于 1970 年提出的一种规划企业产品组合的方法，因其评估的有效性，逐渐被引入情报分析领域，扩大了评估对象的范围。

它是用来分配资源，把业务的增长速度同公司的相对竞争地位（用市场份额来衡量）联系起来的工具。

图 4-1 中，纵坐标市场增长率表示该业务的销售量或销售额的年增长率，用数字 0～20% 表示，并认为市场增长率超过 10% 就是高速增长。横坐标相对市场份额表示该业务相对于最大竞争对手的市场份额，用于衡量企业在相关市场上的实力。用数字 0.1（该企业销售量是最大竞争对手销售量的 10%）～10（该企业销售量是最大竞争对手销售量的 10 倍）表示，并以相对市场份额为 1.0 为分界线。需要注意的是，这些数字范围可能在运用中根据实际情况的不同进行修改。

图 4-1　波士顿矩阵模型

波士顿矩阵法将一个公司的业务分成四种类型：问题、明星、现金牛和瘦狗。

（1）问题业务

具有微弱市场份额和高增长率；通常需要现金投入，使它们成为"明星"企业。问题业务是指高市场增长率、低相对市场份额的业务，这往往是一个公司的新业务。为发展问题业务，公司必须建立工厂，增加设备和人员，以便跟上迅速发展的市场，并超过竞争对手，这些意味着大量的资金投入。"问题"非常贴切地描述了公司对待这类业务的态度，因为这时公司必须慎重回答"是否继续投资，发展该业务？"这个问题。只有那些符合企业发展长远目标、企业具有资源优势、能够增强企业核心竞争能力的业务才能得到肯定的回答。

（2）明星业务

具有强有力的竞争地位和高增长率；具备增长和盈利的机会。明星业务是指高市场增长率、高相对市场份额的业务，这是由问题业务继续投资发展起来的，可以视为高速成长市场中的领导者，它将成为公司未来的现金牛业务。但这并不意味着明星业务一定可以给企业带来滚滚财源，因为市场还在高速成长，企业必须继续投资，以保持与市场同步增长,并击退竞争对手。企业没有明星业务,就失去了希望,但群星闪烁也可能会耀花了企业高层管理者的眼睛,导致做出错误的决策。这时必须具备识别行星和恒星的能力,将企业有限的资源投入在能够发展成为现金牛的恒星上。

(3) 现金牛业务

具有很强的竞争地位但低增长率;市场地位牢固,产品成本低,能提供大量现金。现金牛业务指低市场增长率、高相对市场份额的业务,这是成熟市场中的领导者,它是企业现金的来源。由于市场已经成熟,企业不必大量投资来扩展市场规模,同时作为市场中的领导者,该业务享有规模经济和高边际利润的优势,因而给企业带来大量财源。企业往往用现金牛业务来支付账款并支持其他三种需大量现金的业务。

(4) 瘦狗业务

具有微弱的市场份额和低增长率;企业不盈利,应该处理掉。瘦狗业务是指低市场增长率、低相对市场份额的业务。一般情况下,这类业务常常是微利甚至是亏损的。瘦狗业务存在的原因更多是由于感情上的因素,虽然一直微利经营,但像人对养了多年的狗一样恋恋不舍而不忍放弃。其实,瘦狗业务通常要占用很多资源,如资金、管理部门的时间等,多数时候是得不偿失的。

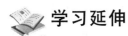

思考训练

1. 简述战略的含义及其应用。
2. 简述企业战略三个层次及其含义。
3. 简述道斯矩阵的含义和运用。
4. 简述波士顿矩阵的含义和运用。

学习延伸

选择一家上市公司,查询该公司的财务报表,利用波士顿矩阵分析该公司的业务类型,并小组交流。

4.3 计划的组织实施

学习目标

- 掌握目标管理法的特点和运用。
- 了解滚动计划法的特点和运用。

- 了解网络计划技术的含义和运用。

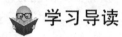学习导读

战略和计划制定之后便进入组织实施阶段,常用的方法是目标管理法、滚动计划法和网络计划技术等。其中,目标管理法是利用目标进行管理的方法,本质上是一种科学的管理方法。

4.3.1 目标管理法

1. 目标管理的定义

目标管理又称成果管理或标的管理,是指组织内部各部门乃至每个人为实现组织目标,自上而下地制定各自的目标并自主地确定行动方针、安排工作进度、有效地组织实现和对成果严格考核的一种系统的管理方法。它由美国著名管理学家彼得·德鲁克(Peter Drucker)在 1954 年首先提出,被认为是一种科学的管理方法。目标管理的主要内容有:目标管理是一个程序和过程,是一个全面的管理系统,它使许多关键管理活动结合起来,将组织的整体目标转换为组织单位和成员的目标,通过层层落实和采取保证措施,高效地实现目标;目标管理能够很好地体现员工参与管理,由德鲁克提出,经由其他一些人发展,逐步成为西方许多国家所普遍采用的一种系统地制定目标并进行管理的有效方法。

目标管理提出以后,便在美国迅速流传。时值第二次世界大战后西方经济由恢复转向迅速发展的时期,企业急需采用新的方法调动员工积极性以提高竞争能力,目标管理的出现可谓应运而生,遂被广泛应用,并很快为日本、西欧国家的企业所仿效,在世界管理界大行其道。

目标管理的具体形式各种各样,但其基本内容是一样的。所谓目标管理乃是一种程序或过程,它使组织中的上级和下级一起协商,根据组织的使命确定一定时期内组织的总目标,由此决定上、下级的责任和分目标,并把这些目标作为组织经营、评估和奖励每个单位和个人贡献的标准。

2. 目标的特征

目标具有如下特征:层次性、网络性、多样性、可考核性、可接受性、富有挑战性和伴随信息反馈性。

第一,目标的层次性。组织目标形成一个有层次的体系,从广泛的组织战略性目标到特定的个人目标。这个体系的顶层是组织的愿景和使命陈述,第二层次是组织的任务。目标体系的基层是分公司的目标、部门和单位的目标、个人目标等。

第二,目标的网络性。目标网络是从某一具体目标实施规划的整体协调方面来进行考察。目标网络的内涵:一是目标和规划形成相互联系的网络;二是主管人员确保目标网络中的每个组成部分相互协调;三是组织中的各个部门在制定自己部门的目标时,必须要与其他部门协调;四是组织制定各种目标时,必须要与许多约束因素相协调。

第三,目标的多样性。任务和企业的主要目标通常是多种多样的。同样,在目标层次体系中的每个层次的具体目标也可能是多种多样的。主管人员不可能有效地追求更多的目标。在考虑追求多个目标的同时,必须对各目标的相对重要程度进行区分。

第四,目标的可考核性。要让目标可以考核就要将目标量化。目标量化对组织活动的控制、成员的奖惩会带来很多方便。

第五,目标的可接受性。要想让一个目标对其接受者产生激励作用,对接受者来说,目标必须是可接受的,否则,目标超过了接受者的能力范围,就会失去激励作用。

第六,目标的富有挑战性。根据弗罗姆的期望理论,如果一项工作完成所达的目标对接受者没有多大意义的话,接受者是没有动力去完成该项工作的。目标的可接受性和富有挑战性是对立统一的关系。

第七,目标的伴随信息反馈性。信息反馈是把目标管理过程中目标的设置、目标的实施情况不断地反馈给目标设置和实施的参与者。如果建立了目标再加上反馈,就能更进一步加强员工工作表现。

3. 目标管理的实施

目标管理的实施,可以分为目标制定、目标实施、成果评价三个阶段,具体如下。

(1) 目标制定

目标制定是第一个同时也是最重要的阶段。目标制定得合理、明确,后两个阶段才能顺利进行。该阶段可以细分为四个步骤。

第一,确定总目标。总目标可以由下级和职工提出,上级批准;也可由上级部门提出,再同下级一起讨论决定。在这个过程中要注意两点:一是必须由领导会同各级管理人员及职工共同商量决定,尤其是要听取职工的意见;二是领导必须根据企业的长远规划和面临的客观环境,对应该完成和能够完成的目标有一个清醒的估计,并在确定总目标的过程中发挥主导作用,不能简单地对下级目标进行汇总来作为企业的总目标。

第二,重新审议组织结构和职责分工。目标管理要求每一个目标和分目标都有确定的人对其负责,在预定目标之后,往往需要重新审查现有的组织结构并做出必要变动,尽可能做到一个目标只属于一个主管、一个部门,对需要跨部门配合的目标也应明确谁主谁从。这样,就有利于各司其职,发挥主观能动性。

第三,进行目标展开,确立各级的分目标。这是一个自上而下层层展开的过程。在此过程中需注意:一是目标必须有重点、有顺序。不能太多,几项即可,多则易于顾此失彼。二是目标必须具体化,尽可能定量化,以便于评估。三是目标既要有"挑战性",又要有实现的可能性。目标太低,不能鼓舞士气,就失去了目标管理的意义;目标太高,通过努力也完不成,也会挫伤士气。四是目标确定的结果应该是下级目标支持上级目标,分目标支持总目标,每个人员、每个部门的目标都要和其他人员、其他部门的目标协调一致,不能损害本单位和整个组织的长远利益和长远目标。

第四,逐级授权。上一级要本着权责相称的原则,根据目标的要求,授予下属部门或个人以相应的权力,让他们有权有责,在职责和权限范围内自主地开展业务活动,自行决定完成目标的方法、手段,实行自主管理。上下级之间还要就实现目标后的奖惩事宜达成协议。

(2) 目标实施

目标的实施过程主要依靠目标的执行者进行自主的管理,即由执行人主动地、创造性地工作,并以目标为依据,不断检查对比,分析问题,采取措施,纠正偏差,实行自我控制。但这不是说领导可以放手不管。由于组成了目标锁链和目标系统,目标的实施过程是一个自下而上层层保证的过程,一环失误,则可能牵动全局。在此过程中,领导者的责任主要是深入基层,对工作情况进行定期检查。一方面检查应由上级保证的目标执行者的工作条件是否得到了正常的保证,发现问题,及时给予解决;另一方面,当好目标执行者的参谋和顾问,以商议、劝告的方式帮助下级解决问题。在必要时,也可以通过一定的手续,修改原定的目标。但从本质上来看,目标管理在过程控制上是十分宽松的,夸张一点讲就是"只问结果,不问过程"。因此,领导者对执行者的监督和控制应采用"内紧外松"的方式。

(3) 成果评价

成果评价预示着一个目标管理周期的结束,也是下一周期的开始。该阶段主要应做好如下工作:一是对目标执行者的工作成果进行考核,并决定奖惩;二是总结经验教训,把成功的经验、好的做法固定下来,并加以完善,使之科学化、系统化、标准化、制度化,对不足之处要分析原因,采取措施加以改进,为今后的工作奠定基础。

4.3.2 滚动计划法

滚动计划法是按照"近细远粗"的原则制定一定时期内的计划,然后按照计划的执行情况和环境变化,调整和修订未来的计划,并逐期向后移动,把短期计划和中期计划结合起来的一种计划方法。

由于在计划工作中很难准确地预测将来影响组织生存与发展的经济、政治、文化、技术、产业、顾客等各种变化因素,而且随着计划期的延长,这种不确定性越来越大。因此,如果机械地按几年以前编制的计划实施,或机械地、静态地执行战略性计划,则可能导致巨大的错误和损失。滚动计划法可以避免这种不确定性带来的不良后果。具体做法是用近细远粗的办法制定计划。

1. 滚动计划法的特点

滚动计划法虽然使得计划编辑工作的任务量加大,但在计算机已被广泛应用的今天,其优点十分明显。

第一,远粗近细。采用滚动计划法,遵循"远粗近细"的原则,同时制定未来若干期的计划,把近期的详细计划和远期的粗略计划结合在一起。在计划期第一阶段完成后,根据该阶段的执行情况和内外部环境变化情况,对原计划进行修正和细化,并将整个计划向前移动一个阶段,以后根据同样的原则逐期向前移动。

第二,保持各期计划的灵活性和适应性。采用滚动计划法,使企业的生产活动能够灵活地适应市场需求,把供产销密切结合起来,从而有利于实现企业预期的目标。

第三,保持各期计划之间的连续性。采用滚动计划法,把计划期内各阶段以及下一个时期的预先安排有机地衔接起来,而且定期调整补充,从而从方法上解决了各阶段计划的衔接和符合实际的问题。

2. 滚动计划法的实施

滚动计划法是指根据一定时期计划的执行情况,考虑企业内外环境条件的变化,调整和修订计划,并相应地将计划期顺延一个时期,把短期计划和长期计划结合起来的一种编制计划的方法。在计划编制过程中,尤其是编制长期计划时,为了能准确地预测影响计划执行的各种因素,可以采取近细远粗的办法。

例如,某企业在 2020 年底制定了 2021—2025 年的五年计划,如采用滚动计划法,到 2021 年底,根据当年计划完成的实际情况和客观条件的变化,对原订的五年计划进行必要的调整,在此基础上再编制 2022—2026 年的五年计划。其后依此类推。

3. 对滚动计划法的评价

滚动计划方法虽然使得计划编制和实施工作的任务量加大,但其最突出的优点首先是计划更加切合实际,并且使战略性计划的实施也更加切合实际。其次,滚动计划法使长期计划、中期计划与短期计划相互衔接,短期计划内部各阶段相互衔接。最后,滚动计划法大大加强了计划的弹性,在剧烈变化的环境条件下,可以提高组织的应变能力。

需要指出的是,滚动间隔期的选择,要适应企业的具体情况,如果滚动间隔期偏短,则计划调整较频繁,好处是有利于计划符合实际,缺点是降低了计划的严肃性。一般情况是,生产比较稳定的大量大批企业宜采用较长的滚动间隔期,生产不太稳定的单件小批生产企业则可考虑采用较短的滚动间隔期。

4.3.3 网络计划技术

1. 网络计划技术的含义

网络计划技术是指以网络图为基础的计划模型,其最基本的优点就是能直观地反映工作项目之间的相互关系,使一项计划构成一个系统的整体,为实现计划的定量分析奠定了基础。同时,它运用数学最优化原理,揭示整个计划的关键工作以及巧妙地安排计划中的各项工作,从而使计划管理人员依照执行情况,有科学根据地对未来做出预测,使得计划自始至终在人们的监督和控制之中,使用尽可能短的工期、尽可能少的资源、尽可能好的流程、尽可能低的成本来完成所控制的项目。

2. 网络计划技术的发展

网络计划技术是 20 世纪 50 年代后期在美国产生和发展起来的。这种方法包括各种以网络为基础判定的方法,如关键路径法、计划评审技术、组合网络法等。

网络计划包括 PERT(program evaluation and review technique)与 CPM(critical path method),前者一般译为计划评审技术或计划协调技术,后者一般译为关键线路法,两者有时统一记为 PERT/CPM。

PERT 是 1958 年美国海军特种计划局在研制"北极星"导弹核潜艇中,在汉密尔顿公司及洛克菲勒公司的协助下,首次提出的控制进度的先进方法。"北极星计划"是一项规模庞大,组织管理工作复杂的任务,整个工程由 8 家总承包公司,250 家分包公司,3 000 家三包公司,9 000 家厂商承担。当时的目的就是必须尽快地发展这种"北极星导弹",从而就必须作出一种统筹规划。也就是说,要完成这项任务要做哪些研究工作,这些工作需要多长时间?完成这项工作需要哪些发展的步骤和试验阶段?国家如何才能加快完成这项任务?总之,美国要在何时才能拥有一枚可供使用的北极星导弹?PERT 就是为了解决上述问题,加速完成北极星导弹而发展起来的计划和进度安排技术。

CPM 是与 PERT 十分相似但又独立发展的另一种技术。1956 年,美国杜邦公司为了管理公司内不同业务部门的工作,在兰德公司的协助下,研制了这种管理方法。它首先应用于新化工厂的建设,以后又应用于生产设备的维修,效果很显著。

正因为如此,这两种技术的出现,立即引起了世界各国管理者的重视,使之在较短时间里得到了广泛的传播与应用,已应用到生产实际的各个领域。网络计划技术已作为一门成熟的管理技术,在工矿企业中得到了广泛应用,并且正在日益广泛地深入到生产实际的各个领域。随着网络计划技术的广泛应用,必然要受到电子计算机的支持。计算机辅助网络分析方面,国内外研究得相当广泛,仅国内就有数十家单位在从事这项工作的研究。可以预料,随着管理方法的现代化,网络计划技术必将受到我国管理工作者的重视。

3. 网络计划技术的特点

网络计划作为系统工程的一个分支,它在制定一项计划时,总是把所研究的对象当作一个系统的整体来考虑。无论何种计划都包含着许多消耗时间和资源的工作过程,并且这些工作的实施不是随意的,它要受到它们之间相互关系的限制。计划的根本目的就是要使任务的诸工作、相互关系、时间、资源构成一个系统协调的整体,力求以最短的工期和最少的资源去完成这项任务。

网络计划模型是一种直观而简明的、有逻辑和数学根据的计划模型。就是说它不仅能完整地揭示一项计划所包含的全部工作以及它们之间的关系,而且还能从数学的高度运用最优化原理,去揭示整个计划的关键工作以及巧妙地安排计划中的各项工作,从而可使计划管理人员依照计划执行的情况信息,有科学根据地对未来作出预测,使得计划自始至终在人们的监督和控制之中。

由于网络法是一种定量化的数学方法,有一定的数学理论基础,因而在运用网络法的同时可以广泛有效地使用电子计算机,从而可使人们在较短的时间内,从众多的计划方案中选出一种能以最短的工期、最少的资源、最好的流程、最低的成本来完成所下达任务的方案。

拓展阅读 4-2

华为的工作目标管理法

思考训练

1. 什么是目标管理法?如何实施目标管理法?
2. 简述滚动计划法的特点和实施。
3. 简述网络计划技术的含义和特点。

学习延伸

以大学四年的学习生活为例,运用目标管理法的原理制定自己的大学四年职业生涯发展的总目标和分年级目标,预测目标实现过程中可能遇到的障碍并提出应对措施。

本章小结

制定战略计划时首先要进行战略环境分析,宏观环境分析一般采用 PEST 分析模型,从政治法律环境、经济环境、社会文化环境和技术环境进行分析;对产业环境分析一般进行五力模型分析和战略集团分析;对企业内部环境,一般从经营资源、价值链、战略能力、核心能力等方面展开分析。企业战略一般分为公司战略、业务单元战略和职能战略等三个层次,制定战略计划中常用的模型是道斯矩阵(SWOT 分析法)和波士顿矩阵(资产组合分析法)。实施计划中常用的方法是目标管理法、滚动计划法和网络计划技术。目标管理法由德鲁克提出,经由其他一些人发展,逐步成为西方许多国家所普遍采用的一种系统地制定目标并进行管理的有效方法。滚动计划法是按照"近细远粗"的原则制定一定时期内的计划,按照计划的执行情况和环境变化调整和修订未来的计划,保持各期计划的灵活性和适应性。网络计划技术是指以网络图为基础的计划模型,其最基本的优点就是能直观地反映工作项目之间的相互关系,使一项计划构成一个系统的整体。

第 5 章

决策理论与方法

课前阅读

20世纪50年代以后,特别是60年代以来,随着系统论、控制论和信息论的产生以及现代技术手段的发展,管理学家又在管理职能中加进了创新和决策职能。决策理论学派的代表人物西蒙提出了决策职能,决策职能从计划职能中分化出来。他认为决策贯穿于管理的全过程,管理的核心是决策。管理的决策职能不仅各个层次的管理者都有,并且分布在各项管理活动中。制定计划、选择计划方案需要决策;设计组织结构、人事管理等也需要决策;选择控制手段还需要决策。

从管理职能的角度来说,决策理论提出了一条新的管理职能。针对管理过程理论的管理职能,西蒙提出决策是管理的职能,而传统的管理学派是把决策职能纳入计划职能的。由于决策理论不仅适用于企业组织,而且适用于其他各种组织的管理,具有普遍的适用意义,因此,"决策是管理的职能"已得到管理学家普遍的承认。

5.1 决策的理论

 学习目标

- 了解决策的定义和特征。
- 了解决策的各种分类及含义。

学习导读

决策理论是把第二次世界大战以后发展起来的系统理论、运筹学、计算机科学等综合运用于管理决策问题,形成的一门有关决策过程、准则、类型及方法的较完整的理论体系。决策具有预见性、选择性和主观性等特征,决策的类型可以从不同角度进行分类。

5.1.1 决策的概念

1. 决策的定义

每个人不论在何种类型的组织内或组织的哪个领域,都在制定决策,都在两个或更多个方案中作出选择,以解决问题和实现组织目标。对于决策,不同的学者给出了不同的定义,例如,杨洪兰(1996)将决策定义为"从两个以上的备选方案中选择一个的过程";周三多等(1999)在《管理学——原理与方法》中概括决策为"组织或个人为了实现某种目标而对未来一定时期内有关活动的方向、内容及方式的选择或调整过程";路易斯、古德曼和范特认为决策是指"管理者识别并解决问题以及利用机会的过程";等等。尽管如此,在不同定义的背后蕴含着共同的内容和本质。

第一,决策的本质是一个过程。决策是一个过程,一个在可供选择的备选方案中选择合理方案的过程。决策不仅是一个过程,更是一个复杂的过程,这个过程包括七个步骤,将在 5.2 节作详细介绍。

第二,决策的目的是解决问题或利用机会,实现组织目标。决策的过程始之于发现问题和机会,其最终目的是解决问题、利用机会,实现组织目标。

第三,决策的主体是人,可以是管理者,也可以是非管理者。在组织中,不仅管理者要制定决策,非管理者,即组织员工也要作出决策。

第四,制定决策的条件是两个以上的备选方案。决策是一个选择的过程,如果只有一个备选方案,就无所谓选择,无所谓决策了。

基于以上分析,所谓决策,就是组织中的人为了解决问题或利用机会,实现组织目标,在几个可供选择的备选方案中选择一个合理方案并付诸实施的过程,即多方案择优。

2. 决策的特征

决策一般具有下列特征。

第一,预见性。决策是一项立足现实却又面向未来的活动,未来对任何人来说都是一个未知的领域。然而,人们不会甘心在未知的领域面前无所事事,他们希望能够对未来做出判断,以把握自己行动的方向。

第二,选择性。决策不仅具有预见性,而且具有选择性。选择性是决策的灵魂,没有选择就没有决策。从某种意义上讲,决策的过程就是选择的过程。无论是目标的确定还是行动方案的确定,都离不开选择。一般而言,决策的内容完全可以简化为以下两方面的选择:一是目标选择。决策目标就是决策者对未来一段时间内所取得的结果的判断。二是方案选择。在目标确定之后,就要为实现目标寻求有效的途径,即提出各种备选的行动方案。方案拟定并非多多益善,因为人们不得不考虑各种资源条件的限制,但只提出一种方案肯定也不是可取的做法。生活中,人们习惯上把只有一个方案可供选择、没有其他选择余地的选择称为"霍布森选择"。1631年,剑桥商人霍布森贩马时声称允许顾客进行挑选,但附加了一个条件:只准挑选离围栏门最近的那匹马。但实际上等于不让挑选,"霍布森选择"由此得名。值得注意的是,在情况非常严峻,无其他路可走时,霍布森选择也有可能带来好的结果,如韩信的"背水之战"。但原则上讲,在绝大多数的情况下它都不会有好的结果。管理上有一条重要的格言:"当看上去只有一条路可走时,这条路往往是错误的。"这主要还是想鼓励人们探求更多的路,摆脱唯一选择的困境,力争从多种方案中择优。毫无疑问,只有一种备选方案就无所谓择优,没有了择优,决策也就失去了意义。当然,备选方案各有所长,也各有所短,其优劣不可能凭空做出判断,只有通过综合的比较和评估,才能发现备选方案中哪个最优、哪个较优和哪个不优。

第三,主观性。决策是人做出的,所以必然受到人的主观意志的影响。

5.1.2 决策的分类

1. 按决策影响的时间划分

在西方企业管理中,经营决策按决策时期的长短可分为短期决策和长期决策。一般按一年划分,一年以上的决策为长期决策;一年或一年以下则为短期决策。长期决策是事关组织发展方向的长远性、全局性的重大决策;短期决策是为实行长期战略目标而采取的短期策略手段。

短期决策通常只涉及一年以内的一次性专门业务,并仅对该时期内的收支盈亏产生影响。它一般不涉及新的固定资产投资以及企业发展战略等远景规划。例如,产品生产决策:一是涉及生产什么?生产多少?如何组织生产?二是是否应接受追加订货?三是亏损产品是否应停止生产?四是零部件是自制还是外购?五是怎样确定产品的最优售价?六是如何分配利润?等等。施工企业的短期决策,一般是指年度承包总额、项目选择及是否投标、投标报价策略、中标后选择分包并签订合同、材料供应及是否租赁建筑机械,等等。

对于这些决策主要应考虑怎样使现有资源(包括人力、物力和财力)能够得到最合理、最充分的利用,借以取得最佳的经济效益。

2. 按决策的重要性划分

按决策的重要性划分,可以分为战略决策、战术决策、业务决策。

战略决策是解决全局性、长远性、战略性的重大决策问题的决策。一般由高层次决策者作出,是组织经营成败的关键,它关系到组织的生存和发展。如医院经营方向、长远发展规划的决策,医院组织机构改革等。

战术决策又称管理决策,是为了实现战略决策、解决某一问题所做出的决策,以战略决策规定的目标为决策标准。如医院住院流程设计、医院人员的招聘与工资水平等决策。

业务决策又称执行性决策,是日常工作中为提高生产效率、工作效率而做出的决策,牵涉范围较窄,只对组织产生局部影响。诸如护理人员岗位责任制的制定和执行、药品库存管理等。

战略决策和战术决策的区别如下。

第一,从调整对象上看。战略决策调整组织的活动方向和内容,解决"干什么"的问题,是根本性决策;战术决策调整在既定方向和内容下的活动方式,解决如何干的问题,是执行性决策。

第二,从涉及的时间范围来看。战略决策面对未来较长一段时期内的活动,而战术决策则是具体部门在未来较短时期内的行动方案。战略决策是战术决策的依据,战术决策是在其指导下制定的,是战略决策的落实。

第三,从作用和影响上来看。战略决策的实施效果影响组织的效益与发展,战术决策的实施效果则主要影响组织的效率与生存。

企业通过战略决策、战术决策的合理安排,可以创造较好的市场营销成果。例如,某公司针对不同目标市场,采用差异性目标市场战略决策。其可以采取如下战术决策:通过电子商务平台和各大网络等媒介进行广告宣传,改变人们的消费认知观点;从整体消费结构和水平上加强人们对有意义日子的重视程度,倡导理性庆祝、和谐纪念,通过不断挖掘更深层次的灵魂共鸣而减轻客户消费压力。

3. 按决策的主体划分

按决策的主体不同,决策分为集体决策和个人决策。

集体决策也称专家集体决策,它是根据决策者的人数多少而划分出的一种决策类型。由于个人在集体中所处的地位不同,集体决策又可分为以下几种决策形式:第一种是专家集体提出各种决策方案,由决策者个人在各种方案中抉择一种。这种情况下,具有决策权的个人只是提出需要决策的问题,交由专家组成的集体进行研究,专家集体则提供各种可供选择的方案,同时说明每一个方案的利弊、有利条件和不利条件,可能遇到的困难和解决的办法,实施中可能冒的风险等,供决策者选择。第二种是专家集体作出决策,由领导者个人批准付诸实施。这种情况下,专家们不限于提出各种方案,而且要进行集体评价,抉择其中的一种,由领导者个人根据其掌握的全局情况,决定专家集体所提出的方案是否实施和何时实施。第三种是专家集体掌握决策全过程的权力,个人只是作为决策集团中的一员而发挥作用,在形成决策和批准实施决策时,个人并没有特殊的权力,只能起到执行集体决策的作用。优点:一是集体决策有利于集中不同领域专家的智慧,应付日益复杂的决策问题;二是集体决策能够利用更多的知识优势,借助于更多的信息,形成更多的可行性方案;三是集体决策还有利于充分利用其成员不同的教育程度、经验和背景;四是集体决策提供了决策的可接受性,有助于决策的顺利实施。缺点:一是集体决策的速度、效率可能低下;二是在集体决策过程中,决策者存在从众压力;三是集体决策还会出现少数人控制的现象。

个人决策是指决策机构的主要领导成员通过个人决定的方式,按照个人的判断力、知识、经验和意志所作出的决策。个人决策一般用于日常工作中程序化的决策和管理者职责范围内的事情的决策,它具有合理性和局限性。个人决策具有合理性,是因为它具有简便、迅速、责任明确的特点。科学意义上的个人决策,是领导者在集中多数人的正确意见,经过反复思考后作出的,它并不意味着不负责任地独断专行。优点:一是它能使人们对事物感知得更迅速、更有效;二是有助于使人们透过事物的表面现象抓住事物的本质;三是有助于人们从不完全的情报中获取重要的变化信息;四是有助于人们形成决心,作出果断而大胆的选择;五是个人能够产生较多主意以及较独特的观点而不受多数相互不同意见的约束和个体心理因素的影响。缺点:一是容易使人们在情况发生变化时固守过时的观点,因循守旧,错失成功的良机;二是决策者还可能受个人经验、知识和能力的限制作出片面性的决策;三是难以找到杰出的个人决策者,而那些具备条件的个人又不一定能够成为掌握权力的个人决策者。

4. 按决策的起点划分

按决策的起点划分,可以分为初始决策和追踪决策。

初始决策是企业决策者对未从事的活动或新的活动所进行的决策,主要是确定未从事的活动或新的活动的方向、目标、方针及方案。追踪决策是企业决策者在初始决策的基础上对已从事的活动的方向、目标、方针及方案的重新调整。

一般决策是以零为起点的。而追踪决策所面临的对象和条件已经不是处于初始状态,它的一个重要特征,即是非零起点。非零决策的含义是,它的决策不是原决策的重复,而是对原决策的修正补充,即把原决策作为零,从而考虑实施结果与原决策标准之间的距离。

5. 按决策问题的性质划分

按决策所涉及问题的性质可以分为程序化决策和非程序化决策。

程序化决策针对的是企业日常经营管理中经常重复发生的问题,如生产作业计划、订货程序等。一般已拟定一套常规的处理方法,或制定规则、程序,使再次出现这类问题进行决策时,有章可循。这种决策是可以运用运筹学技术来完成的。在这种程序化决策中,决策所需要的信息都可以通过计量和统计调查得到,它的约束条件也是明确而具体的,并且都是能够量化的。对于这种决策,运用计算机信息技术可以取得非常好的效果。通过建立数学模型,让计算机代为运算,并找出最优的方案,都是在价值观念之外做出的,至少价值观念对这种决策的约束作用不是主导因素。

非程序化决策所赖以进行的信息不完全,变量与变量之间的关系模糊、不确定。约束条件是由各种各样的社会发展变量,比如社会需求、消费偏好、个人收入、消费习惯等之间的关系构成的。社会发展变量的不确定性制约着约束条件的稳定性,而且这种决策的贯彻实施还会引起决策所影响对象的有意识反应,比如竞争对手采取与之相对应的措施,这就导致决策与决策实施结果之间关系的进一步复杂化。这种决策,是无法通过建立数学模型来为决策人制定决策提供优化方案的,在这种决策中,变量更多的是人的意志因素。而人又是一个奇怪的存在物,他的意志和欲望多种多样,并且各自的评价又不同。所以,这种决策就不是一种可以在数理基础上完成的逻辑选择。

对于程序化决策,主要是运用人工智能,在精确计算的基础上,求取极限值,进行优化。这可以在严格变量关系分析的基础上,借助计算机技术来完成。而非程序化决策,则必须在明确价值观念的情况下,建立一个决策因素关联分析框架,并按照这既定的框架来制定决策。也就是说,把企业领导人所赖以形成决策的价值观念,具体化为一个分析框架,然后把所要进行分析的各种变量纳入这个框架之中来进行关联比较,最后做出选择。

对这两种不同的决策,诺贝尔经济学奖得主西蒙教授作过专门分析。但在现实的企业决策中,人们往往对这两类决策不加区分。有的把非程序化决策当作程序化决策来制定,强调所有决策都要通过数理逻辑运算来进行优化选择,结果所谓的优化,只不过是一种虚假的形式,因而导致决策的低质量。有的则不管是程序化决策,还是非程序化决策,统统用简单的信念化代替科学的分析论证,结果更是决策质量的下降。

拓展阅读 5-1

现代经典决策案例

思考训练

1. 什么是决策?决策有哪些特征?
2. 决策可以从哪些角度进行分类?简述各种分类的主要含义。

学习延伸

上网搜集最新的决策理论,并结合某一公司的实际情况探究其是否适合。在学习过程中重点关注:决策理论的发展脉络、最新的决策理论、该公司的某个重大决策的过程、该决策体现的决策理论、点评该公司的决策。

5.2 决策的过程

学习目标

- 掌握决策过程的八个步骤。
- 掌握制定决策的各种方式。
- 了解影响决策的主要因素。

 学习导读

决策制定是一个过程而不是简单地选择方案的行为。决策过程包括八个步骤,从识别问题开始,到选择能解决问题的方案,最后结束于评价决策效果。

5.2.1 决策的基本过程

决策过程包括以下八个步骤。

1. 识别问题

决策制定过程始于一个存在的问题,或更具体一些,存在着现实与期望状态之间的差异。

问题识别是主观的。在某些事情被认为是问题前,管理者必须意识到差异,他们不得不承受采取行动的压力,同时,他们必须有采取行动所需的资源。

问题是现实与理想之间的差距,大部分的问题没有明显的症候,问题的认定是主观的。解决一个根本不需要解决的错误问题的管理者,和无法正确地界定问题而未采取任何行动的管理者,是一样的失败者。那么,管理者如何觉察差距呢? 他们可以从以下方面着手:一是比较现实状态与标准或理想状态;二是明确标准是什么,是过去的绩效? 是先前所设立的目标? 还是其他部门或其他组织的绩效?

一个没有压力的差异是一个可推迟到未来某个时间的问题。故作为决策过程的开端,问题必须给管理者施加某种压力,以促使其行动。压力也许包括组织政策、截止期限、财政危机、上司的期望或即将来临的绩效评定等。

2. 收集信息

一旦确定了需要解决的问题,就必须对问题进行系统的分析,着手调查研究,搜集与解决问题相关的信息,并加以整理。

在这个步骤里,管理者积累所有其认为能够解决问题所需要的数据资料,其数量和搜集信息的范围主要取决于问题的性质和复杂程度。管理者可以从往日的经验、记录、报纸杂志等获得信息和资料,包括销售、财务、生产、人事等方面的资料。接下来将资料按成本项目、程序、时间、领导能力、质量、产出等进行归类,建立数据库。准确、充分、及时的信息是决策的基础,是有效决策的保证。

3. 确定决策标准

确定决策标准,即运用一套合适的标准分析和评价每一个方案。首先确定出若干与决策相关的因素,然后规定出各种方案评比、估价、衡量的标准。

4. 拟定可行方案

确定了问题,搜集和分析信息的过程已顺利完成,并在确定好标准后,接下来就应开始拟订可行方案。拟订可行方案主要是寻找达到目标的有效途径,因此这一过程是一个具有创造性的过程。决策者必须开拓思维,充分发挥集体的主观能动性作用,尽可能多地提出可供选择的方案,可供选择的方案越多,解决办法会越完善。

5. 分析方案

备选方案拟定之后,决策者必须认真地分析每一个方案的可应用性和有效性。对每一个备选方案所希望的结果和不希望的结果出现的可能性进行估计,运用第三阶段确定的标准来对这些备选方案进行比较。根据决策所需的时间和其他限制性条件,层层筛选。如果所有的备选方案都不令人满意,决策者还必须进一步寻找新的备选方案。在这一阶段中,依靠可行性分析和各种决策技术,如决策树法、矩阵汇总决策、统计决策、模糊决策等,尽量科学地显示各种方案的利弊,并加以相互比较。

6. 选择方案

选择方案,就是在各种可供选择的方案中权衡利弊,然后选取其一或对一些各有利弊的备择方案优势互补、融会贯通,取其精华、去其不足。这一过程是决策的关键过程,一项经济方案是否科学,小到影响经济发展的速度,而具体的经济行为的效果,大到影响一个企业、一个地区,甚至一个国家的经济发展的成败。因此,有时会在方案全面实施之前,进行局部试行,验证在真实条件下是否真正可行。验证方案若是不可行的,为避免更大损失,则需要再次考察上述各个活动步骤,修正或重新拟订方案。若方案可行,便可以进行全面实施。

7. 实施方案

选择满意的方案后,决策过程还没有结束,决策者还必须使方案付诸实施。他必须设计所选方案的实施方法,做好各种必需的准备工作。实施方案的阶段是最重要的阶段。任何完美的方案不能付诸行动,那么它们也是毫无价值的。同时,实施阶段花费的时间和成本,通常会远大于前几个阶段的总和。如果是重大决策,应落实部门、人员的监管责任,掌握满意方案的实施情况。尤其在关键时段、关键时点,要加强监督控制,以保证组织内实施决策方案的及时性、可操作性、正确性。

8. 评价决策效果

决策者最后的职责是定期检查计划的执行情形并将实际情形与计划结果进行对比。这一过程应根据已建立的标准来衡量方案实施的效益,通过定期检查来评价方案的合理性。这种评价必须是全方位的,在方案实施过程中要不断进行追踪。若在新方案运行过程中发现重大差异,在反馈、上报的同时,决策者应查明原因、具体分析,根据具体情况区别处理:若是执行有误,应采取措施加以调整,以保证决策的效果;若方案本身有误,应会同有关部门和人员协商修改方案;若方案有根本性错误或运行环境发生不可预计的变化,使得执行方案产生不良后果,则应立即停止方案的执行,待重新分析、评价方案及运行环境后再考虑执行。值得注意的是,评价应体现在每一阶段的工作上,而不仅仅是在方案的实施阶段。特别是重大的决策,必须时刻注意信息的反馈和工作评价,以便迅速解决突发问题,避免造成重大损失。

5.2.2 决策的制定方式

组织中的每一个人都是决策的制定者,但决策更多的是管理者的职责。管理者决策的整体质量对组织的成败起着至关重要的影响。在本部分中将考察管理者制定决策的凭借方式,即理性、有限理性和依赖直觉。

1. 理性的方式

(1) 理性决策的条件

承担决策制定的管理者往往被希望能够在完全理性的假设下制定决策,从而使制定的决策是完全客观和符合逻辑的,能够实现组织利益的最大化。这是我们对决策制定者的一种期望,而要实现理性的决策制定,需要符合一系列的条件。

第一,现实中的问题和机会是清楚、无歧义的。决策者必须拥有与决策情境有关的所有的完整信息。

第二,目标是单一而清晰的,没有不同目标之间的冲突。无论决策是购买一辆新车、开发一种新项目、制定一种新产品的价格,还是挑选合适的应聘者,管理者的目标都必须是唯一的、明确的和能够实现的。

第三,所有的方案及其结果都是已知的。理性决策的制定者往往被假设为是全能的,他们能够在问题清楚、目标清晰的基础上罗列出所有的可行方案,并预测出每一种方案可能发生的结果。

第四,倾向是明确的、一贯的。理性决策者对于决策备选方案的重要性排序是明确的,而且是稳定和不变的。

第五,时间和成本是没有极限的。理性决策者有充足的时间和成本去获得有关问题和方案的全部信息。

第六,实施方案能够实现组织利益的最大化。理性决策制定者完全有能力选择出能够实现组织利益最大化的方案。在理性决策者看来,决策遵循的原则就是最优。

(2) 理性决策的挑战

决策制定的理性假设条件的现实性受到了挑战。如果一个管理者面对的是一个简单而清楚的问题,在这个问题中,目标明确,方案已知,时间和成本压力很小,方案的结果是具体和容易衡量的,那么决策制定完全可以遵循理性假设。但事实上,管理者面临的绝大多数的问题和机会并不符合上述的条件和情况。决策制定的理性假设在实践中面临着来自各个方面的挑战和困境。

第一,管理者的能力,包括识别问题和机会的能力、信息处理能力、解决问题的能力等是有限的,管理者在决策制定的过程中,常常是感性的、主观的,而不是完全理性的、客观的。

第二,组织内外的发展与变化、问题与机会的出现与演变等都是异常复杂的,管理者很难立即收集到相关信息,只能收集到有限而且是容易获取到的信息。同时,组织对于决策的时间和成本也不是无极限的。在有限的信息、时间和成本的基础上,管理者只能制定有限的方案,对方案的分析和认识也是有局限性的,从而实现组织利益的最大化的目标也是不现实的。

尽管决策的理性制定方式在现实中受到很大的限制,但人们还是希望管理者能够遵循理性制定过程。

2. 有限理性的方式

管理者在现实世界中面临的绝大多数决策并不符合理性决策制定的条件,那么到底组织中绝大多数的决策是通过什么方式制定的? 有限理性的假设是解决这一两难困境的最佳答案。

20世纪50年代,赫伯特·A. 西蒙第一个对"理性"假设的决策制定方式提出了疑问,并进而提出了"有限理性"和决策的"满意"原则。西蒙指出,在决策环境异常复杂和高度不稳定的条件下,人(包括管理者)的理性是介于完全理性和非理性之间的,属于有限理性。管理者在决策制定的过程中,受到时间和成本的限制,不可能收集到及时而充分的信息情报,而只能收集到有限的信息,制定出有限的可选择方案,对方案作有限的分析,从而从有限的方案中选择"满意"的方案,实现令人"满意"的结果。在有限理性假设观点里，决策遵循的是结果的"满意"原则，而不是绝对理性中的"最优"原则。

案例：假定你的专业是财务，在你毕业时想找到一份工作，你愿意做一个个人理财计划员，起薪不低于 5000 元/月，工作地点距离你家不超出 100 公里。现在你找到了一个企业信用分析师的职位，它并不是你所希望的个人理财计划员，但仍属于财务领域。这项工作是在一家银行中供职，距离你家 60 公里，起薪是 5100 元/月。如果进行一次更广泛的工作检索，你可能会在一家信托公司中发现一个个人理财计划员职位，公司距离你家 30 公里，起薪是 5500 元/月。但这家公司对应聘人员的要求非常严格，你对被录用的概率没有把握。请问：你会怎样选择？

3. 依赖直觉的方式

直觉在管理决策制定中起着重要的作用。直觉决策(intuitive decision making)是指基于决策者的经验、感觉、潜意识等制定的决策。管理学中，对管理者的直觉制定方式的研究人员，总结出了五种不同的影响决策制定的直觉因素：

第一，管理者运用潜意识中的潜藏信息制定决策。

第二，管理者依据自身的道德价值观或文化取向制定决策。

第三，管理者根据过去的经验制定决策。

第四，管理者根据当时的情绪或感觉制定决策。

第五，管理者根据以往的知识和训练制定决策。

根据直觉制定决策的方式不是要完全取代理性方式或有限理性方式，而是与之相辅相成，相互补充。决策者在不适宜运用理性方式或有限理性方式的时候，运用直觉决策的方式可以改善决策的质量和有效性。一项对管理者和被管理者的调查表明，几乎有 1/3 的被调查者认为，在决策制定中下意识的感觉超过了有认知力的问题解决。

5.2.3 决策的影响因素

任何决策都是在一定的条件下进行的，都要受到一些因素的影响和制约。组织在进行决策时，都要分析组织所处的环境，把握影响决策因素的现状和将来的变化趋势，利用有利于组织发展的机会，回避不利于组织发展的威胁。一般来说，影响决策的因素主要有社会环境、组织内部条件和决策者因素。

1. 社会环境

环境对决策的影响，在于环境总是处于不断变化中。以企业为例，在现实生活中，不存在静止不变的环境，例如新企业的不断出现，老企业的不断发展或消亡，人们收入水平与消费层次的不断提高，科学技术的飞速发展，新法规的颁布实施，新政策的不断出台等，企业通过环境研究不仅能了解现在，更重要的是能预测未来，这对企业的决策和其他各项管理活动是必不可少的。组织的社会环境一般包括以下几个方面。

第一,政治环境。包括社会的一般政治气氛、政权集中的程度等。

第二,经济环境。包括社会的经济发展状况、财政政策、银行体制、投资水平、消费特征等。

第三,法律环境。包括法律的性质、关于组织的组成及控制方面的特殊法律。

第四,科技环境。包括与组织生产相关的技术、工艺等科技技术力量。

第五,社会文化环境。包括人力资源的数量、性质,教育科学文化水平,民族文化传统,社会的伦理道德、风俗习惯、价值取向等。

第六,自然环境。包括自然资源的性质、数量和可利用性。

第七,市场环境。包括市场的需求状况、发展变化的趋势等。

2. 组织内部条件

进行科学决策还需要认真考虑组织的内部条件。影响决策的组织内部条件主要包括如下内容。

第一,组织文化。组织文化影响着组织及其成员的行为和行为方式,它对决策的影响也是通过影响人们对组织、对改革的态度而发挥作用。涣散、压抑、等级森严的组织文化容易使人们对组织的事情漠不关心,不利于调动组织成员的参与热情;团结、和谐、平等的组织文化则会激励人们积极参与组织的决策。因此,任何一个决策都要受到组织文化的影响。

第二,过去的决策。在实际管理工作中,决策问题大多是建立在过去决策的基础上的,属于一种非零点决策,决策者必须考虑过去的决策对现在的延续影响。即使对于非程序化决策,决策者由于心理因素和经验惯性的影响,决策时也经常考虑过去的决策,问一问以前是怎么做的。所以,过去的决策总是有形无形地影响现在的决策。这种影响有利有弊,利是有助于实现决策的连贯性和维持组织的相对稳定,并使现在的决策建立在较高的起点上;弊是不利于创新,不适应剧变环境的需要,不利于实现组织的跨越式发展。过去的决策对现在的决策的影响程度,取决于它们与决策者的关系,这种关系越紧密,现在的决策受到的影响就越大。

3. 决策者因素

在决策活动中起决定作用的是决策者,决策者个人的能力是决策成败的关键。决策者的知识与经验、战略眼光、民主作风、偏好与价值观、对风险的态度、个性习惯、责任和权力等都会直接影响决策的过程和结果,尤其是决策能力以及对待风险的态度至关重要。决策者的能力来源于渊博的知识和丰富的实践经验,一个人的知识越渊博、经验越丰富、思想越解放,就越乐于接受新事务、新观念,越容易理解新问题,使之能拟定出更多更合理的备选方案。

思考训练

1. 决策的基本过程一般包括哪些步骤？
2. 制定决策有哪些方式？简述其基本内容。
3. 影响决策的因素有哪些？

学习延伸

选定一项决策活动，小组合作，模拟决策的整体过程，并指出每一过程需要注意的事项。

5.3 决策的方法

学习目标

- 掌握头脑风暴法的含义和运用。
- 掌握名义群体法的含义和运用。
- 掌握德尔菲法的含义和运用。
- 了解头脑风暴法、名义群体法、德尔菲法的异同。

学习导读

决策基于科学的决策方法才能发挥重要的作用，主要的决策方法有头脑风暴法、名义群体法、德尔菲法。

5.3.1 头脑风暴法

1. 头脑风暴法的含义

"头脑风暴"一词原本是用来形容精神病人胡思乱想、胡言乱语的情形，当作为一种决策方法提出的时候，其含义则是指在决策的会议上，人们可以无拘无束、自由奔放地思考问题，无所顾忌地畅所欲言。这一方法是由美国创造工程学家奥斯本（A. F. Osborn）于 1939 年首先提出的。

在群体决策中，由于群体成员心理互相影响，容易屈服于权威或大多数人意见，形成所谓的"群体思维"。群体思维削弱了群体的批判精神和创造力,损害了决策的质量。为了保证群体决策的创造性,提高决策质量,管理上发展了一系列改善群体决策的方法,头脑风暴法是较为典型的一个。

头脑风暴法又可分为直接头脑风暴法(或简称为头脑风暴法)和质疑头脑风暴法(也称为反头脑风暴法)。前者是专家群体决策,尽可能激发创造性,产生尽可能多的设想;后者则是对前者提出的设想、方案逐一进行质疑,分析其现实可行性。

采用头脑风暴法组织群体决策时,要集中有关专家召开专题会议,主持者以明确的方式向所有参与者阐明问题,说明会议的规则,尽力创造融洽轻松的会议气氛。一般不发表意见,以免影响会议的自由气氛,由专家们自由提出尽可能多的方案。

2. 头脑风暴法的原则

头脑风暴法应遵循如下原则:

第一,庭外判决原则。对各种意见,方案的评判必须放到最后阶段,此前不能对别人的意见提出批评和评估。认真对待任何一种设想,而不管其是否适当和可行。

第二,欢迎各抒己见。创造一种自由的氛围,激发参与者提出各种荒诞的想法。

第三,追求数量。意见越多,产生好意见的可能性越大。

第四,探索取长补短和改进的方法。除提出自己的意见外,鼓励参与者对他人提出的设想进行补充、改进和综合。

3. 头脑风暴法的专家

头脑风暴专家小组应由下列人员组成:

第一,方法论学者——专家会议的主持者;

第二,设想产生者——专业领域的专家;

第三,分析者——专业领域的高级专家;

第四,演绎者——具有较高逻辑思维能力的专家。

5.3.2 名义群体法

1. 名义群体法的含义

名义群体法是指在决策过程中对群体成员的讨论或人际沟通加以限制,但群体成员是独立思考的。像召开传统会议一样,群体成员都出席会议,但群体成员首先进行个体决策。

名义群体法是由 Andrew H. VandeVen 教授和 A. L. Andre、L. Delbecq 教授在 1968 年开发的。名义群体法适用于决策环境复杂,要通过个人偏好的汇总来进行小组的决策。它是一种主要适合于小型决策小组的方法。Delbecq 等人(1975)建议把名义群体法用于 5～8 个成员组成的小组,这是因为,首先,对于这样大小的小组来说,小组的准确性是最好的;其次,互相影响研究表明,理想的小组大小是 5～7 个人;最后,名义小组的技巧不适用于大的小组。

2. 名义群体法的步骤

名义群体法的具体方法是,在问题提出之后,采取以下几个步骤:

第一,成员集合成一个群体,在进行任何讨论之前,每个成员独立地写下他对问题的看法。

第二,经过一段时间的沉默后,每个成员将自己的想法提交给群体。然后一个接一个地向大家说明自己的想法,直到每个人的想法都表达完并记录下来为止(通常记在一张活动挂图或黑板上)。所有的想法都记录下来之前不进行讨论。

第三,群体现在开始讨论,以便把每个想法搞清楚,并做出评价。

第四,每一个群体成员独立地把各种想法排出次序,最后的决策是综合排序最高的想法。

3. 名义群体法的原则

实施名义群体法应遵循以下原则。

第一,需要事先做好充分的准备,活动过程中要组织得当。

第二,对任务的陈述要准确、清楚,并且要写在纸上以便所有人员都能够看见。

第三,认真完成每一个步骤,以避免减弱该方法的使用效果。

第四,监督每个讨论群体在规定的时间内完成每一步骤。

第五,整个活动过程要坚持公正平等的原则。

第六,确保活动参加者在讨论过程中提出的各项建议是积极而富有建设意义的。

5.3.3 德尔菲法

德尔菲法是美国兰德公司在 20 世纪 40 年代末推出的。它是针对所要调查的问题,首先挑选出一批有关专家,然后向他们提供调查表和一些背景资料,反复征询专家们的预测意见;经几轮调查后,专家们的意见趋向一致时,就汇总调查情况,得出预测结果。

1. 德尔菲法的基本特征

德尔菲法本质上是一种反馈匿名函询法。其大致流程是:在对所要预测的问题征得专家的意见之后,进行整理、归纳、统计,再匿名反馈给各专家,再次征求意见,再集中,再反馈,直至得到稳定的意见。

由此可见,德尔菲法是一种利用函询形式的集体匿名思想交流过程。它有区别于其他专家预测方法的三个明显的特点,分别是匿名性、多次有控制的反馈、小组的统计回答。

第一,匿名性。匿名是德尔菲法的极其重要的特点,从事预测的专家彼此互不知道其他有哪些人参加预测,他们是在完全匿名的情况下交流思想的。后来改进的德尔菲法允许专家开会进行专题讨论。

第二,多次有控制的反馈。小组成员的交流是通过回答组织者的问题来实现的,一般要经过若干轮反馈才能完成预测。

第三,小组的统计回答。最典型的小组预测结果是反映多数人的观点,少数派的观点至多概括地提及。但是这并没有表示出小组的不同意见的状况。而统计回答却不是这样,它报告一个中位数和两个四分点,其中一半落在两个四分点内,一半落在两个四分点之外。这样,每种观点都包括在这样的统计中,避免了专家会议法只反映多数人的观点的缺点。

2. 德尔菲法的工作流程

在德尔菲法的实施过程中,始终有两方面的人在活动,一是预测的组织者,二是被选出来的专家。首先应注意的是德尔菲法中的调查表与通常的调查表有所不同,它除了有通常的调查表向被调查者提出问题,要求回答的内容外,还兼有向被调查者提供信息的责任。它是专家们交流思想的工具。

德尔菲法的工作流程大致可以分为四个步骤,在每一步中,组织者与专家都有各自不同的任务。

(1) 步骤一

第一,由组织者发给专家不带任何附加条件,只提出预测问题的开放式的调查表,请专家围绕预测主题提出预测事件。

第二,组织者汇总整理专家调查表,归并同类事件,排除次要事件,用准确术语提出一个预测事件一览表,并作为第二步的调查表发给专家。

(2) 步骤二

第一,专家对第二步调查表所列的每个事件作出评价。例如,说明事件发生的时间、争论问题和事件或迟或早发生的理由。

第二,组织者统计处理第二步专家意见,整理出第三张调查表。第三张调查表包括事件、事件发生的中位数和上下四分点,以及事件发生时间在四分点外侧的理由。

(3) 步骤三

第一,发放第三张调查表,请专家重审争论。

第二,对上下四分点外的对立意见作一个评价。

第三,给出自己新的评价(尤其是在上下四分点外的专家,应重述自己的理由)。

第四，如果修正自己的观点，也需叙述改变的理由。

第五，组织者回收专家们的新评论和新争论，与第二步类似地统计中位数和上下四分点。

第六，总结专家观点，重点在争论双方的意见，形成第四张调查表。

(4) 步骤四

第一，发放第四张调查表，专家再次评价和权衡，作出新的预测。是否要求作出新的论证与评价，取决于组织者的要求。

第二，回收第四张调查表，计算每个事件的中位数和上下四分点，归纳总结各种意见的理由以及争论点。

注意：并不是所有被预测的事件都要经过四步。可能有的事件在第二步就达到统一，而不必在第三步中出现。在第四步结束后，专家对各事件的预测也不一定都达到统一。不统一也可以用中位数和上下四分点来作结论。事实上，总会有许多事件的预测结果都是不统一的。

5.3.4 三种方法的异同

1. 相同之处

第一，操作方面。三者都尽量避免决策成员的直接冲突：头脑风暴法要求开始时不评论别人的建议；名义小组采用投票而不是口头的方式选择方案；德菲尔技术中专家根本没有见面的机会。

第二，效率方面。三种决策方法都需要经过比较长的时间，特别是德尔菲法，所以决策的效率相对于个人决策来讲比较低。

第三，效果方面。三者都发挥群体决策质量高的优点，都能最大限度地获得群体成员的意见，集思广益。

2. 不同之处

第一，成员数量有差别。头脑风暴法以 5～6 人为宜，如果成员数量过多，主持人可能没有办法控制会场情况，也并不是所有参加成员都有机会表达自己的观点。而德菲尔法和名义群体法没有限定人数。

第二，决策时间长短有差别。头脑风暴法几个小时能作出决策，德尔菲法和名义群体法可能要几天甚至更长时间。

第三，在具体的操作上差别很大。头脑风暴法和名义群体法都需要会场成员聚在一起，而德尔菲法中，需要的是用书面形式和所有专家保持联络。所以头脑风暴法中要注意如何调动参与者在现场的思维，而德尔菲法要注意如何才能让专家在没有监督的条件下提出高质量的解决方案,而不是敷衍。

德尔菲法的产生

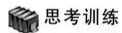 **思考训练**

1. 什么是头脑风暴法?采用头脑风暴法时应坚持什么原则?
2. 简述名义群体法的含义和实施原则。
3. 什么是德尔菲法?如何实施德尔菲法?

 学习延伸

利用走访校外实习基地企业的机会,与企业家直接沟通,也可以利用课外座谈或播放录像的方式,了解企业决策时采用的方法,对比分析各种决策方法的异同。

 本章小结

决策是组织中的人为了解决问题或利用机会,实现组织目标,在几个可供选择的备选方案中选择一个合理方案并付诸实施的过程,即多方案择优。决策具有预见性、选择性、主观性等特征。决策分类有多种方法,可以按决策影响的时间划分,按决策的重要性划分,按决策的主体划分,按决策的起点划分,按决策问题的性质划分。决策过程一般包括八个步骤,从识别问题开始,到选择能解决问题的方案,最后结束于评价决策效果。决策者在制定决策时有人依靠理性方式进行,有人依靠有限理性方式进行,也有人依靠直觉进行。影响决策的因素主要有社会环境、组织内部条件、决策者因素。在具体实践过程中经常采用头脑风暴法、名义群体法、德尔菲法等方法进行决策。

第 6 章 组 织 设 计

📖 课前阅读

组织是指这样一个社会实体：它具有明确的目标导向和精心设计的结构与有意识协调的活动系统。组织一般具有以下 4 个特征：一是社会实体。二是有确定的目标。三是有精心设计的结构和协调的活动性系统。四是与外部环境相联系。

组织结构设计是指建立或改造一个组织的过程，即对组织活动和组织结构的设计和再设计，是把任务、流程、权力和责任进行有效的组合和协调的活动。随着企业的产生和发展，以及领导体制的演变，企业的组织结构形式也经历了一个发展和变化的过程。目前，企业组织结构的主要形式有：直线制、职能制、直线-职能制、矩阵结构、事业部制、模拟分权制等。

集权和分权一般是指领导方式，即领导者在进行领导活动时，对待下级和部属的态度和行为的表现，它其实是权力（主要是决策权）在领导和下属之间的分配格局，它往往反映了某种类型的领导体制和组织体制。

6.1 组织设计的概念

 学习目标

- 掌握泰勒的组织设计理论和法约尔的组织设计理论，并比较两者的差异。
- 了解组织设计的主要原则。
- 了解影响组织设计的主要因素。

学习导读

组织是管理的载体，是管理职能得以发挥的平台。"经营管理理论之父"法约尔把管理分为五个职能，即计划、组织、指挥、协调、控制，组织是管理过程中不可或缺的手段之一。在组织目标明确后,就必须考虑进行有效的组织设计以保证组织目标的实现。

6.1.1 国外组织设计理论

组织设计,是指在组织理论的指导下,以组织结构的构造和运行为主要内容的组织系统的整体设计工作。它是一项操作性和应用性都很强的工作。具体来说,组织结构设计是通过组织资源的整合和优化,确立组织某一阶段的最合理的管控模式,实现组织资源价值最大化和组织绩效最大化。狭义地、通俗地说,是在人员有限的状况下通过组织结构设计提高组织的执行力和战斗力。

国外组织设计理论经历了一个由传统组织设计到行为分析组织设计,到现代权变组织设计的发展过程。

1. 传统组织设计理论

传统组织设计理论主要由早期管理理论中的组织设计观点所构成。

(1) 泰勒的组织理论

美国管理学家泰勒的组织理论侧重于研究操作层的每项工作应如何做才更为经济、高效。其组织理论的基本观点如下。

第一,工作定额原理。泰勒认为管理的中心问题是提高劳动生产率。为了改善工作表现,他提出企业要设立一个专门制定定额的部门或机构,这样的机构不但在管理上是必要的,而且在经济上也是合算的。

第二,计件工资制。泰勒在 1895 年提出了一种具有很大刺激性的报酬制度——"差别工资制"方案。为了实施计件工资制,泰勒提出设立专门的制定定额部门,这个部门的主要任务是通过计件和工时的研究,进行科学的测量和计算,制定出一个标准制度,以确定合理的劳动定额和恰当的工资率,从而改变过去那种以估计和经验为依据的方法。

第三,建立专门的计划层。泰勒把计划的职能和执行的职能分开,改变了凭经验工作的方法,而代之以科学的工作方法,即找出标准,制定标准,然后按标准办事。要确保管理任务的完成,应由专门的计划部门来承担找出和制定标准的工作。

(2) 法约尔的组织理论

法国管理学家法约尔(Henri Fayol)侧重于组织的整体设计,其组织理论主要由组织的外部形态、内在因素和参谋机构三部分构成。

第一,组织的外部形态。法约尔认为组织的一般形态是由组成人员的数目决定的,并阐明了组织的一般形态是线性组织(金字塔组织)。他指出,不管组织、种类如何不同,由于其成员是按线性组织形态组织起来的,因此,处于同一发展阶段的组织形态都有类似性。这一结论是从组织规模发展的角度出发而得出的,有其局限性。很显然,同一规模的组织(组织成员人数相同)也可以有不同的组织形态。

第二,组织的内在因素。法约尔强调,建立有效的组织,仅是聚集人员和分配任务是不够的,组织的效率取决于组织的内在因素,也就是组织成员的创造性和能力等人的因素。这比泰勒的组织理论前进了一步,成为法约尔组织理论的特征。

第三,组织的参谋机构。法约尔认为,管理人员的个人能力是有限的,需要设置参谋机构,以弥补管理人员所欠缺的知识、能力和时间,提高管理能力。但参谋机构只应接受领导者的命令,而无权让下级执行命令。

此外,法约尔所提出的十四条管理原则,尽管内容庞杂,但有关组织形成的因素占了大部分,如:劳动分工、权力、责任分配、统一指挥、纪律和秩序等;其管理原则实质是形成、健全和维持组织,并促进组织发挥正常机能。法约尔及其追随者,如美国人穆尼(F. W. Mooney)和英国军官厄威克(L. F. Urwick)确信存在并且能够找到一种合理的组织结构,使得上级下达的指令能按照事先设计好的途径准确、畅通地在组织内传递,以产生预先决定和设计好的效果。他们强调命令和统一指挥原则,把军队组织(金字塔结构)规定为最基本的一般组织形态。

(3) 韦伯的组织理论

德国社会学家韦伯(Max Weber)持有与法约尔相同的观点,他把官僚制等级结构看作是最有效的组织形式。他指出,有效地管理一个组织需要官僚制。在这里,"官僚"一词并非指工作表现的好坏,而是组织结构设计中的某些特点。在韦伯提倡和描述的官僚制组织中,有明确的规章制度、清晰的工作描述、合理合法的职权关系、高度的集中控制,根据人的技能聘用人员,个人利益服从于组织利益等。韦伯认为严格坚持这些特征,是组织实现目标的一种最好的组织形式。

上述三种理论统称为传统组织设计理论,其主要设计原则有专业分工、部门化、统一指挥、明确等级、职权和职责以及适当的管理幅度。传统组织设计是一种以工作为中心的组织设计,强调一切严格按事先设计好的程序和制度办事,因而称其为"机械的组织理论"。由于这一理论的有效性,尤其是强调集中控制,因此在目前仍有广泛的应用价值。

传统组织设计理论不足之处有三个方面:一是存在一个最佳组织形式的假设并努力为之去奋斗,他们都把自己的理论看作是放之四海而皆准的最佳组织形式;二是忽视组织中人的作用,强调健全的制度和严密的工作程序,结果是倾向于限制而不是去发挥人的能动性,人不过是岗位的"填充物";三是忽略组织所处环境因素的影响,把组织看作是一个封闭系统。

2. 行为分析组织设计理论

行为分析组织设计理论的代表人物是巴纳德(Chester Barnard)和西蒙(Simon)。巴纳德是现代管理理论之父,西蒙是其直接继承人。巴纳德把组织理论看作其管理理论的核心。西蒙也指出管理就是如何形成和经营组织的问题。

传统组织设计理论主要是分析组织的表面特征和结构,缺乏从理论上对组织的特征和本质进行探索。巴纳德和西蒙研究的着眼点不是组织的表面结构,而是组织行为,实际上就是组织中人的行为。因此,他们的组织理论称为行为分析组织设计理论。他们认为人的行为由决策和作业两部分组成,并把决策作为行为分析组织理论的研究核心。行为分析组织设计遵循以下几个原则:

(1) 发挥人的主导作用

人是组织的主宰,被约束过严就会扼杀人的主动性,使人产生被动、消极和依赖行为,限制人的聪明才智的发挥,所以在组织设计中应重视发挥人的主导作用。

(2) 注重满足成员心理需要

劳动分工时应考虑人的兴趣和爱好,因事择人,量材而用;划分部门时要因人而异,对具有多方面才能、精力充沛、组织能力强的人可放宽其工作范围;根据人的心理需要设置组织层次,主张扁平型组织结构,尽量减少层次,因为组织层次多会影响组织成员的心理和情绪。

(3) 重视和运用非正式组织

各种各样的非正式组织虽是无形的,但对组织的运行效果影响极大,必须加以重视,正确引导和利用。

(4) 以信息沟通代替指挥监督

被管理者接受指挥监督时心理上常有被动强迫感,并不是每次都是心悦诚服的。简单地要求必须服从往往会引起"反感",影响人际关系乃至工作成效,以信息沟通来取代指挥监督可避免上述问题。

由上面的分析可以看出,行为分析组织设计理论强调以人为中心来设计组织,注重满足人的心理需要,充分发挥人在组织中的主导作用。但在劳动分工中过于强调照顾人的兴趣爱好,忽略了工作效率。组织层次与部门划分因人而异,导致组织缺乏稳定性,必然带来管理上的复杂性。

3. 权变组织设计理论

权变组织设计理论的代表人物有伍德沃德、劳伦斯和洛希。他们研究的对象是组织与环境的关系,试图找出不同环境条件下最适宜的组织形式。他们在研究了大量的企业组织之后发现:许多成功的组织并没有采用传统组织设计理论所主张的那种最佳结构形式,组织的结构是随着组织的战略目标、技术等环境因素的不同而不同,从而得出了并不存在一种放之四海而皆准的最佳组织结构形式的结论,指出了采用何种组织结构应根据组织的具体情况及环境条件而定。

6.1.2 组织设计的原则

1. 劳动分工原则

劳动分工是指并非让一个人完成全部的工作,而是将工作划分为若干步骤,由一个人单独完成其中的某一个步骤。换言之,个人是专门从事某一部分的活动而不是全部活动。合理的劳动分工是组织设计的核心,劳动分工使不同工人持有的多样技能得到有效的利用。传统的学者们将劳动分工视为提高劳动生产率的一个不尽的源泉,但是,由劳动分工产生的人员非经济性(厌倦、疲劳、压力、低生产率等)也是不容忽视的,我们应该认识到劳动分工为某些类型的工作所带来的经济性,同时也要看到它不足的方面。

2. 统一指挥原则

传统的组织理论强调,每一个工作人员只能接受一个上级的指令,并只能和这个上级联系,不能接受一个以上的人的指令。这一条是组织设计的根本原则。二元指令、多头领导就会破坏组织的原则,动摇组织的基础。但是实行统一指挥原则,并不是要把一切权力都集中在组织最高一级管理层,而应是既有集权,又有分权,以便加强部门的灵活性和适应性。

3. 职责与权限一致原则

既要明确规定每个管理层次应负的管理职责,又要给予完成这一职责所不可缺少的管理权限。职责与权限必须协调一致,这也是组织设计的原则之一。有权无责,会助长瞎指挥;有责无权,或权限太小,束缚了管理人员的积极性、主动性,使管理人员实际上不可能负起应有的责任,使责任制形同虚设。如果上级掌握一切权限,仅仅使他的下级只是工作,或者空谈责任制,是极端错误的;上级只应掌握总的权限,其他权限必须分配给下级;集权必须与分权相结合,既要统一领导,又要分级管理;不仅要明确规定各级的职责和权限,而且必须使各级人员确切明白自己的职责和权限,这是很重要的。

4. 管理宽度原则

因时间、精力和能力有限,每个管理者直接领导的下级人数有一定的限度,如院长领导几名副院长,副院长领导多少名主任,等等……人数多了、少了都有一定的弊病,这就是有效管理宽度。国外管理学者有的主张上层领导所直接管理的人数最好少一点,一般以管 3~7 名为宜;下层作业层可根据工作性质而定,一般认为有可能管理 15~20 人。因为基层管理活动属于执行性工作,带有较多的日常、重复的性质。领导者的知识、经验和能力较强,或者下级独立工作能力较强的都可以扩大管理宽度;否则应适当缩小管理宽度。

5. 管理层次原则

指挥和命令必须通过组织层次逐层下达,下级的报告也要逐层上报。一般来说,要想让组织结构做到合理、有效地运转,其管理层次应尽可能地少,层次增多会增加沟通困难。然而从目前社会发展现实看,整个社会趋向于组织严密的大系统,适当增加组织层次,是必然趋势。因此,在实际运用中应根据具体情况确定管理层次。另外,管理宽度与管理层次成反比,管理宽度大,则层次可以减少;反之,则层次多,增加间接管理面,妨碍工作效率。按组织设计原则,组织层次越少,命令路线越短越好。

6．例外原则

对于日常例行业务应制定常规措施和标准,尽量交给下级去处理,只有遇到例外的、特殊的情况时,才由上级亲自来处理。这种上下级之间的分工叫作"例外原则"。实行这一原则,有利于领导摆脱日常事务,集中精力研究和解决带有全局性的管理业务;又有利于调动下级的积极性。当然,上下级的合理分工,并不是对下级工作放手不管,而应加以必要的监督和指导;下级也应及时向上级报告工作。

7．能级原则

每一级工作人员的工作能力都应该和他担任的职级相称,就是各个管理层次具有不同能级,才能形成稳定的管理层次结构,这是能级的原则。

6.1.3 组织设计的影响因素

1．环境的影响

这里的环境指外部环境和特定环境。外部环境即对组织管理目标有间接影响的因素,如政治、经济、文化。特定环境即对管理有直接影响的因素,如政府、顾客、竞争对手。外部环境和特定环境会相互影响。

由于环境的复杂性和频繁变化,引起了管理者因不了解环境而无法做出正确决策的情况。管理者可以通过以下手段提高组织适应环境的能力。

第一,对传统职位和职能部门进行调整。

第二,根据外部环境的不确定程度来设计不同类型(机械或灵活)的组织结构。

第三,根据组织各部门对目标的差别性、整合性设计组织结构。

第四,通过加强计划和对环境的预测减少不确定性。

第五,通过组织之间的合作减少组织对环境的过度依赖。

2．战略的影响

战略即决定和影响组织活动性质的总目标以及实现目标的路径和方法。

钱德勒认为组织战略发展有四个阶段,每个阶段都有相应的战略目标。

第一,数量扩大阶段。目标为扩大组织规模。

第二,地区开拓阶段。目标为建立新的组织结构,协调各个业务单元。

第三,纵向联合发展。在原有行业的基础上向其他领域扩展,需要建立与相关部门相适应的职能部门。

第四,产品多样阶段。利用现有资源实现组织转型,这也要求创造转型所需的职能部门。

迈尔斯(R. E. Miles)和斯诺(C. C. Snow)根据外部环境对企业的影响总结了四种战略类型和相应的组织结构:一是防御者型(处于稳定环境),集权化、严密的层级控制和分工差异性;二是探险者型(环境动荡,需要不断创新),柔性分权化组织结构;三是分析者型(环境动荡,但目标灵活),规范化和灵活性并举;四是反应者型,因无法及时应对环境变化而被动反应。

3. 技术的影响

技术的划分:单件小批量生产、大批量生产、流程生产(连续流水线式作业生产)。

从传统角度来说,从小批量生产到流程生产,复杂程度越来越高,所需的组织结构也越发复杂。但使用先进信息技术的企业可以在精简的组织结构下实现复杂的生产。

查尔斯·佩罗(Charles Peerow)创立了技术的多变性和可分析性来为技术分类。多变性即生产中出现意外的概率;可分析性即通过统一理论和固定程序完成工作的可能性,分析是与直觉和经验对立的。

第一,常规型。多变性小,可分析性大。

第二,工艺型。多变性和可分析性都小。

第三,工程型。多变性和可分析性都大。

第四,非常规型。多变性大,可分析性小。

组织越是常规化,越适合集权规范管理;越是非常规化,越适合灵活柔性管理。

4. 生命周期的影响

彼得·布劳(Peter Blau)对组织结构和组织规模之间的关系进行了研究,认为组织的结构设置应该根据组织规模而变化,以确保管理层能准确作出决策。

拉里·格林纳(Larry E. Greiner)创立了企业生命周期理论,之后罗伯特·奎因(Robart E. Quinn)和金·卡梅隆(Kim Cameron)将这种理论发展分为四个阶段,每个阶段都有稳定期和转型期。

第一,创业阶段。小规模,非官僚,非规范。重点在于及时调整产品结构。

第二,集合阶段。组织拥有较多的职能部门但权力依然集中,需要及时放权。

第三,规范化阶段。出现官僚化,组织分层明显,工作程序化、规范化。高层管理要向下授权,还要避免失去控制力。

第四,精细阶段。规模巨大,拥有庞大的官僚体系。需要创建跨越部门的管理团队,或者适当更换管理者。

拓展阅读 6-1

企业组织设计中必须要遵守的十大原则

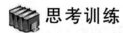 **思考训练**

1. 简述国外组织设计理论的主要观点,包括传统的组织设计理论、行为分析组织设计理论和权变组织设计理论。
2. 组织设计中要坚持哪些原则?
3. 组织设计的影响因素有哪些?

学习延伸

请选择一个公司的组织设计模型并分析每一部门的职能与作用。同时思考,如果自己大学毕业后创业,该如何设计企业的组织结构?

6.2 组织的部门化

 学习目标

- 了解组织部门化的主要类型。
- 掌握组织部门化各种类型的含义和优缺点。

学习导读

一个组织就是一个复杂的运作系统,它的有效运行离不开高效的管理,而合理的部门划分及有效管理才能形成高效的管理。简而言之,组织部门化就是确定组织中各项任务的分配与责任的归属,以求分工明确、职责分明,从而有效地实现组织目标。要想有效合理地集合组织资源、安排好组织的全部业务活动,必须提供一些基本的指导原则,使组织部门化能够具备科学性和可操作。

一个组织就是一个复杂的运作系统,它的有效运行离不开高效的管理,而合理的部门划分及有效管理才能形成高效的管理。简而言之,组织部门化就是确定组织中各项任务的分配与责任的归属,以求分工明确、职责分明,从而有效地实现组织目标。

要想有效合理地集合组织资源、安排好组织的全部业务活动,必须提供一些基本的指导原则,使组织部门化能够具备科学性和可操作性。这些基本原则主要有以下几点:第一,因事设职和因人设职相结合。为了保证组织目标的实现,必须将组织活动落实到每一个具体的部门和岗位,确保"人人有事做"。另外组织中的每一项活动终归要由人去完成,组织部门设计就必须考虑人员的配置情况,使得"事事有人做"。第二,分工与协作相结合的原则。亚当·斯密的分工理论认为分工是提高生产力的重要因素。分工就是提高管理的专业化程度和工作效率的要求,把组织的任务、目标分成各个层次、各个部门以及各个人的任务和目标,明确各个层次,各个部门乃至各个人应该做的工作以及完成工作的手段、方式和方法。协作就是指明确部门与部门之间以及部门内部的协调与配合。只有二者结合才能提高办事效率。第三,精简高效的部门设计原则。组织的冗余不仅浪费了人力、物力,更影响了办事的效率。

根据不同的划分标准,组织可以形成不同的组织形式。

6.2.1 职能部门化

职能部门化就是把相同或相似的活动归并在一起,作为一个管理单位进行分类管理。这是一种传统而基本的组织结构形式(见图6-1)。

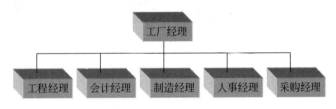

图6-1 职能部门化举例

1. 特点

将技能相似的专业人员集合在各自专门的职能机构内,并在业务范围内分工协作,组织任务集中明确,上行下达。

2. 优点

一是能够突出业务活动的重点,确保权威性;二是符合活动专业化的分工要求;三是部门主管易于规划和控制。

3. 缺点

一是资源过于集中不利于开拓远区市场或按照目标顾客的需求组织分工,也不利于满足目标顾客的需求;二是资源过于集中这种做法会助长部门主义风气;三是职权过于集中,不利于高级管理人员的培养和提高,也不利于"多面手"式人才成长。

4. 适用范围

当环境是稳定的,技术是相对常规的,部门之间的依赖程度较低,组织的目标依附于内部效率和专业特长,规模是中小型的组织适用于这种结构。

6.2.2　产品或服务部门化

围绕产品或服务大类的活动和要求来划分部门即为产品部门化(见图6-2)。应用产品部门化需对特定的产品系列或服务类型有专门的需求适应,通常适用于大型的和多角化经营的企业。

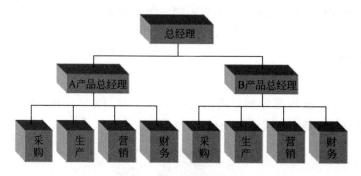

图6-2　产品部门化举例

1. 优点

一是有助于促进不同产品和服务项目间的合理竞争;二是有助于比较不同部门对企业的贡献;三是有助于决策部门加强对企业产品与服务的指导和调整;四是有助于培养"多面手"。

2. 缺点

一是企业需要更多的"多面手"式的人才去管理各个产品部门;二是各个部门同样有可能存在本位主义倾向,这势必影响到企业总目标的实现;三是部门中某些职能管理机构的重整会导致管理费用的增加。

6.2.3　地域部门化

为了市场或资源等原因需分散经营,从而按照地理区域成立专门的管理部门即为地域部门化(见图6-3)。不同的文化环境造就出不同的劳动价值观,企业根据地域的不同设置管理部门,为的是更好地针对各地的特殊环境条件组织业务活动。许多国际性大公司通常采用这种组织形式。

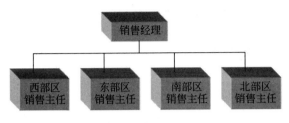

图 6-3　地域部门化举例

1. 优点

一是可以把责权下放到地方,鼓励地方参与决策和经营;二是地区管理者还可以直接面对本地市场的需求灵活决策;三是缓解当地就业压力,同时减少外派成本,减少许多不确定风险。

2. 缺点

一是企业所需能够派往各个区域的地区主管比较稀少,且比较难控制;二是各地区可能会因存在职能机构设置重叠而导致管理成本过高的问题。

6.2.4　顾客部门化

以顾客为对象,根据不同顾客的需要或不同顾客群设立部门即为顾客部门化(见图 6-4)。顾客部门化是一种新的组织结构形式,在激烈的市场竞争中,顺应了需求发展的趋势,许多服务型组织(诸如银行、保险公司等)常采用。

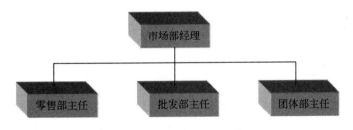

图 6-4　顾客部门化举例

1. 优点

一是满足目标顾客需求;二是有效发挥企业的核心专长,不断创新顾客的需求,从而在这领域内建立持久性竞争优势。

2. 缺点

一是可能会增加与顾客需求不匹配而引发的矛盾和冲突;二是需要妥善协调与顾客有关系的管理人员和一般人员;三是顾客需求偏好的转移,结果会造成产品或服务结构的不合理,影响对顾客需求的满足。

6.2.5 流程部门化

按照生产过程、工艺流程或设备来划分部门即为流程部门化(见图6-5)。大型的制造企业常采用这种组织结构形式。

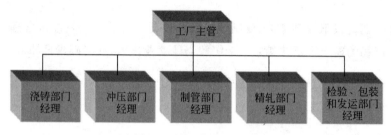

图 6-5 流程部门化举例

1. 优点

一是发挥人员的技术优势,易于协调管理,对市场需求的变动也能够快速反应,容易取得集合优势;二是简化培训;三是规模经济;四是易于管理。

2. 缺点

一是部门之间紧密协作有可能得不到贯彻,会产生部门间的利益冲突;二是权责相对集中,不利于培养"多面手"式的管理人才。

6.2.6 矩阵式结构

由纵横两套管理系统组成的矩阵式组织结构,其中一套是纵向的职能管理系统,另一套是为了完成某项任务而组成的横向项目系统,横向和纵向的职权具有平衡对等性,它打破了传统的统一指挥原则,有多重指挥线。

1. 优点

一是组织可以满足环境的多重要求;二是资源可以在不同的产品或地区或流程之间柔性分配,具有良好的内部沟通,信息传递快,组织可及时地对外部需求的变化作出反应；三是员工可以依据个人兴趣获得专业或一般管理技能。

2. 缺点

一是有些员工接受双重命令，而且这些命令可能是矛盾和冲突的，加上纵向和横向权力不平衡的矛盾，使得组织需要良好的居中调停和解决冲突的技能，这些技能往往需要经过人际关系方面的特殊的训练；二是矩阵式结构迫使管理者花费大量的时间在开会上，并且可能提高管理成本。

3. 适用范围

矩阵式结构最适应于环境高度不确定，目标反映了多重需求的情况。双权力结构使得交流和协调可以随环境迅速的变化而变化，以及可以在产品和职能之间实现平衡。矩阵式结构也适合于非常规技术，职能部门内部和相互之间的依赖程度很高的情况。矩阵式结构是一个有机的结构，可以及时讨论解决不可预料的问题，在中等规模和少量产品线高新技术企业中最为有效。

6.2.7 动态网络式结构

动态网络式结构是一种以项目为中心，通过与其他组织建立研发、生产制造、营销等业务合同网，有效发挥业务专长的协作性组织形式，是基于信息技术的高度发达和市场竞争的日益激烈而发展起来的一种临时性组织，有时也被称为"虚拟组织"，即组织中的许多部门是虚拟存在的，管理者最主要的任务是集中精力协调和控制组织的外部关系。

1. 优点

一是组织结构具有更大的灵活性和柔性；二是组织结构简单精练，组织结构扁平化，管理效率更高了。

2. 缺点

一是组织可控性很差；二是组织风险性大；三是员工的组织忠诚度低。

3. 适用范围

早期适合于一些劳动密集型企业，如飞机制造厂、汽车制造厂等，但随着信息技术的快速发展，更多的知识型企业（高新技术企业为主体）选择了这种组织结构，或制定了虚拟运作的企业扩张的成长战略。

思考训练

1. 组织部门化有哪些类型？简述每种类型的特点。
2. 哪种组织部门化的结构比较好？解释理由。

学习延伸

小组模拟情景剧，设计某一组织的不同部门，并通过角色扮演熟悉每一部门的工作内容与流程。

6.3 组织的层级化

学习目标

- 了解组织层级化与管理幅度的关系。
- 了解影响管理跨度的因素有哪些。
- 掌握组织权力分配时集权和分权的优缺点和运用。

学习导读

管理幅度和组织层级是组织结构中两个相互联系的主要因素。管理学家一般主张上层管理幅度小一些，下层管理幅度大一些，但具体多少数目为合理的管理幅度，意见不一。而管理幅度和组织层级的关系中，集权和分权的权力分配方式也是一个关键的制约因素。

6.3.1 组织的层级化与管理幅度

管理幅度是指管理者的直接下属数量。组织层次是指组织中最高领导到普通员工之间的职阶数。组织层次受到组织规模和管理幅度的影响。它与组织规模成正比，组织规模越大，包括的成员越多，则层次越多；在组织规模已定的条件下，它与管理幅度成反比，主管直接控制的下属越多，管理层次越少，相反，管理幅度减小，则管理层次增加。

1. 组织结构的形态

组织结构的基本形态有以下两种。

(1) 锥型结构(窄幅度组织)

锥型结构是管理幅度较小,从而组织层次较多的高、尖、细的金字塔形态。

优点:上级便于监督下级;上级便于控制下级;上下级之间沟通迅速。

局限性:上级过多干预下级;层次多导致费用高;层次多导致沟通复杂,计划与控制工作复杂;层次多导致最高层远离基层,信息传达易失真。

(2) 扁平化结构(宽幅度组织)

扁平化结构是指管理幅度较大、管理层次较少的一种组织结构形态。

优点:信息传递速度快且失真小;上级放权,有利于下属主动性和首创精神的发挥;上级必须制定清晰的政策;上级必须慎重地选择下级。

局限性:上级负担过重,成为决策"瓶颈";上级有失控的危险;要求管理者拥有过高的水平。

2. 管理跨度的影响因素

决定有效管理跨度的因素主要有以下几项。

第一,上下级双方的素质与能力。素质较高、训练有素的下级不需要过多的监督和指导,从而可以使其上级的管理跨度大一些;同样,能力较强的管理者能够有效管理的下级人数相对要多一些。

第二,计划的完善程度。良好的计划有助于下属明确自己所承当的任务以及应当取得的成果,有助于了解自己与他人之间的关系,可以有效地减少上级用于指导的时间,从而有利于增加管理跨度。

第三,面临变化的激烈程度。环境及组织本身变化的激烈程度,极大地影响着组织的政策稳定性与计划的详尽程度,从而也有力地影响着管理跨度。

第四,面对问题的种类。主要面临常规性、日常性问题的管理者可以有较大的管理跨度,而经常面对复杂多变或方向性、战略性问题的管理者则管理跨度要小一些;另外,如果所管辖的下属人员的工作比较相似或基本相同,则管理跨度也要大一些。

第五,授权的情况。适当而充分的授权可以减少管理者与下属之间的接触,节省管理者的时间和精力,锻炼和提高下属的能力和积极性,从而增加管理跨度。

第六,沟通的手段和方法。如果所有的指示、计划和命令都必须面对面传达,如果所有的机构变动和人事问题都必须口头交代,管理者用于上下级关系方面的时间将是巨大的,从而会减少管理跨度。

第七,个别接触的必要程度。如果需要个别接触的情形越少,管理者的精力和时间消耗越少,管理跨度就越大。

第八,其他因素。包括下属人员的空间分散情况、下属人员承当责任的意愿、下属人员面对风险的态度等。

6.3.2　权力分配中的集权与分权

1. 集权的概念和优缺点

集权是指决策权在组织系统中较高层次的一定程度的集中。

集权倾向产生的原因：一是组织历史；二是领导的个性；三是政策的统一与行政的效率。

集权的优点：一是可以政令统一，使标准一致，便于管理者统筹全局，兼顾其他；二是可以方便指挥，使命令容易贯彻执行；三是有利于形成统一的企业形象，形成排山倒海的气势；四是可以集中力量应付危局。

集权的缺点：一是不利于发展个性与特色，顾及不到事物的特殊性；二是缺少弹性和灵活性；三是会降低组织外部环境的应变能力；四是下级容易产生依赖思想，降低组织成员的工作热情，不能充分调动下级的积极性、主动性和创造性；五是不利于下级勇于承担责任。

2. 分权的概念和优缺点

分权是指决策权在组织系统中较低管理层次的程度上的分散。权力的分散可以通过制度分权和授权实现。

分权的优点在于由于下级领导机关与领导者可以在自己的管辖范围内独立自主地工作，因此能够集思广益，充分发挥下级的主观能动性，做到从实际出发，具体问题具体分析，从而因地制宜地制定具有自身特色的决策等，以利于充分利用并发挥组织的特色与优势。组织而言，不易产生独断专行等现象。

分权的缺点在于难以坚持政令统一、标准一致，容易造成各自为政，使组织中各个层级的矛盾与冲突难以协调，也容易造成分散主义、地方主义与本位主义等现象；组织整体利益容易被忽视，不利于组织的发展。

3. 集权与分权程度的衡量

衡量一个组织的集权或分权的程度，主要有下列几项标准。

第一，决策的数量。组织中较低管理层次做出的决策数目越多，则分权的程度就越高；反之，上层决策数目越多，则集权程度越高。

第二，决策的范围。组织中较低层次决策的范围越广，涉及的职能越多，则分权程度越高；反之，上层决策的范围越广，涉及的职能越多，则集权程度越高。

第三，决策的重要性。如果组织中较低层次做出的决策越重要，影响面越广，则分权的程度越高；相反，如果下级做出的决策越次要，影响面越小，则集权程度越高。

第四，对决策控制的程度。组织中较低层次做出的决策，上级要求审核的程度越低，分权程度越高；如果上级对下级的决策根本不要求审核，分权的程度最大；如果做出决策之后必须立即向上级报告，分权的程度就小一些；如果必须请示上级之后才能做出决策，分权的程度就更小；下级在做决策时需要请示或照会的人越少，其分权程度就越大。

4. 集权与分权的影响因素

影响集权与分权的程度，是随条件变化而变化的。对一个组织来说，分析其集权或分权的程度，应综合考虑各种因素。

第一，决策的代价。一般来说，决策失误的代价越高，越不适宜交给下级人员处理。

第二，政策的一致性。如果高层管理者希望保持政策的一致性，则趋向于集权化；如果高层管理者希望政策不一致，则会放松对职权的控制程度。

第三，组织的规模。组织规模较小时，一般倾向于集权，当组织规模扩大后，组织的层次和部门会因管理幅度的限制而不断增加，从而造成信息延误和失真。因此，为了加快决策速度、减少失误，最高管理者就要考虑适当地分权。

第四，组织的成长。组织成立初期绝大多数都采取和维持高度集权的管理方式。随着组织逐渐成长，规模日益扩大，则由集权的管理方式逐渐转向分权的管理方式。

第五，管理哲学。有些组织采用高度集权制，有些组织推行高度分权制，原因往往是高层管理者的个性和管理哲学不同。

第六，管理人员的数量与素质。管理人员的不足或素质不高可能会限制组织实行分权。即使高层管理者有意分权，但没有下属可以胜任，也不能成事；相反，如果管理人员数量充足、经验丰富、训练有素、管理能力强，则可有较多的分权。

第七，控制的可能性。分权不可失去有效的控制。高层管理者在将决策权下授时，必须同时保持对下属的工作和绩效的控制。一般来说，控制技术与手段比较完善，管理者对下属的工作和绩效控制能力强的，可较多地分权。

第八，职能领域。组织的分权程度也因职能领域而异，有些职能领域需要更大的分权程度，有些则相反。

第九，组织的动态特性。如果一个组织正处于迅速的成长过程中，并面临着复杂的扩充问题，组织的高层管理者可能不得不做出为数很多的决策。高层管理者在无法应付的情况下会被迫向下分权；在一些历史悠久、根基稳固的组织中，一般倾向于集权。

5. 集权与分权对比

（1）从企业发展战略来看

适合集权的情况有：一体化企业集团；单一品牌的集团；企业主营业务；对企业利润贡献较大的业务板块；业务规模不大，但有战略意义的业务；处于变革时期的业务。

适合分权的有：多元化企业集团；多品牌集团；对企业业务贡献不大的存续业务；

处于平稳期的业务。

（2）从组织架构的角度来看

适合集权的情况有：战略型管理总部；运作型管理总部；事业部；独资或控股企业；中小型企业。

适合分权的有：财务型总部；子公司；参股企业。当然，财务型总部的资金管理权与重要人事任免权集中在总部，但具体运营权下放。

（3）从人力资源管理的角度来看

适合集权的情况有：人力资源管理体系不健全，没有基础制度体系的企业；新招聘的管理者的业务。

适合分权的有：人力资源管理体系比较健全的企业；该业务板块的领导在企业工作时间较长，集团对其较为了解的业务；该业务板块的负责人有综合的全面的能力。

（4）从企业文化的角度来看

适合集权的情况有：没有明确发展目标和核心理念的企业；干部、员工思想涣散的企业。

适合分权的有：对企业战略有统一的认识的企业；企业文化体系健全的企业。

拓展阅读 6-2

华为组织变迁：从集权到分权

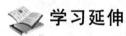

思考训练

1. 举例说明现代企业的组织层级有哪些发展趋势。
2. 管理者如何妥善处理集权和分权的关系？

学习延伸

选择一个企业案例，探究其层级模式，讨论组织层级、管理幅度、集权分权等有何关系。

本章小结

组织设计，是指在组织理论的指导下，以组织结构的构造和运行为主要内容的组织系统的整体设计工作。国外组织设计理论经历了一个由传统组织设计到行为分析组织设计,到现代权变组织设计的发展过程。组织设计中要坚持劳动分工原则、统一指挥原则、职责与权限一致原则、管理宽度原则、管理层次原则、例外原则、能级原则。组织所处的环境、组织的战略、技术和生命周期等因素都会影响组织设计。组织部门化常见的类型有职能部门化、产品部门化、地域部门化、顾客部门化、流程部门化,还包括矩阵式结构、动态网络式结构。在组织规模已定的条件下,组织层级与管理幅度成反比关系。集权和分权涉及组织权力的分配,权力的分散可以通过制度分权和授权实现。

第 7 章 人力资源管理

课前阅读

管理职能的变化和社会环境的变化有密切的关系。在法约尔时期,企业的外部环境变化不大,市场竞争并不激烈,管理者的主要工作是做好计划,组织和领导工人把产品生产出来就万事大吉了。在行为科学出现之前,人们往往对管理的活动侧重于对技术因素及物的因素的管理,管理工作中强调实行严密的计划、指挥和控制。但自霍桑试验之后,一些学者在划分管理职能时,对有关人的因素的管理开始重视起来,人事、信息沟通、激励职能开始提出。哈罗德·孔茨和西里尔·奥唐奈里奇把管理的职能划分为:计划、组织、人事、领导和控制。人事职能的包含意味着管理者应当重视利用人才,注重人才的发展以及协调人们的活动,这说明当时管理学家已经注意到了人的管理在管理行为中的重要性。

随着社会主义市场经济体制的逐步建立和完善,我国许多企业越来越认识到市场竞争的激烈和增强企业竞争力的紧迫感。企业竞争的关键是人才的竞争,能否管好人、用好人是企业成败的重要因素。因此,人力资源管理已成为我们现代企业管理中非常重要的环节。

7.1 人力资源计划

学习目标

- 了解人力资源计划的含义、作用和层次。
- 掌握人力资源计划制定的影响因素和步骤。

学习导读

管理者在人力资源管理领域面临的一项主要挑战是确保公司拥有一支高质量的员

工队伍。获得和留住优秀员工对于每一个组织的成功都至关重要,无论该组织是刚起步还是已经在商界打拼多年。如果一个组织没有严肃对待自己的人力资源管理职责,那么它的绩效会受到影响。因此,当每一位管理者进行组织时,他的一部分工作就是人力资源管理。即便组织设有一个单独的人力资源管理部门,所有的管理者也都会参与某些人力资源管理活动,例如对求职者进行面试、为新员工提供上岗培训以及对下属员工的工作绩效进行评估。

7.1.1 人力资源计划的概念

1. 人力资源计划的定义

人力资源计划是指为了达到企业的战略目标与战术目标,满足未来一段时间内企业的人力资源质量和数量方面的需要,根据企业目前的人力资源状况,决定引进、保持、提高、流出人力资源的预测和规划安排。一个完整的人力资源计划包括人力资源开发与管理的所有内容。

2. 人力资源计划的作用

人力资源计划具有以下作用。

第一,使组织保持人力资源供给需求动态平衡。通过人力资源合理配置,提高人力资源利用效率,增强人力资源优势,提高市场竞争能力。

第二,能使组织有效控制人力成本,确保长期发展。

第三,能将组织自身发展和需要与职工发展和需要相统一。

第四,能够优化企业内部人力资源组合结构,有效提高职工工作效率。

3. 人力资源计划的层次

(1) 总体人力资源计划

总体人力资源计划是组织人力资源计划的干系统。内容包括:计划期内人力资源开发和利用的总的战略目标、总的政策措施、总的筹划安排和总的实施步骤以及总的预算。

(2) 人力资源计划子系统

人力资源计划子系统是总体人力资源计划的有机组成部分,即组织内具体的人力资源管理计划。主要内容如下。

第一,人力资源补充更新计划。目标:优化人力资源结构,满足组织对人力资源的数量和质量上的要求。相关政策与措施:退休政策、冗员解聘、工作分析、新员工的招聘。

第二,人力资源使用和调整计划。目标:提高人力使用效率,适人适位,组织内部人力资源流动。相关政策与措施:岗位轮换制度、岗位责任制度与资格制度、企业内部员工流动制度。

第三，人力资源发展计划。目标：选拔后备人才，形成人才群体，规划员工职业生涯。相关政策与措施：管理者与技术工作者的岗位选拔制度、提升职位的确定、未提升资深人员的安排、员工职业生涯计划。

第四，评估计划。目标：增加员工参与，增进绩效，增强组织凝聚力，改善企业文化。相关政策与措施：绩效评估计划奖罚制度、沟通机制。

第五，员工薪酬计划。目标：内外部员工薪酬调查，形成有效的薪酬管理，为员工谋求最大利益。相关政策与措施：薪酬制度、奖励制度、福利制度。

第六，员工培训计划。目标：拟定培训项目，确定培训系统、评估培训效果。相关政策与措施：有关普通员工、管理人员、专业技术人员的培训制度。

第七，员工关系计划。目标：协调员工关系，增进员工沟通，完善组织文化，增进员工满意度。相关政策与措施：员工参与管理制度、合理化建议制度、员工沟通制度。

第八，员工退休解聘计划。目标：做好职工退休工作、解聘工作、职工离岗正常化、规范化。相关政策与措施：退休政策规定、解聘制度和程序、退休与解聘人选确定与工作实施。

第九，人力费用与控制。目标：控制人力资源成本，提高组织效益。相关政策与措施：招聘费用预算、培训费用、员工工资预算和员工福利预算等。

7.1.2　人力资源计划的制定

1. 人力资源计划的制定原则

(1) 环境变化

人力资源计划只有充分地考虑了内外环境的变化，才能适应需要，真正做到为企业发展目标服务。内部变化主要指销售的变化、开发的变化，或者说企业发展战略的变化，还有公司员工的流动变化等；外部变化指社会消费市场的变化、政府有关人力资源政策的变化、人才市场的变化等。为了更好地适应这些变化，在人力资源计划中应该对可能出现的情况做出预测，最好能有面对风险的应对策略。

(2) 人力资源保障

企业的人力资源保障问题是人力资源计划中应解决的核心问题。它包括人员的流入预测、人员的流出预测、人员的内部流动预测、社会人力资源供给状况分析、人员流动的损益分析等。只有有效地保证了对企业的人力资源的供给，才可能进行更深层次的人力资源管理与开发。

(3) 长期利益

人力资源计划不仅是面向企业的计划，也是面向员工的计划。企业的发展和员工的发展是互相依托、互相促进的关系。如果只考虑企业的发展需要,而忽视了员工的发展,则会有损企业发展目标的达成。优秀的人力资源计划一定是能够使企业与员工达到长期利益的计划,一定是能够使企业和员工共同发展的计划。

2. 人力资源计划的影响因素

(1) 内部因素

第一,企业目标。知识经济,竞争空前激烈,为谋求生存发展,要随时根据外部环境和自身情况变化的要求调整目标。例如,企业发展方向调整,必然促使企业改变发展目标,会直接影响人力资源计划,因此必须随之调整。或者吸引并留住更多核心人才,或者培训优秀员工,或者设计有足够吸引力的奖励与报酬制度,等等。

第二,员工素质。随着经济与社会发展和受教育水平的提高,员工素质有重大变化。白领比重逐步提高,知识工人成为主力军。传统人事管理体制和管理方法已不能适应需要。现代制度和方法受到企业重视,并正在取代传统体制和方法。人力资源计划必须考虑到这一点。

第三,组织形式。现代企业制度要求企业组织形式更趋合理。传统类型组织,层次多,信息损失,人际关系复杂,效率低下。减少中间层次,减少信息与资源损耗,完善员工关系,增进企业的效率,要通过人力资源计划做出改变,完善组织结构,促进企业制度向现代化方向转化。

第四,企业最高领导层的理念。最高领导层对人力资源管理所持观念,关系到他们对企业人力资源管理活动的作用,也直接影响企业人力资源规划的内容。

(2) 外部因素

第一,劳动力市场。制定计划的依据就是对供给与需求的预测,研究劳动力市场变化的特点,才能够有针对性地进行计划。

第二,政府相关政策。政府人才流动政策、户籍政策、大学毕业生就业政策等,会影响企业招聘范围和对象。

第三,行业发展状况。新技术行业属于"朝阳行业",发展前途光明,潜力巨大,人力计划着重于吸引、激励人才。"夕阳行业",因调整经营结构、开拓发展渠道,人力资源计划一要着重于引进或培养经济增长点所需要的人才,二要考虑冗员安置,以降低劳动力成本。

内部因素、外部因素会同时影响人力资源计划的制定,有些是积极的,有些是消极的。因此在计划之前,要仔细分析各种影响因素,趋利避害,使计划尽可能科学合理,以促进组织战略目标的实现。

3. 人力资源计划的制定步骤

第一,进行职务分析说明。根据企业战略发展及业务发展规划,梳理、设计或调整企业的组织结构、岗位设置,进行综合的职务分析说明,并进行必要的职位描述及任职资格说明、职位胜任力素质模型构建等。

第二,合理配置人员。根据企业的战略发展及业务发展规划,结合新的组织及岗位设置情况以及企业人力资源盘点报告进行合理的人员配置。包括:根据每个岗位的人员数量、现有人员的职务变动、变动后的岗位人员空缺数量等制定人员盘点计划及人员需求计划;描述企业未来需求的员工数量、管理人员数量及胜任力素质构成、技能要求、希望到岗的时间。

第三,制定员工供给计划。根据第二点的人才盘点及人员需求计划表,通过分析过往工作量、劳动力数量、人员流动、年龄变化及录用情况等资料,有针对性地制定人员供给方式、获取途径、人才引进或培养的成本,以及人员内外部流动政策等。

第四,制定培训计划。包括培训需求、培训内容、培训形式、培训效果评估、培训费用、培训政策等。

第五,制定调整计划。制定人力资源管理制度或政策的调整计划,明确人力资源制度或政策调整的原因、步骤、范围等,其中包括招聘政策、绩效政策、薪酬及福利政策、激励政策、员工职业发展政策及员工的日常管理政策等。

第六,编写费用预算。编写企业人力资源费用预算,包括招聘费用、培训费用、薪酬激励成本、福利费用等费用的预算。

思考训练

1. 什么是人力资源计划?企业制定人力资源计划有什么作用?
2. 简述人力资源计划的层次。
3. 简述人力资源计划制定的原则、影响因素和步骤。

学习延伸

借鉴华为公司的管理经验,制定一份人力资源计划,并讨论交流如何留住优秀员工。

7.2 员工招聘

学习目标

- 了解员工招聘的概念、依据和途径。
- 掌握员工招聘的程序。

- 了解员工招聘的原则。
- 掌握员工招聘效果评估的方法和内容。

 学习导读

世界在变,时代在变,经济在变,不变的只有"人才致胜"的竞争法则。在知识经济社会,企业的竞争,就其本质而言是人才的竞争。"得人才者昌,失人才者亡。"一句话,企业是人才撑起来的,人才对于组织成功的作用无论怎么强调都不过分。因此,优秀人才的选聘是一个企业发展的关键。正如玫琳·凯所说,"优秀的员工是企业最重要的资产,招聘到优秀人才,并留住他们,是一个优秀公司的标志。"在竞争日益激烈的21世纪,企业核心竞争力越来越表现为对作为第一资本的人才的培育、拥有和运用能力。

7.2.1 员工招聘的概念

1. 员工招聘的含义

员工招聘是组织及时寻找、吸引并鼓励符合要求的人,到本组织中任职和工作的过程,是组织运作中一个重要环节。

组织需要招聘员工可能基于以下几种情况:新设立一个组织;组织扩张;调整不合理的人员结构;员工因故离职而出现职位空缺;等等。

通常有内部提升和外部招聘两种途径,两种方式各有优劣。员工招聘要按照一定的程序并遵循必要的原则进行。

2. 员工招聘的意义

员工招聘是企业为了弥补岗位空缺而进行的一系列人力资源管理活动的总称。它是人力资源管理的首要环节,是实现人力资源管理有效性的重要保证。人员配置是企业为了实现生产经营的目标,采用科学的方法,根据岗得其人、人得其位、适才适所的原则,实现人力资源与其他物力、财力资源的有效结合而进行的一系列管理活动的总称。从广义上讲,人员招聘包括招聘准备、招聘实施和招聘评估三个阶段;狭义的招聘即指招聘的实施阶段,其中主要包括招募、筛选(或称选拔、选择、挑选、甄选)、录用三个具体步骤。

人员的招聘是人员配备中最关键的一个步骤,因为这一工作的好坏,不仅直接影响到人员配备的其他方面,而且对整个管理过程的进行,乃至整个组织的活动,也都有着极其重要和深远的影响。

7.2.2 员工招聘的依据

1. 职位要求

通常组织结构设计中的职位说明书,对各职位已有了明确的规定。在人员招聘时,可以通过职务分析来确定某一职务的具体要求。职务分析的主要内容有:这个职务是做什么的?应该怎样做?需要什么知识和技能才能胜任?有没有别的方法实现目标?如果有的话,新的要求是什么?

2. 素质能力

个人的素质与能力是人员选聘时要重点考虑的另一重要标准。应根据不同职位对人员素质的不同要求,来评价和选聘员工。

7.2.3 员工招聘的途径

员工招聘的途径包括外部招聘和内部提升两种形式。

1. 外部招聘

外部招聘就是组织根据制定的标准和程序,从组织外部选拔符合空缺职位要求的员工。外部招聘具有以下优势:具备难得的"外部竞争优势";有利于平息并缓和内部竞争者之间的紧张关系;能够为组织输送新鲜血液;能给竞争者自我发展的空间。外部招聘也会有很多的局限性,主要表现在:外聘者对组织缺乏深入了解;组织对外聘者缺乏了解;对内部员工积极性造成打击;等等。外部招聘也包括内部推荐,由企业内部资深员工推荐身边的朋友、以前的同事等,具有减少招聘和团队磨合成本、提高招聘质量等优势。

2. 内部提升

内部提升是指组织内部成员的能力和素质得到充分确认之后,被委以比原来责任更大、职位更高的职务,以填补组织中由于发展或其他原因而空缺的管理职务。内部提升制度具有以下优点:有利于调动员工的工作积极性;有利于吸引外部人才;有利于保证选聘工作的正确性;有利于被聘者迅速开展工作。当然,内部提升制度也可能带来如下弊端:导致组织内部"近亲繁殖"现象的发生;引起同事之间的矛盾;等等。

7.2.4 员工招聘的程序

1. 制定计划

当组织中出现需要填补的工作职位时,有必要根据职位的类型、数量、时间等要求确定招聘计划,同时成立相应的选聘工作委员会或小组。选聘工作机构可以是组织中现有的人事部门,也可以是代表所有者利益的董事会,或由各方利益代表组成的临时性机构。选聘工作机构要以相应的方式,通过适当的媒介,公布待聘职务的数量、类型以及对候选人的具体要求等信息,向组织内外公开"招聘",鼓励那些符合条件的候选人积极应聘。

2．进行初选

当应聘者数量很多时,选聘小组需要对每一位应聘者进行初步筛选。内部候选人的初选可以根据以往的人事考评记录来进行;对外部应聘者则需要通过简短的初步面谈,尽可能多地了解每个申请人的工作及其他情况,观察他们的兴趣、观点、见解、独创性等,及时排除那些明显不符合基本要求的人。

3．能力考核

在初选的基础上,需要对余下的应聘者进行材料审查和背景调查,并在确认之后进行细致的测试与评估。其内容是:

第一,智力与知识测试。该测试是通过考试的方法测评候选人的基本素质,它包括智力测试和知识测试两种基本形式。智力测试的目的是通过候选人对某些问题的回答,测试其思维能力、记忆能力、应变能力和观察分析复杂事物的能力等。知识测试是要了解候选人是否具备待聘职务所要求的基本技术知识和管理知识,缺乏这些基本知识,候选人将无法进行正常工作。

第二,竞聘演讲与答辩。这是对知识与智力测试的一种补充。测试可能不足以完全反映一个人的素质全貌,不能完全表明一个人运用知识和智力的综合能力。发表竞聘演讲,介绍自己任职后的计划和远景,并就选聘工作人员或与会人员的提问进行答辩,可以为候选人提供充分展示才华、自我表现的机会。

第三,案例分析与候选人实际能力考核。在竞聘演说与答辩以后,还需要对每个候选人的实际操作能力进行分析。测试和评估候选人分析问题和解决问题的能力,可借助"情景模拟"或称"案例分析"的方法。这种方法是将候选人置于一个模拟的工作情景中,运用各种评价技术来观测考察他的工作能力和应变能力,以此判断他是否符合某项工作的要求。

4．录用员工

在上述各项工作完成的基础上,需要利用加权的方法,算出每个候选人知识、智力和能力的综合得分,并根据待聘职务的类型和具体要求决定取舍。对于决定录用的人员,应考虑由主管再一次进行亲自面试,并根据工作的实际与聘用者再作一次双向选择,最后决定选用与否。

5．评价反馈

最后要对整个选聘工作的程序进行全面的检查和评价，并且对录用的员工进行追踪分析，通过对他们的评价检查原有招聘工作的成效，总结招聘过程中的成功与过失，及时反馈到招聘部门，以便改进和修正。

7.2.5 员工招聘的原则

1．客观公正原则

人事部门及经办人员在人员招聘中，必须克服个人好恶，以客观的态度及眼光去甄选人员，做到不偏不倚、客观公正。

2．德才兼备原则

人才招聘中必须注重应聘人员的品德修养，在此基础上考查应聘者的才能，做到以德为先、德才兼备。

3．先内后外原则

人事部门及用人部门在人才招聘中，应先从公司内部选聘合适人才，在此基础上进行对外招聘，从而充分运用和整合公司现有人力资源。

4．回避原则

德才兼备、唯才是举是公司用人的基本方针，因此对公司现有员工介绍的亲朋，公司将在充分考查的基础上予以选用，但与之有关联的相关人员在招聘过程中应主动予以回避，同时不能对招聘过程或人员施加压力，以免影响招聘的客观性、公正性。

7.2.6 员工招聘的评估

1．评估的作用

通过招聘评估，有助于企业分析人才招聘与录用的情况；招聘人员通过成本分析，可以了解员工招聘的实际成本，以便于从人力资源规划的角度进行人力资源成本核算，通过评估，有利于招聘工作的改进；通过对招聘评估内容的分析，可以发现招聘工作的成功与不足之处，为下次的工作积累经验；招聘评估可以发现企业内部的问题，因为招聘效果的好坏除了外部因素的影响外，也受企业内部因素的影响。

2. 评估的内容

（1）成本效益的评估

单位直接招聘成本＝招聘直接成本/录用人数。

总成本效应＝录用人数/招聘总成本。它反映了单位招聘成本所产生的效果。

（2）录用人员质量和数量的评估

录用比率＝（录用人数/应聘人数）×100％。该指标越小，说明录用者素质可能越高。

招聘完成比＝（录用人数/计划招聘人数）×100％。该指标反映了招聘计划在数量上的完成情况。

应聘比＝（应聘人数/计划招聘人数）×100％。该指标越大，说明企业所刊登招聘信息发布效果越好，对企业的认可度越高。

录用成功比率＝（录用成功人数/录用人数）×100％。该指标越大，说明招聘的成功率越高。

（3）招聘所需时间评估

招聘时间比＝（从提出需求到实际到岗所用时间/用人单位期望到岗时间）×100％。该指标反映招聘满足用人单位需求的能力。

（4）招聘成本的评估

招聘直接成本包括：招聘人员差旅费、应聘人员招待费、招募费用、选拔费用、工作安置费用等。该指标反映了人力资源获取的成本。

拓展阅读 7-1

他为何闪电离职？

思考训练

1. 简述员工招聘的依据。
2. 员工招聘的途径有哪些？
3. 简述员工招聘的程序和原则。
4. 如何评估员工招聘的效果？

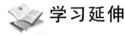
学习延伸

模拟一次员工招聘，进行角色扮演，并指出双方角色交流时需要注意的问题。

7.3 员工培训

学习目标

- 了解员工培训的含义和作用。
- 掌握员工培训各种方法的运用。

学习导读

在争取到优秀人才的同时,企业需要对人才进行合理的培训,才能发挥最大的绩效,如何培训,也是当下管理者需要仔细思考的问题。

7.3.1 员工培训的定义

员工培训是指组织为开展业务及培育人才的需要,采用各种方式对员工进行有目的、有计划的培养和训练的管理活动。公开课、内训等均为常见的员工培训及企业培训形式。

员工培训有员工技能培训和员工素质培训。

7.3.2 员工培训的作用

企业员工培训作为直接提高经营管理者能力水平和员工技能,为企业提供新的工作思路、知识、信息、技能,增长员工才干和敬业、创新的根本途径和极好方式,是最为重要的人力资源开发活动,是比物质资本投资更重要的人力资本投资。

有效的员工培训其实是提升企业综合竞争力的过程。事实上,培训的效果并不取决于受训者个人,而恰恰相反,企业组织本身作为一个有机体的状态,起着非常关键的作用。良好的员工培训对企业的好处有五点:

第一,培训能增强员工对企业的归属感和主人翁责任感。就企业而言,对员工培训得越充分,对员工越具有吸引力,越能发挥人力资源的高增值性,从而为企业创造更多的效益。

第二,培训能促进企业与员工、管理层与员工层的双向沟通,增强企业的向心力和凝聚力,塑造优秀的企业文化。不少企业采取自己培训和委托培训的办法。这样做容易将培训融入企业文化,因为企业文化是企业的灵魂,它是一种以价值观为核心对全体职工进行企业意识教育的微观文化体系。企业管理人员和员工认同企业文化,不仅会自觉学习掌握科技知识和技能,而且会增强主人翁意识、质量意识、创新意识,从而培养大家的敬业精神、革新精神和社会责任感,形成上上下下自学科技知识,自觉发明创造的良好氛围,企业的科技人才将茁壮成长,企业科技开发能力会明显增强。

第三,培训能提高员工的综合素质,提高生产效率和服务水平,树立企业良好形象,增强企业盈利能力。

第四,适应市场变化,增强竞争优势,培养企业的后备力量,保持企业永续经营的生命力。企业的竞争说穿了是人才的竞争,明智的企业家愈来愈清醒地认识到培训是企业发展不可忽视的"人本投资",是提高企业"造血功能"的根本途径。

第五,提高工作绩效。有效的培训和发展能够使员工增进工作中所需要的知识,包括企业和部门的组织结构、经营目标、策略、制度、程序、工作技术和标准、沟通技巧,以及人际关系等知识。

7.3.3　员工培训的方法

员工培训的方法有讲授法、视听技术法、讨论法、案例研讨法、角色扮演法、自学法、互动小组法、网络培训法、场景还原法等。

1. 讲授法

讲授法属于传统的培训方式,优点是运用起来方便,便于培训者控制整个过程。缺点是单向信息传递,反馈效果差。常被用于一些理念性知识的培训。

2. 视听技术法

视听技术法是指通过现代视听技术(如投影仪、DVD、录像机等工具)对员工进行培训。优点是运用视觉与听觉的感知方式,直观鲜明。但学员的反馈与实践较差,且制作和购买的成本高,内容易过时。它多用于企业概况、传授技能等培训内容,也可用于概念性知识的培训。

3. 讨论法

按照费用与操作的复杂程序,讨论法可分成一般小组讨论与研讨会两种方式。研讨会多以专题演讲为主,中途或会后允许学员与演讲者进行交流沟通。优点是信息可以多向传递,与讲授法相比反馈效果较好,但费用较高。小组讨论法的特点是信息交流时方式为多向传递,学员的参与性高,费用较低。多用于巩固知识,训练学员分析、解决问题的能力与人际交往的能力,但运用时对培训教师的要求较高。

4. 案例研讨法

案例研讨法是指通过向培训对象提供相关的背景资料，让其寻找合适的解决方法。这一方式使用费用低，反馈效果好，可以有效训练学员分析解决问题的能力；另外，培训研究表明，案例、讨论的方式也可用于知识类的培训，且效果更佳。

优点：一是可以帮助学员学习分析问题和解决问题的技巧；二是能够帮助学员确认和了解不同解决问题的可行方法。

局限性：一是需要较长的时间；二是可能同时激励与激怒不同的人；三是与问题相关的资料有时可能不甚明了，影响分析的结果。

5. 角色扮演法

角色扮演法是指授训者在培训教师设计的工作情况中扮演其中的角色，其他学员与培训教师在学员表演后作适当的点评。由于信息传递多向化，反馈效果好、实践性强、费用低，因而多用于人际关系能力的训练。

优点：一是能激发学员解决问题的热情；二是可增加学习的多样性和趣味性；三是能够激发热烈的讨论，使学员各抒己见；四是能够提供在他人立场上设身处地思考问题的机会；五是可避免可能的危险与尝试错误的痛苦。

局限性：一是观众的数量不宜太多；二是演出效果可能受限于学员过度羞怯或过深的自我意识。

培训时应注意的问题：一是要准备好场地与设施，使演出学员与观众之间保持一定距离；二是演出前要明确议题所遭遇的情况；三是谨慎挑选演出学员与角色分配；四是鼓励学员以轻松的心情演出；五是可由不同组的学员重复演出相同的情况；六是可安排不同文化背景的学员演出，以了解不同文化的影响。

6. 自学法

自学法较适合于一般理念性知识的学习，由于成人学习具有偏重经验与理解的特性，让具有一定学习能力与自觉的学员自学是既经济又实用的方法。但此方法也存在监督性差的缺陷。

7. 互动小组法

互动小组法也称敏感训练法。此法主要适用于管理人员的实践训练与沟通训练。让学员在培训活动中的亲身体验来提高他们处理人际关系的能力。其优点是可明显提高人际关系与沟通的能力，但其效果在很大程度上依赖于培训教师的水平。

8. 网络培训法

网络培训法是一种新型的计算机网络信息培训方式，投入较大。但由于使用灵活，符合分散式学习的新趋势,节省学员集中培训的时间与费用。这种方式信息量大,新知识、新观念传递优势明显,更适合成人学习。因此,特别为实力雄厚的企业所青睐,也是培训发展的一个必然趋势。

9. 场景还原法

场景还原法是一种新型的员工培训方法。它的主要方式就是让新员工有一个途径从项目、任务、客户、同事等多个维度来了解事情发生的前因后果和上下文,而这个途径就是"活动流"。

华为新员工培训三个阶段

思考训练

1. 员工培训有什么作用?
2. 员工培训的方法有哪些?

学习延伸

搜集和学习海尔公司员工培训的案例,借鉴该案例模拟员工招聘的场景,并编写脚本,由同学们进行排练和演出。

7.4 绩 效 管 理

学习目标

- 了解绩效管理的含义、类型和影响绩效的主要因素。
- 了解绩效管理的作用和实施原则。
- 掌握绩效管理的程序。
- 了解绩效管理中沟通的作用和运用。

学习导读

人才是推动企业健康发展的力量源泉，无论从宏观角度，还是从微观角度来看，人才都是企业发展的决定性因素。只有拥有了充足的人才，企业才能实现跨越式的发展。人才是关系企业生死存亡的事情。比尔·盖茨曾经说过，如果可以让我带走微软的研究团队，我可以重新创造另外一个微软。所以很多企业为了争夺优秀人才正在"明争暗斗"，这种较量不仅仅发生在公开职场，更多的悄悄地在暗中进行着。中国企业也不可避免地面临这种对人才的激烈竞争。但对人才的竞争，并不是把人才抢来就可以了。制定有效的绩效管理制度，能够更好地留住人才，促进组织长远发展。

7.4.1 绩效管理的概念

1. 绩效管理的含义

绩效管理，是指各级管理者和员工为了达到组织目标，共同参与的绩效计划制定、绩效辅导沟通、绩效考核评价、绩效结果应用、绩效目标提升的持续循环过程。绩效管理的目的是持续提升个人、部门和组织的绩效。绩效管理强调组织目标和个人目标的一致性，强调组织和个人同步成长，形成"多赢"局面；绩效管理体现着"以人为本"的思想，在绩效管理的各个环节中都需要管理者和员工的共同参与。

绩效管理的过程通常被看作一个循环，这个循环分为四个环节，即：绩效计划、绩效辅导、绩效考核与绩效反馈。

2. 绩效管理的类型

按管理主题来划分，绩效管理可分为两大类，一类是激励型绩效管理，侧重于激发员工的工作积极性，比较适用于成长期的企业；另一类是管控型绩效管理，侧重于规范员工的工作行为，比较适用于成熟期的企业。无论采用哪一种考核方式，其核心都应有利于提升企业的整体绩效，而不应在指标的得分上斤斤计较。

3. 绩效的影响因素

影响绩效的主要因素有员工技能、外部环境、内部条件以及激励效应。员工技能是指员工具备的核心能力，是内在的因素，经过培训和开发是可以提高的；外部环境是指组织和个人面临的不为组织所左右的因素，是客观因素，是完全不能控制的；内部条件是指组织和个人开展工作所需的各种资源，也是客观因素，在一定程度上组织和个人能改变内部条件的制约；激励效应是指组织和个人为达成目标而工作的主动性、积极性，激励效应是主观因素。

7.4.2 绩效管理的作用

1. 绩效管理促进组织和个人绩效的提升

绩效管理通过设定科学合理的组织目标、部门目标和个人目标，为企业员工指明了努力的方向。管理者通过绩效辅导沟通及时发现下属工作中存在的问题，给下属提供必要的工作指导和资源支持；下属通过工作态度以及工作方法的改进，保证绩效目标的实现。在绩效考核评价环节，对个人和部门的阶段工作进行客观公正的评价，明确个人和部门对组织的贡献，通过多种方式激励高绩效部门和员工继续努力提升绩效，督促低绩效的部门和员工找出差距改善绩效。在绩效反馈面谈过程中，通过考核者与被考核者面对面地交流沟通，帮助被考核者分析工作中的长处和不足，鼓励下属扬长避短，促进个人得到发展；对绩效水平较差的组织和个人，考核者应帮助被考核者制定详细的绩效改善计划和实施举措；在绩效反馈阶段，考核者应和被考核者就下一阶段工作提出新的绩效目标并达成共识，被考核者承诺目标的完成。在企业正常运营情况下，部门或个人新的目标应超出前一阶段目标，激励组织和个人进一步提升绩效，经过这样的绩效管理循环，组织和个人的绩效就会得到全面提升。

另一方面，绩效管理通过对员工进行甄选与区分，保证优秀人才脱颖而出，同时淘汰不适合的人员。通过绩效管理能使内部人才得到成长，同时能吸引外部优秀人才，使人力资源能满足组织发展的需要，促进组织绩效和个人绩效的提升。

2. 绩效管理促进管理流程和业务流程优化

企业管理涉及对人和对事的管理，对人的管理主要是激励约束问题，对事的管理就是流程问题。所谓流程，就是一件事情或者一个业务如何运作，涉及因何而做、由谁来做、如何去做、做完了传递给谁等几个方面的问题，上述四个环节的不同安排都会对产出结果有很大的影响，极大地影响着组织的效率。

在绩效管理过程中，各级管理者都应从公司整体利益以及工作效率出发，尽量提高业务处理的效率，应该在上述四个方面不断进行调整优化，使组织运行效率逐渐提高，在提升了组织运行效率的同时，逐步优化了公司管理流程和业务流程。

3. 绩效管理保证组织战略目标的实现

企业一般有比较清晰的发展思路和战略，有远期发展目标及发展规划，在此基础上根据外部经营环境的预期变化以及企业内部条件制定出年度经营计划及投资计划，在此基础上制定企业年度经营目标。企业管理者将公司的年度经营目标向各个部门分解就成为部门的年度业绩目标,各个部门向每个岗位分解核心指标就成为每个岗位的关键业绩指标。

7.4.3 绩效管理的实施原则

1. 清晰的目标

对员工实行绩效考核的目的是让员工实现企业的目标和要求,所以目标一定要清晰。目标引导行为。

2. 量化的管理标准

考核的标准一定要客观,量化是最客观的表述方式。很多时候企业的绩效考核不能推行到位,沦为走过场,都是因为标准太模糊,要求不量化。

3. 良好的职业化的心态

绩效考核的推行要求企业必须具备相应的文化底蕴,要求员工具备一定的职业化的素质。事实上,优秀的员工并不惧怕考核,甚至欢迎考核。

4. 与薪酬、晋升挂钩

与薪酬不挂钩的绩效考核是没有意义的,考核必须与薪酬、与晋升挂钩,才能够引起企业由上至下的重视和认真对待。

5. 可控与可实现性

绩效考核是企业的一种管理行为,是企业表达要求的方式,其过程必须为企业所掌控。

7.4.4 绩效管理的程序

1. 制定考核计划

制定考核计划包括3个方面的内容:一是明确考核的目的和对象;二是选择考核内容和方法;三是确定考核时间。

2. 进行技术准备

绩效考核是一项技术性很强的工作。其技术准备主要包括确定考核标准、选择或设计考核方法以及培训考核人员。

3．选拔考核人员

在选择考核人员时，应考虑：通过培训，可以使考核人员掌握考核原则，熟悉考核标准，掌握考核方法，克服常见偏差。

4．收集资料信息

收集资料信息要建立一套与考核指标体系有关的制度，并采取各种有效的方法来达到。

5．做出分析评价

做出分析评价包括3个方面的内容：一是确定单项的等级和分值；二是对同一项目各考核来源的结果进行综合；三是对不同项目考核的结果进行综合。

7.4.5 绩效管理中的沟通

1．绩效沟通的过程

绩效沟通主要是指组织者、考核者、被考核者之间的沟通。根据绩效管理循环，将绩效沟通分为三个沟通过程：绩效计划沟通、绩效实施沟通和绩效结果沟通。

第一，绩效计划沟通。绩效计划沟通主要是指在绩效管理实施前的培训过程、绩效指标体系的建立、目标值的确定过程的沟通。其实，绩效管理知识的培训过程也是沟通过程，在培训中，培训者将绩效管理的知识讲给大家听，在讲的过程中听取学员的意见等。通过这种方式，把绩效管理的知识传授给大家。绩效指标体系的建立以及目标值的确定等更是离不开沟通，在这个过程中主要有三种方式，一是从上往下沟通，二是从下往上沟通，三是混合式沟通。在指标的设定时，应该从上往下沟通，因为，绩效指标体系是从公司的战略分解与员工岗位职责相结合来确定的。在绩效指标体系的目标的确定过程建议采用混合式的沟通，因为，目标值的确定是双向过程，目标不能定得太高或太低，太高没有激励作用，太低没有实施价值，这就需要考核者与被考核者之间充分地沟通，通过充分地沟通，使被考核者知道自己的考核指标和目标，便于他们完成目标。

第二，绩效实施沟通。绩效实施沟通主要是指在绩效管理过程中，绩效辅导和绩效考核过程中的沟通。这个过程主要是考核者与被考核者之间的沟通。

第三，绩效结果沟通。绩效结果沟通主要是指绩效结果的应用以及绩效反馈的沟通，这个沟通过程是绩效沟通的重点，因为，绩效考核最终目的是提高公司和员工的业绩和不断循环地改进和提高。要做到这些，沟通就不可少了。绩效结果应用的沟通是让员工明白,要对自己过去的行为和结果负责,引导员工正确地思维。对绩效反馈的沟通,是很重要的,反馈的手段就是沟通,通过沟通帮助员工查找产生良好绩效和不良绩效的原因,并制定改进的措施和方法。这个沟通过程也主要是考核者或管理者与被考核者之间的沟通。

2. 绩效沟通的要点

有效避免绩效反馈与面谈走形式的方法如下:
第一,优化绩效考核体系,尽可能地保证考核结果的公正与客观。
第二,建立高效的绩效考核成绩测评系统。
第三,HR制定绩效面谈与反馈制度并培训非人力资源管理部的部门主管。
第四,HR对各部门的绩效反馈与实施过程加以监督与辅导。
第五,HR需审核并反馈各部门的面谈结果。

思考训练

1. 什么是绩效管理?绩效管理有什么作用?
2. 简述绩效管理的原则和程序。
3. 绩效管理中的沟通有什么作用?如何做好绩效管理中的沟通?

学习延伸

请上网收集一份绩效考核计划,并分析该考核计划的考核要点。

本章小结

人力资源计划是指为了达到企业的战略目标与战术目标,满足未来一段时间内企业的人力资源质量和数量方面的需要,决定引进、保持、提高、流出人力资源的预测和规划安排。一个完整的人力资源计划包括总体人力资源计划和一系列人力资源计划子系统。制定人力资源计划要坚持一定的原则,并遵循相应的步骤。员工招聘、员工培训和绩效管理是人力资源管理的重要内容。员工招聘是企业为了弥补岗位空缺而进行的一系列人力资源管理活动的总称。员工招聘要根据职位要求和素质能力等因素进行,招聘途径包括外部招聘和内部提升两种形式。员工招聘要遵循一定的原则和程序,同时要对员工招聘的效果进行合理评估。员工培训是指一定组织为开展业务及培育人才的需要,采用各种方式对员工进行有目的、有计划的培养和训练的管理活动。培训方法有讲授法、视听技术法、讨论法、案例研讨法、角色扮演法、自学法、互动小组法、网络培训法、场景还原法等。绩效管理是指各级管理者和员工为了达到组织目标,共同参与的绩效计划制定、绩效辅导沟通、绩效考核评价、绩效结果应用、绩效目标提升的持续循环过程。绩效管理可分为激励型绩效管理和管控型绩效管理。影响绩效的主要因素有员工技能、外部环境、内部条件以及激励效应。绩效管理能促进组织和个人绩效的提升、促进管理流程和业务流程优化、保证组织战略目标的实现。进行绩效管理活动要坚持相应的原则和程序,同时要做好绩效管理过程中的沟通工作。

第 8 章 组织变革与文化

课前阅读

企业组织变革是适应外部环境变化而进行的,以改善和提高组织效能为根本目的的管理活动。当环境发生变化时,企业就需要相应地变革组织模式。同时,环境的压力也影响着企业组织模式的选择。如果在要素市场上存在着激烈的竞争,那么企业的组织结构必须比竞争者具有更高的要素利用效率。如果在产品(服务)市场上竞争激烈,那么企业必须具备能够生产出更加符合市场需求的产品的组织结构。商业历史学家阿尔弗雷德·钱德勒在1962年提出"结构跟随战略"。他观察到,那些成功的公司的组织架构都是随经营战略的变化而变化的。

企业文化或称组织文化,是一个组织由其价值观、信念、仪式、符号、处事方式等组成的特有的文化形象。企业文化集中体现了一个企业经营管理的核心主张,以及由此产生的组织行为。

8.1 组织变革的概念

学习目标

- 了解组织变革的动因。
- 了解组织变革的类型。
- 掌握组织变革的目标和内容及其运用。

学习导读

现代企业组织在市场经济的发展中对于企业功能的实现至关重要。而在充满激烈竞争的当今社会中,组织变革在企业的发展过程中起着至关重要的作用。企业的发展离不开组织变革,内外部环境的变化,企业资源的不断整合与变动,都给企业带来了机遇与挑战,这就要求企业关注组织变革。

组织变革是指组织根据内外环境变化,及时对组织中的要素(如组织的管理理念、工作方式、组织结构、人员配备、组织文化及技术等)进行调整、改进和革新的过程。组织变革管理,最重要的是在组织高管层面有完善的计划与实施步骤,以及对可能出现的障碍与阻力有清醒的认识。组织变革的中坚力量是企业的中层团队,这一团队对变革的认知程度、参与热情、参与的质量,在很大程度上决定了一次变革的成功与否。

从亚当·斯密的分工理论开始至 20 世纪 80 年代,企业组织理论强调高度分工,组织结构也越来越庞大,组织形式从直线制开始,一直演变到事业部制,称之为传统的多层化组织结构理论。自 20 世纪 90 年代开始,企业组织理论强调简化组织结构,创建扁平化的组织结构,一些新的组织形式,如矩阵制、内部共同企业、学习型组织等都反映了扁平化、网络化和柔性化的特点,称之为扁平化组织结构理论。

8.1.1 组织变革的动因

1. 外部环境因素

一个组织要想生存、发展,就必须经常不断地与外界进行信息、人员、物资等方面的交换,使组织自身与外界环境取得平衡。组织的外部环境大体上可以分为三个层次:科学技术、社会行为和社会制度。科学技术的发展、社会行为价值观念的变迁以及社会的制度因素是外界环境变动的三个来源。因此,组织要适应外部环境,就必须不断地进行自我变革。

2. 内部环境因素

创新是组织活力的源泉。组织结构的创新可以提高组织的管理水平,提高组织的活力和灵活性,增强组织的核心竞争力;同时还可以推动组织其他方面(如过程、制度和政策等)的创新。因此,要使组织激发和保持创新精神和活力,就需要组织结构的创新和变革,以充分发挥组织的创新潜能。

3. 组织结构的调整

任何组织都有自己的结构,任何组织的结构也都有一个逐步完善的过程,结构的变化往往影响到整个系统。组织结构本身的某些调整虽不直接引起组织本质的变化,但组织结构的重大变化必然导致组织的部分质变。此外,权力结构的变化也与组织结构直接相关。

4. 科学技术的发展

科学技术的发展是组织变革的另一个动因,它对组织结构和社会心理系统所产生的影响是重大的,并以空前的深度和广度影响且改变着社会生产和生活的各个方面。科学技术的发展可能造成组织的部门合并,使层级数目减少、控制幅度扩大,也有可能使平行式部门被功能式部门取代,最终技术变成控制结构的一部分。

5. 目标和价值观变化

组织目标的变化包括目标的转换和承续。而价值观系统的变化又有可能引起目标的变化,或保持目标不变,最终导致人们往"适宜"的行为方面变化。就好比一个在过去组织认为不重要没有价值的要素,现在转化为最有价值的要素。

6. 社会心理因素

人作为组织的重要构成要素,发挥人的作用是任何一个组织成功地实现其预定目标的关键。组织成员的士气、动机、态度、行为等的改变,对于整个组织及其变革都是具有重要意义的。当组织进行一项技术革新时,如组织的全体成员都持消极或抵制或事不关己的态度,那么,这项变革也将是难以实现的。

7. 管理方式的变化

管理方式的变化是组织变革的关键性动因。一个组织要找到一种符合组织活动的要求,并能带来高效能的管理方式是不容易的。特别是一个组织原来只是运用经验管理,而现在为了实现高效率而采取科学管理方法,或原来运用某一管理方法,而现在要改变为另一种管理方法时,组织的变革更是势在必行。

8.1.2 组织变革的类型

1. 组织变革的分类方法

第一,按照变革的程度和速度,分为渐进式变革和激进式变革。渐进式变革是通过对组织进行小幅度的局部调整,力求通过一个渐进的过程,实现初态组织模式向目的态组织模式的转变。激进式变革则力求在短时间内,对企业组织进行大幅度的全面调整,以求彻底打破初态组织模式并迅速建立目的态组织模式。

第二,按照工作对象的不同,分为以组织为重点的变革、以人为重点的变革和以技术为重点的变革。

第三,按照组织所处的环境不同,分为主动性变革和被动性变革。

2. 组织变革的主要类型

第一,战略性变革。指组织对其长期发展战略或使命所做的变革。

第二，结构性变革。指组织需要根据环境的变化适时对组织的结构进行变革，并重新在组织中进行权力和责任的分配，使组织变得更为柔性灵活、易于合作。

第三，流程主导性变革。指组织紧密围绕其关键目标和核心能力，充分应用现代信息技术对业务流程进行重新构造。这种变革会使组织结构、组织文化、用户服务、质量、成本等各个方面产生重大的改变。

第四，以人为中心的变革。指组织必须通过对员工的培训、教育等引导，使他们能够在观念、态度和行为方面与组织保持一致。

8.1.3 组织变革的目标

1. 使组织更具环境适应性

组织要想在动荡的环境中生存并得以发展，就必须顺势变革自己的任务目标、组织结构、决策程序、人员配备、管理制度等。这样，组织才能有效地把握各种机会，识别并应对各种威胁，使组织更具环境适应性。

2. 使管理者更具环境适应性

管理者一方面需要调整过去的领导风格和决策程序，使组织更具灵活性和柔性；另一方面，管理者要能根据环境的变化要求重构层级之间、工作团队之间的各种关系，使组织变革的实施更具针对性和可操作性。

3. 使员工更具环境适应性

组织变革的最直接感受者就是组织的员工。组织要使人员更具环境适应性，就必须不断地进行再教育和再培训，决策中要更多地重视员工的参与和授权，要能根据环境的变化改造和更新整个组织文化。

8.1.4 组织变革的内容

1. 人员的变革

人员的变革是指员工在态度、技能、期望、认知和行为上的改变。变革的主要任务是组织成员之间在权力和利益等资源方面的重新分配。

2. 结构的变革

结构的变革包括权力关系、协调机制、集权程度、职务等其他结构参数的变化。管理者的任务就是要对如何选择组织设计模式、如何制定工作计划、如何授予权力以及授权程度等一系列行动做出决策。

3. 技术与任务的变革

技术与任务的变革包括对作业流程与方法的重新设计、修正和组合,包括更换机器设备,采用新技术和新方法等。

拓展阅读 8-1

阿里巴巴的三次组织变革

思考训练

1. 简述组织变革的动因。
2. 组织变革的类型有哪些?
3. 简述组织变革的目标和内容。

学习延伸

收集一个组织变革的案例,与同学交流变革的动因和变革的内容。

8.2 组织变革的管理

学习目标

- 了解组织变革的征兆及抵制组织变革的现象。
- 掌握组织变革主要策略的运用。

学习导读

组织变革的目的是适应组织所处的内外环境、技术特征和组织任务等方面的变化,提高组织效能。但是,组织变革不是突然发生的,一般具有各种征兆;在组织变革的时候,也必然会遇到各种抵制变革的现象。

8.2.1 组织变革的征兆与抵制

1. 组织变革的征兆

第一,企业经营成绩的下降,如市场占有率下降,产品质量下降,消耗和浪费严重,企业资金周转不灵等。

第二,企业生产经营缺乏创新,如企业缺乏新的战略和适应性措施,缺乏新的产品和技术更新,没有新的管理办法或新的管理办法推行起来困难等。

第三,组织机构本身病症的显露,如决策迟缓、指挥不灵、信息交流不畅、机构臃肿、职责重叠、管理幅度过大、扯皮增多、人事纠纷增多、管理效率下降等。

第四,职工士气低落,不满情绪增加,如管理人员离职率增加;员工旷工率,病、事假率增加等。

当一个企业出现以上征兆时,应及时进行组织诊断,用以判定企业组织结构是否有加以变革的必要。

2. 组织变革的抵制

组织变革常常会遇到来自各个方面的抵制和反对。常见的抵制现象有:

第一,生产量、销售量和经济效益持续下降。

第二,消极怠工、办事拖拉、等待。

第三,离职人数增加。

第四,发生争吵与敌对行为,人事纠纷增多。

第五,提出许多似是而非的反对变革的理由,等等。

组织变革阻力产生的原因在于人们害怕变革的风险,认为变革不符合公司的最佳利益或是害怕变革给自己的利益带来冲击。

8.2.2 组织变革的主要策略

组织变革的策略主要包括三个方面的策略:变革方针的策略、变革方法的策略和应对阻力的策略。

1. 变革方针的策略

第一,积极慎重的方针。即要做好调查,做好宣传,积极推行。

第二,综合治理的方针。即组织变革工作要和其他工作配合进行,这主要是指组织的任务变革、组织的技术变革、组织的人员变革。

2. 变革方法的策略

组织变革的方法策略主要包括：

第一，改良式。这种变革方式主要是在原有的组织结构基础上修修补补，变动较小。它的优点是阻力较小，易于实施；缺点是缺乏总体规划，头痛医头，脚痛医脚，带有权宜之计的性质。

第二，爆破式。这种变革方式往往涉及公司组织结构重大的，以致根本性质的改变，且变革期限较短。一般来说，爆破式的变革适用于比较极端的情况，除非是非常时期，如公司经营状况严重恶化。要慎用这种变革方式，因为爆破式的变革会给公司带来非常大的冲击。

第三，计划式。这种变革方式是通过对企业组织结构的系统研究，制定出理想的改革方案，然后结合各个时期的工作重点，有步骤、有计划地加以实施。这种方式的优点是：有战略规划、适合组织长期发展的要求；组织结构的变革可以同人员培训、管理方法的改进同步进行；员工有较长时间的思想准备，阻力较小。

为了有计划地进行组织变革，应该做到以下几点：专家诊断，制定长期规划，员工参加。

3. 应对阻力的策略

可以采取以下应对变革阻力的策略：

第一，做好宣传，与员工进行沟通，广泛地听取员工的意见。

第二，让员工参与组织变革的决策。

第三，大力推行与组织变革相适应的人才培训计划，大胆起用具有开拓创新精神的人才。

第四，采取优惠政策，妥善安排被精减人员的工作和生活。

第五，在必要的时候显示变革的果敢决心，并采取强硬措施。

第六，采用"力场分析法"，解决阻碍变革的主要因素。

第七，正确选择(减缓)变革速度。

拓展阅读 8-2

新时代组织变革方式与策略

思考训练

1. 组织变革有哪些征兆？进行组织变革会遇到哪些抵制现象？
2. 简述组织变革的主要策略。

学习延伸

如果你是一个公司的经理,当组织变革遇到了员工的抵制时,你该如何处理?举例进行讨论交流。

8.3 组织文化概述

学习目标

- 了解组织文化的含义和结构。
- 掌握组织文化的内容。
- 了解组织文化的主要特征和功能。
- 了解组织文化的主要类型。

学习导读

20世纪70年代以后,日本企业在国际市场上表现出惊人的竞争力,日本经济迅速崛起,对美国和西欧经济形成挑战。日本是一个资源贫瘠的国家,企业管理也完全不同于欧美,这让当时称雄于世界的西方国家感到诧异。20世纪80年代初,以美国为首的西方学者开始研究日本企业的管理模式,发现组织文化等"软"因素起到了至关重要的作用。后来,企业文化的研究扩展到组织文化的研究,本节以企业文化为例探讨组织文化的相关概念。

8.3.1 组织文化的概念

1. 组织文化的定义

组织文化是指组织成员共同的价值体系,它使组织独具特色,区别于其他组织。

企业文化是一种归属于组织文化范畴的特殊的组织文化。企业文化是在一定的条件下,企业生产经营和管理活动中所创造的具有该企业特色的精神财富和物质形态。它包括企业愿景、文化观念、价值观念、企业精神、道德规范、行为准则、历史传统、企业制度、文化环境、企业产品等。其中价值观是企业文化的核心。企业文化的本质,是通过企业制度的严格执行衍生而成的,制度上的强制或激励最终促使群体产生某一行为自觉,这一群体的行为自觉便组成了企业文化。

企业文化是企业在经营活动中形成的经营理念、经营目的、经营方针、价值观念、经营行为、社会责任、经营形象等的总和。企业文化是企业个性化的根本体现,是企业生存、竞争和发展的灵魂。

2．组织文化的意义

组织文化具有积极作用和消极作用。

组织文化的积极作用表现为:

第一,组织文化的分界线作用。

第二,组织文化表达了组织成员对组织的一种认同感。

第三,组织文化使组织成员不仅仅注重自我利益,更考虑到组织利益。

第四,组织文化有助于增强社会系统的稳定性。

第五,组织文化作为一种意义形成和控制机制,能够引导员工和塑造员工的态度和行为,文化决定了游戏规则。

组织文化的消极作用是:

第一,变革的阻碍。

第二,多样化的障碍。

第三,组织兼并收购的障碍。

企业文化是企业的灵魂,是推动企业发展的不竭动力。它包含着非常丰富的内容,其核心是企业的精神和价值观。这里的价值观不是泛指企业管理中的各种文化现象,而是企业或企业中的员工在从事经营活动中所秉持的价值观念。

第一,企业文化能激发员工的使命感。不管是什么企业都有它的责任和使命,企业使命感是全体员工工作的目标和方向,是企业不断发展或前进的动力之源。

第二,企业文化能凝聚员工的归属感。企业文化的作用就是通过企业价值观的提炼和传播,让一群来自不同地方的人共同追求同一个梦想。

第三,企业文化能加强员工的责任感。企业要通过大量的资料和文件宣传员工责任感的重要性,管理人员要给全体员工灌输责任意识,危机意识和团队意识,要让大家清楚地认识企业是全体员工共同的企业。

第四,企业文化能赋予员工的荣誉感。每个人都要在自己的工作岗位、工作领域,多做贡献,多出成绩,多追求荣誉感。

第五,企业文化能实现员工的成就感。一个企业的繁荣昌盛关系到每一个公司员工的生存,企业繁荣了,员工们就会引以为豪,会更积极努力地进取,荣耀越高,成就感就越大,越明显。

8.3.2　组织文化的结构

组织文化的结构是指各个要素如何结合起来,形成组织文化的整体模式。认清组织文化的结构,有利于我们进一步地理解组织文化。划分组织文化结构的方法有很多种,在此大致介绍几种主流的划分方法。

根据形成途径划分为内化结构和外化结构。内化结构指组织成员的心理状态,包括对价值、目标、技能、市场活动等方面的基本看法。外化结构指组织管理行为习惯,包括管理方式和经营方式,如组织结构、规章制度、人际关系、公共关系、行为习惯等。

根据表现形式划分为显性结构和隐性结构。显性结构是组织文化中以精神的物化产品为表现形式,能被人们直观感受到的内容,如厂房设施、企业形象、产品、经营方式等。隐性结构是存在于成员观念中的价值观、道德规范、企业精神、企业哲学等。

根据文化层次划分为精神层、行为层和物质层。精神层包括价值观、道德规范、企业精神、企业哲学等;行为层包括企业目标、企业制度、企业民主、人际关系等;物质层包括企业环境、机器设备、企业产品、企业标识等。

在上一种划分方式的基础上进一步细分,组织文化分为精神层、制度层、行为层、物质层。这种划分方式更为清晰,受到广泛推崇,本节按此划分,进一步说明组织文化的构成。

1. 精神层

精神层是在一定社会文化背景下,在生产经营过程中产生,长期形成的一种精神成果和文化观念,包括价值观、企业精神、企业思维、企业理念、企业哲学等,是企业意识形态的总和。这些概念在运用过程中常常混淆。

价值观是组织的基本观念及信念,是组织文化的核心。价值观指导人们有意识、有目的地选择某种行为,是判断行为对错、价值大小的总的看法和根本观点。

企业精神是全体成员达成共识的内心态度、意志状况、思想境界和理想追求等意识形态的概括和总结。

企业思维是全体成员认同的思考问题的方式或思路。

企业理念是企业经营管理和服务活动中的指导性观念,包括产品理念、人才理念、生产理念、技术理念、营销理念、决策理念等。

企业哲学是企业在生产、经营、管理过程中表现出来的世界观和方法论,是企业进行各种活动、处理各种关系所遵循的总体观点和综合方法。

精神层中的各种要素相区别而又相联系,它们共同决定了企业的意识形态。

2. 制度层

制度层,主要是指组织在进行生产经营管理时所制定的起规范作用的管理制度、管理方法和管理政策,以及由此而构成的管理氛围。制度层的要素是严格而规范的,具有强制性,明确地告诉成员该不该做、如何做等。制度层是精神层的反映,将精神层的各种观点和方法以制度的形式表现出来,是对精神文化的认可和加强。同时,制度层通过行为层得以实现,起到约束和激发员工行为的作用。制度文化是精神文化和行为文化的中介,它反映了精神文化,并作用于行为文化。

3. 行为层

行为层是组织成员在生产经营、学习娱乐活动中产生的,是精神层和制度层的动态体现,包括组织经营、教育宣传、人际关系活动、文娱体育活动中的文化现象。只要是组织成员,因为受到长期熏陶,他的行为在一定程度上必然折射出组织的文化。根据成员行为产生影响的程度,可以划分出组织领导行为、组织模范人物行为和组织一般成员行为。成员间的行为可以相互影响,因此领导者和模范人物应该意识到自己的带头作用,注意自己的一言一行。同时,每个成员的行为都反映了组织的文化,在与外界联系时,他们的言行已代表了组织形象。

4. 物质层

物质层是组织成员创造的产品或服务以及各种物质设施等构成的器物文化,以物质形态为主要表现。物质层主要包括产品和服务、组织环境、组织外部特征。

8.3.3 组织文化的内容

根据企业文化的定义,其内容是十分广泛的,其中最主要的应包括如下几点。

1. 经营哲学

经营哲学也称企业哲学,源于社会人文经济心理学的创新运用,是一个企业特有的从事生产经营和管理活动的方法论原则。它是指导企业行为的基础。一个企业在激烈的市场竞争环境中,面临着各种矛盾和多种选择,要求企业有一个科学的方法论来指导,有一套逻辑思维的程序来决定自己的行为,这就是经营哲学。

2. 价值观念

所谓价值观念,是人们基于某种功利性或道义性的追求而对人们(个人、组织)本身的存在、行为和行为结果进行评价的基本观点。可以说,人生就是为了价值的追求,价值观念决定着人生追求行为。价值观不是人们在一时一事上的体现,而是在长期实践活动中形成的关于价值的观念体系。企业的价值观,是指企业职工对企业存在的意义、经营目的、经营宗旨的价值评价和为之追求的整体化、个异化的群体意识,是企业全体职工共同的价值准则。只有在共同的价值准则基础上才能产生企业正确的价值目标。有了正确的价值目标才会有奋力追求价值目标的行为,企业才有希望。因此,企业价值观决定着职工行为的取向,关系企业的生死存亡。只顾企业自身经济效益的价值观,就会偏离社会主义方向,不仅会损害国家和人民的利益,还会影响企业的整体形象;只顾眼前利益的价值观,就会急功近利,搞短期行为,使企业失去后劲,导致灭亡。

3. 企业精神

企业精神是指企业基于自身特定的性质、任务、宗旨、时代要求和发展方向,并经过精心培养而形成的企业成员群体的精神风貌。企业精神要通过企业全体职工有意识的实践活动体现出来。因此,它又是企业职工观念意识和进取心理的外化。企业精神是企业文化的核心,在整个企业文化中居于支配的地位。企业精神以价值观念为基础,以价值目标为动力,对企业经营哲学、管理制度、道德风尚、团体意识和企业形象起着决定性的作用。可以说,企业精神是企业的灵魂。企业精神通常用一些既富于哲理、又简洁明快的语言予以表达,便于职工铭记在心,时刻用于激励自己;也便于对外宣传,容易在人们脑海里形成印象,从而在社会上形成个性鲜明的企业形象。

4. 企业道德

企业道德是指调整该企业与其他企业之间、企业与顾客之间、企业内部职工之间关系的行为规范的总和。它是从伦理关系的角度,以善与恶、公与私、荣与辱、诚实与虚伪等道德范畴为标准来评价和规范企业。企业道德与法律规范和制度规范不同,不具有那样的强制性和约束力,但具有积极的示范效应和强烈的感染力,当被人们认可和接受后具有自我约束的力量。因此,它具有更广泛的适应性,是约束企业和职工行为的重要手段。

5. 团体意识

团体即组织,团体意识是指组织成员的集体观念。团体意识是企业内部凝聚力形成的重要心理因素。企业团体意识的形成使企业的每个职工把自己的工作和行为都看成是实现企业目标的一个组成部分,使他们对自己作为企业的成员而感到自豪,对企业的成就产生荣誉感,从而把企业看成是自己利益的共同体和归属。因此,他们就会为实现企业的目标而努力奋斗,自觉地克服与实现企业目标不一致的行为。

6. 企业形象

企业形象是企业通过外部特征和经营实力表现出来的,被消费者和公众所认同的企业总体印象。由外部特征表现出来的企业的形象称为表层形象,如招牌、门面、徽标、广告、商标、服饰、营业环境等,这些都给人以直观的感觉,容易形成印象;通过经营实力表现出来的形象称为深层形象,它是企业内部要素的集中体现,如人员素质、生产经营能力、管理水平、资本实力、产品质量等。表层形象是以深层形象为基础的,没有深层形象这个基础,表层形象就是虚假的,也不能长久地保持。比如,流通企业由于主要是经营商品和提供服务，与顾客接触较多，所以表层形象显得格外重要，但这绝不是说深层形象可以放在次要的位置。

7. 企业制度

企业制度是在生产经营实践活动中所形成的，对人的行为带有强制性，并能保障一定权力的各种规定。从企业文化的层次结构看，企业制度属中间层次，它是精神文化的表现形式，是物质文化实现的保证。企业制度作为职工行为规范的模式，使个人的活动得以合理进行，内外人际关系得以协调，员工的共同利益受到保护，从而使企业有序地组织起来为实现企业目标而努力。

8. 文化结构

企业文化结构是指企业文化系统内各要素之间的时空顺序、主次地位与结合方式，企业文化结构就是企业文化的构成、形式、层次、内容、类型等的比例关系和位置关系。它表明各个要素如何链接，形成企业文化的整体模式。即企业物质文化、企业行为文化、企业制度文化、企业精神文化形态。

9. 企业使命

所谓企业使命是指企业在社会经济发展中所应担当的角色和责任。是指企业的根本性质和存在的理由，说明企业的经营领域、经营思想，为企业目标的确立与战略的制定提供依据。企业使命要说明企业在全社会经济领域中所经营的活动范围和层次，具体地表述企业在社会经济活动中的身份或角色。它包括的内容为企业的经营哲学、企业的宗旨和企业的形象。

8.3.4 组织文化的特征

1. 独特性

企业文化具有鲜明的个性和特色，具有相对独立性，每个企业都有其独特的文化积淀，这是由企业的生产经营管理特色、企业传统、企业目标、企业员工素质以及内外环境不同所决定的。

2. 继承性

企业在一定的时空条件下产生、生存和发展，企业文化是历史的产物。企业文化的继承性体现在三个方面：一是继承优秀的民族文化精华。二是继承企业的文化传统。三是继承外来的企业文化实践和研究成果。

3. 相融性

企业文化的相融性体现在它与企业环境的协调和适应性方面。企业文化反映了时代精神，它必然要与企业的经济环境、政治环境、文化环境以及社区环境相融合。

4. 人本性

企业文化是一种以人为本的文化，最本质的内容就是强调人的理想、道德、价值观、行为规范在企业管理中的核心作用，强调在企业管理中要理解人、尊重人、关心人。注重人的全面发展，用愿景鼓舞人，用精神凝聚人，用机制激励人，用环境培育人。

5. 整体性

企业文化是一个有机的统一整体，人的发展和企业的发展密不可分，引导企业员工把个人奋斗目标融于企业发展的整体目标之中，追求企业的整体优势和整体意志的实现。

6. 创新性

创新既是时代的呼唤，又是企业文化自身的内在要求。优秀的企业文化往往在继承中创新，随着企业环境和国内外市场的变化而改革发展，引导大家追求卓越，追求成效，追求创新。

8.3.5 组织文化的功能

1. 导向

所谓导向功能就是通过组织文化对企业的领导者和职工起引导作用。组织文化的导向功能主要体现在以下两个方面。

第一，经营哲学和价值观念的指导。经营哲学决定了企业经营的思维方式和处理问题的法则，这些方式和法则指导经营者进行正确的决策，指导员工采用科学的方法从事生产经营活动。企业共同的价值观念规定了企业的价值取向，使员工对事物的评判形成共识，有着共同的价值目标，企业的领导和员工为着他们所认定的价值目标去行动。

第二，企业目标的指引。企业目标代表着企业发展的方向，没有正确的目标就等于迷失了方向。卓越的企业文化会从实际出发，以科学的态度去制定企业的发展目标，这种目标一定具有可行性和科学性。企业员工就是在这一目标的指导下从事生产经营活动的。

2. 约束

企业文化的约束功能主要是通过完善管理制度和道德规范来实现的。

第一，管理制度的约束。企业制度是企业文化的内容之一。企业制度是企业内部的法规，企业的领导者和企业职工必须遵守和执行，从而形成约束力。

第二，道德规范的约束。道德规范是从伦理关系的角度来约束企业领导者和职工的行为。如果人们违背了道德规范的要求，就会受到舆论的谴责，心理上会感到内疚。

3. 凝聚

企业文化以人为本，尊重人的感情，从而在企业中造成了一种团结友爱、相互信任的和睦气氛，强化了团体意识，使企业职工之间形成强大的凝聚力和向心力。共同的价值观念形成了共同的目标和理想，职工把企业看成是一个命运共同体，把本职工作看成是实现共同目标的重要组成部分，整个企业步调一致，形成统一的整体。这时，"厂兴我荣，厂衰我耻"成为职工发自内心的真挚感情，"爱厂如家"就会变成他们的实际行动。

4. 激励

共同的价值观念使每个职工都感到自己存在和行为的价值，自我价值的实现是人的最高精神需求的一种满足，这种满足必将形成强大的激励。在以人为本的企业文化氛围中，领导与职工、职工与职工之间互相关心，互相支持。特别是领导对职工的关心，职工会感到受人尊重，自然会振奋精神，努力工作。从而形成幸福企业。另外，企业精神和企业形象对企业职工有着极大的鼓舞作用，特别是企业文化建设取得成功，在社会上产生影响时，企业职工会产生强烈的荣誉感和自豪感，他们会加倍努力，用自己的实际行动去维护企业的荣誉和形象。

5. 调适

调适就是调整和适应。企业各部门之间、职工之间，由于各种原因难免会产生一些矛盾，解决这些矛盾需要各自进行自我调节；企业与环境、与顾客、与企业、与国家、与社会之间都会存在不协调、不适应之处，这也需要进行调整和适应。企业哲学和企业道德规范使经营者和普通员工能科学地处理这些矛盾，自觉地约束自己。卓越完美的企业形象就是进行这些调节的结果。调适功能实际也是企业能动作用的一种表现。

6. 辐射

企业文化关系到企业的公众形象、公众态度、公众舆论和品牌美誉度。企业文化不仅在企业内部发挥作用，对企业员工产生影响，也能通过传播媒体、公共关系活动等各种渠道对社会产生影响,向社会辐射。企业文化的传播对树立企业在公众中的形象有很大帮助,优秀的企业文化对社会文化的发展有很大的影响。

8.3.6 组织文化的类型

1. 组织文化的分类

按照组织文化的内在特征,可以将组织文化分成四种类型:学院型、俱乐部型、棒球型、堡垒型。学院型组织是那些想掌握每一种新工作技能的人想去的地方。俱乐部型组织非常重视适应、忠诚感和承诺,在俱乐部组织中,资历是关键因素,年龄和经验都至关重要。棒球型组织是冒险家和革新家的天堂,组织成员拥有较大的工作自由度。堡垒型组织着眼于组织的生存。

2. 企业文化的分类

迪尔和肯尼迪把企业文化分为四种类型:硬汉型文化、尽情玩文化、赌注型文化、过程型文化。

第一,硬汉型文化。这种文化鼓励内部竞争和创新,鼓励冒险。这是竞争性较强、产品更新快的企业的文化特点。

第二,尽情玩文化。这种文化把工作与娱乐并重,鼓励职工完成风险较小的工作。这是竞争性不强、产品比较稳定的企业的文化特点。

第三,赌注型文化。它具有在周密分析基础上孤注一掷的特点。这是投资大、见效慢的企业的文化特点。

第四,过程型文化。这种文化着眼于如何做,基本没有工作的反馈,职工难以衡量他们所做的工作。这是机关性较强、按部就班就可以完成任务的企业的文化特点。

思考训练

1. 什么是组织文化?什么是企业文化?
2. 组织文化有哪些积极意义和消极意义?
3. 简述组织文化的内容。
4. 简述组织文化的特征和功能。

学习延伸

理解组织文化的人文内涵,并思考不同类型的组织应该如何形成具有特色的组织文化。以中国企业为例,思考国有企业、民营企业、在华跨国公司的组织文化构建方法。

本章小结

组织变革是指组织根据内外环境变化，及时对组织中的要素进行调整、改进和革新的过程。组织的发展离不开组织变革，内外部环境的变化，企业资源的不断整合与变动，都给企业带来了机遇与挑战，要求企业进行组织变革。组织变革可以按照变革的程度和速度、工作对象、组织所处的环境进行分类，主要有战略性变革、结构性变革、流程主导性变革和以人为中心的变革四类。组织变革的目标包括使组织更具环境适应性，使管理者更具环境适应性，使员工更具环境适应性。组织变革不是突然发生的，一般具有一系列组织变革的征兆，在组织变革时常常会遇到来自各个方面的抵制和反对。组织变革的策略主要包括变革方针的策略、变革方法的策略和应对阻力的策略三方面的策略。组织文化是指组织成员共同的价值体系，它使组织独具特色，区别于其他组织。企业文化是一种归属于组织文化范畴的特殊的组织文化。组织文化具有积极作用和消极作用。企业文化的内容是十分广泛的，其中最主要的应包括经营哲学、价值观念、企业精神、企业道德、团体意识、企业形象、企业制度、文化结构和企业使命等内容。组织文化具有独特性、继承性、相融性、人本性、整体性、创新性等特征，同时具有导向、约束、凝聚、激励、调适和辐射等功能。迪尔和肯尼迪把企业文化分为硬汉型文化、尽情玩文化、赌注型文化、过程型文化四种类型。

第 9 章

领 导 理 论

📖 课前阅读

自20世纪40年代以来,西方组织行为学家、心理学家从不同角度,对领导问题进行了大量研究。这些研究经历了几十年的演进,已经由一般的领导形态学、领导生态学发展为领导动态学研究,导致了领导理论的诞生与发展,成为当今西方领导理论的主流。

有关领导的理论很多,随着管理理论的发展,领导理论大致有四种理论学派:早期的特质理论和行为理论、近期的权变理论以及当前的领导风格理论。按照时间的顺序,在20世纪40年代末,也就是领导理论出现的初期,研究者主要从事的是领导的特质理论的研究,其核心观点是:领导能力是天生的。从20世纪40年代末至60年代末,主要进行的是领导行为理论的研究,其核心观点是:领导效能与领导行为、领导风格有关。从60年代末至80年代初,出现领导权变理论,其核心观点是:有效的领导受不同情景的影响。从80年代初至今,大量地出现了领导风格理论的研究,其主要观点是:有效的领导需要提供愿景、鼓舞和注重行动。

9.1 领导的概念

学习目标

- 了解领导的含义和要素。
- 了解领导权力的五种来源。

学习导读

管理和领导两个概念互相包含。领导就是指导、带领、引导和激励下属为实现目标而努力的过程。管理是指通过信息获取、决策、计划、组织、领导、控制和创新等职能的发挥来分配、协调包括人力资源在内的一切可以调用的资源,以实现单独的个人无法完成的目标。领导是管理的一个职能(领导职能),但管理的其他职能不属于领导。

9.1.1 领导的定义与要素

1. 领导的定义

根据管理学中的解释,领导是在一定的社会组织和群体内,为实现组织预定目标,领导者运用其法定权力和自身影响力影响被领导者的行为,并将其导向组织目标的过程。根据中国企业领导力和党政干部领导力训练专家唐渊先生在《领导新法》中的解释:名词的领导是指领导者;动词的领导则是指领导活动,而领导活动是指领导者在一定的环境下,为实现既定目标,对被领导者进行统御和指引的行为过程。两者结合,所谓领导,就是名词的领导进行动词的领导;换句话说,就是领导者进行领导活动,率领着一群人去达到目标。

首先,领导是一种组织行为。领导是一种行为和活动,是一种为实现组织目标而执行群体活动职能的组织行为,即"对组织起来的集体施加影响"的活动。人类活动的本质特征是它的社会性,因而人们总是生活在按照一定的社会目的组织起来的社会群体之中,并为实现共同的目标而进行活动。社会群体组织为了协调各个个体的活动,从而使总体活动朝着一定目标自觉地进行,就或多或少地需要一种特殊的活动来执行这种协调的职能,这种活动就是所谓的领导。

其次,领导是一种社会关系。领导反映着一定社会组织内部的一种少数人和众多的组织成员之间的特殊关系,即集体活动的组织指挥者(领导者)同"组织起来的集体"(被领导者)之间的关系。由于社会组织为实现一定目标而进行的群体活动的需要,产生出执行总体运动的领导职能,于是也就从群体中产生出和群体人相对应的执行这种职能的个体人即领导者,从而形成组织内部的一种特殊的人与人之间的关系。因而人们一提领导,必然要联系到领导者和被领导者这两个方面及其二者的相互关系。

2. 领导的要素

领导必须有以下三个要素:
第一,领导者必须有下属或者追随者。
第二,领导者必须拥有影响追随者的能力。
第三,领导行为具有明确的目的,并可以通过影响下属来实现组织目标。在指挥、带领、指导下属为实现组织目标而努力的过程中,领导者必须要有指挥、协调、激励三个方面的作用。

9.1.2 领导权力的来源

权力是对他人施加影响的能力,或者是对他人影响的潜在能力。能影响他人,权力就显现出来了;影响不了他人,权力就失效了。想要对他人施加影响,必须要有权力。领导者权力有五种来源。

1. 法定性权力

法定性权力源于领导者在组织中的职务。职务越高,其法定性权力就越大。它可以被看作是一个人的正式或官方明确规定的权威地位。拥有法定性权力的领导者可以凭借他的职位、岗位的要求来向下属或者追随者施加其影响。

2. 奖赏性权力

领导者给予某人奖励,这就是奖赏性权力。领导者控制着各种资源,而这些资源是追随者需要的,而且是很重视的资源。当领导者为了让追随者帮其达成某种目标,就会利用奖赏某种资源来激励追随者。领导者可以给予追随者加薪、给予额外津贴与奖金、给予职务晋升、分配给其合意的资源等奖赏。这些奖赏都能获得影响他人的潜力,而且奖赏性权力还可以使得追随者对领导者的忠诚度得到提升。

3. 强制性权力

有奖就有罚。奖罚是领导者控制追随者的有效工具。艾森豪威尔说过:"你不能用击打他人脑袋的方式来领导。那是攻击,不是领导。"惩罚的作用是利用追随者对失去其重视的成果的恐惧感而控制他们的。追随者害怕失去什么重视的东西,所以才臣服于领导者。强制性权力是指通过负面处罚或剥夺积极事项来影响他人的潜力。在实际操作中,对追随者要多用奖赏,少用惩罚。

4. 参照性权力

参照性权力又叫典范权力。当追随者佩服领导者,或者领导者的行为可为追随者楷模时,参照性权力就表现出来了。参照性权力是建立在追随者对领导者欢迎、尊重、敬佩、喜爱、崇敬的基础上的。组织中的权力是由关系产生出能力,即关系产生权力,那么领导者与追随者的良好关系是构建参照性权力的基础。就是追随者觉得跟领导者关系很好,在领导者下命令时,追随者觉得自己要给领导者面子,于是愉悦地接受领导者下的命令,然后去执行命令。领导者想要强化参照性权力,可以采取三种途径:一是构建与追随者牢固的个人纽带;二是用友谊来发挥作用;三是以身作则,作为下属的表率,起到垂范作用。

5. 专家性权力

专家性权力是知识的权力。有些领导者可以通过他们在特殊领域的专长来影响他人,专家性权力来自专长权。有些人的专家性权力不一定有高于他人的职位权力与职务,但是他的知识、技能和判断力是其他人的依赖。例如,一个单位的电工,如果有电器设备损坏,只有他一人能修好,那么他对其他人就有了专家性权力;一个单位的程序员,如果某个软件的编写少不了他,那么他对其他人就有了专家性权力;律师比其他人懂的法律知识多,律师就有了专家性权力;医生比其他人懂的治病救人的知识多,医生就有了专家性权力。专家性权力是一个人与群体相比所拥有的知识总量多。现实中,往往有些追随者比领导者拥有多得多的专家性权力。这时,作为领导者要多学多问,参加培训来填补一些知识缺口。尊重他人的专家性权力,并且通过学习来使得自己拥有专家性权力,这才是最好的处事方法。

拓展阅读 9-1

权力拥有者的行为动机取决于权力的来源之处

思考训练

1. 什么是领导？领导具有哪些要素？
2. 领导权力的五种来源是什么？

学习延伸

在班级组织一次班干部竞选活动,并写出竞选的理由。

9.2 领导性格理论

学习目标

- 了解领导性格理论的发展状况。
- 掌握传统领导特性理论的主要观点和缺陷。
- 掌握现代领导特性理论的主要观点和缺陷。

学习导读

领导理论大致有四种理论学派：早期的特质理论、现代的特质理论、行为理论和权变理论。领导特质理论也被称为"伟人理论"或"英雄理论",侧重研究领导者应该具备什么样的领导品质,什么样的人才能充当领导,获得最佳的领导效果。

领导性格理论又称为领导特质理论、素质理论、品质理论、性格理论。这种理论着重研究领导者的品质和特性。按其对领导特性来源的不同解释,可分为传统的领导性格理论和现代的领导性格理论。前者认为领导者所具有的品质是天生的,是由遗传决定的;而后者则认为领导的品质和特性是在实践中形成的,是可以通过教育训练培养的。在此基础上,许多学者做了大量的研究,提出性格理论:侧重于研究领导者的性格、素质、品质等方面的特征,把个人的品质和特点作为区别一个成功的领导者与不成功的领导者的标志。

长期以来,西方国家的管理学者们一直把领导者的各种个人性格和特征作为描述和预测其领导成效的标准。这种研究试图区分领导者和一般人的不同特点,并以此来解释他们成为领导者的原因,这就是所谓的性格理论,也就是研究怎样的人,才能成为良好的、有效的领导者。

领导性格理论是一类有关领导问题的理论,它认为有效的领导者可以从领导者个人的性格中识别。

领导特性理论可分为传统特性理论和现代特性理论两大类别。

9.2.1 传统特性理论

传统特性理论认为领导者的特性来源于生理遗传,是先天具有的,且领导者只有具备这些特性才能成为有效的领导者。

1. 主要观点

传统特性理论的创始人阿尔波特(C. W. Allport)及其同事们曾分析过17 953个用来描写人的特点的形容词。

亨利(W. Henry)1949年在调查研究的基础上指出,成功的领导者应具备12种品质:一是成就需要强烈,他把工作成就看成是最大的乐趣;二是干劲大,工作积极努力,希望承担富有挑战性的工作;三是用积极的态度对待上级,尊重上级,与上级关系较好;四是组织能力强,有较强的预测能力;五是决断力强;六是自信心强;七是思维敏捷,富于进取心;八是竭力避免失败,不断地接受新的任务,树立新的奋斗目标,驱使自己前进;九是讲求实际,重视现在;十是眼睛向上,对上级亲近而对下级较疏远;十一是对父母没有情感上的牵扯;十二是效力于组织,忠于职守。

吉伯(C. A. Gibb)于1954年指出,天才的领导者具有七项特性:一是智力过人;二是英俊潇洒;三是能言善辩;四是心理健康;五是外向而敏感;六是有较强的自信心;七是有支配他人的倾向。

2. 理论缺陷

随着研究的深入和实践的反馈,传统特性理论受到了各方面的异议,归纳起来,主要反映在三个方面。

首先,据有关统计,自 1940 年至 1947 年的 124 项研究中,所得出的天才领导者的个人特性众说纷纭,但各特性之间的相关性不大,有的甚至产生矛盾。

其次,进一步的研究发现,领导者与被领导者、卓有成效的领导者与平庸的领导者有量的差别,但并不存在质的差异。

最后,许多被认为具有天才领导者特性的人并没有成为领导者。

9.2.2 现代特性理论

现代特性理论认为:领导者的特性和品质并非全是与生俱来的,而可以在领导实践中形成,也可以通过训练和培养的方式予以造就。主张现代特性理论的学者提出了不少富有见地的观点。

1. 主要观点

美国普林斯顿大学教授威廉·杰克·鲍莫尔(William Jack Baumol)针对美国企业界的实况,提出了企业领导者应具备的 10 项条件:一是合作精神;二是决策能力;三是组织能力;四是精于授权;五是善于应变;六是勇于负责;七是勇于求新;八是敢担风险;九是尊重他人;十是品德超人。

美国管理协会曾对在事业上取得成功的 1800 名管理人员进行了调查,发现成功的管理人员一般具有下列 20 种品质和能力:一是工作效率高;二是有主动进取精神;三是善于分析问题;四是有概括能力;五是有很强的判断能力;六是有自信心;七是能帮助别人提高工作的能力;八是能以自己的行为影响别人;九是善于用权;十是善于调动他人的积极性;十一是善于利用谈心做工作;十二是热情关心别人;十三是能使别人积极而乐观地工作;十四是能实行集体领导;十五是能自我克制;十六是能自主做出决策;十七是能客观地听取各方面的意见;十八是对自己有正确的估价,能以他人之长补自己之短;十九是勤俭;二十是具有管理领域的专业技能和管理知识。

上述领导特性理论,无论是传统特性理论还是现代特性理论,都强调了领导者应具有较多的适应于领导工作的人格特性。

2. 理论缺陷

领导特性理论存在以下缺陷:

第一,领导特性理论忽视了下属,而下属对领导的成效往往产生重要的影响。

第二,没有具体指出不同的品质和特性在领导工作中的相对重要性。

第三,不同的理论依靠的证据不一致。

第四,随着研究的展开和深入,被当作领导者的特性的条目越来越多,而且有不断增多之势,这导致理论上的争执和混乱。

事实上,性格理论所涉及的身体特征、才智和个性对管理成功的影响不是绝对重要的。其中大多数实际上也只不过是人们对于某一个领导者,特别是一个从事上层领导工作者的期望。

自1940年以来,这类利用领导者个人性格或个性特征来解释或预测领导效能的理论,逐渐被人们放弃。理由是:

第一,它们忽略了被领导者的地位和影响作用。事实上,一个领导者能否发挥其领导效能,会因被领导者的不同而不同。

第二,领导者的性格特征内容过于繁杂,且随不同情况而变化,难以寻求由此获得成功的真正因素。

第三,难以确定领导者所有性格特征彼此的相对重要性。

第四,各种有关实证研究所显示的结果相当不一致。

拓展阅读 9-2

格林里夫的仆人式领导理论的十大特征

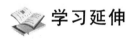 思考训练

1. 简述传统的领导特性理论的主要观点及理论缺陷。
2. 现代领导特质加入了哪些时代因素?具有哪些缺陷?

学习延伸

在网上搜集中国企业成功领导人的故事,并分析其性格特点,通过对比分析找出其中共性的性格特征。

9.3 领导行为理论

学习目标

- 了解领导行为和领导模式的概念。

- 掌握主要的领导行为理论的观点和运用。

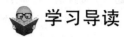学习导读

领导行为理论是研究领导有效性的理论,是管理学理论研究的热点之一。影响领导有效性的因素以及如何提高领导的有效性是领导行为理论研究的核心。

9.3.1 领导行为与领导模式

1. 领导行为

领导行为理论即通过研究领导者在领导过程中的具体行为,和不同行为对下属的影响,寻找最佳领导行为。领导行为的基础是领导特征和技巧,领导风格是领导者特质、技巧和下属沟通时行为的统一体。影响领导有效性的因素以及如何提高领导的有效性是领导理论研究的核心。领导理论的研究成果可分为三个方面,即领导特质理论、领导行为理论和领导权变理论。由于领导特质理论忽视下属的需要,没有指明各种特性之间的相对重要性,缺乏对因与果的区分,忽视了情境因素,导致它在解释领导行为方面的不成功。领导行为理论集中研究领导的工作作风和行为对领导有效性的影响,主要研究成果包括:K. Lewin 的三种领导方式理论、R. Likert 的四种管理方式理论、领导四分图理论、管理方格理论、领导连续统一体理论等,这些理论主要是从对人的关注和对生产的关心两个维度,以及上级的控制和下属参与的角度对领导行为进行分类,这些理论在确定领导行为类型与群体工作绩效之间的一致性关系上取得了有限的成功。主要的缺点是缺乏对影响成功与失败的情境因素的考虑。领导行为与领导的有效性之间的关系显然依赖于任务结构、领导成员关系、领导权威、下属的主导性需求等情境因素。领导权变理论弥补了这一缺陷,提出领导的有效性依赖于情境因素,并且情境因素可以被分离出来,它的研究成果包括费德勒权变模型、情境领导理论、路径目标理论和领导者参与模型。

2. 领导模式

爱荷华大学的 Lewin、Lippitt 和 White(1939)提出专制型领导风格和民主型领导风格,开创领导行为理论。专制或独裁型(专权型领导)是指领导者个人决定一切,布置下属执行。这种领导者要求下属绝对服从,并认为决策是自己一个人的事情;民主集中型(民主型领导)是指领导者发动下属讨论,共同商量,集思广益,然后决策,要求上下融洽、合作一致地工作;自由放任型领导是指领导者撒手不管,下属愿意怎样做就怎样做,完全自由,他的职责仅仅是为下属提供信息并与企业外部进行联系,以利于下属的工作。

1945 年,美国俄亥俄州立大学首先开创行为理论研究。他们从 1 000 多个领导行为

特征中，不断提炼、概括，最后归纳为"关心人"和"抓工作组织"两个行为量纲，并且发现这两种行为在不同的领导者身上所表现出来的强弱程度不尽一致。在领导行为四分图基础上，密执安大学心理学家提出领导行为的两个维度：面向员工和面向生产。面向员工的领导者倾向于较高的集体生产，与员工较高的满意度相联系；而面向生产的领导者则倾向于较低的集体生产，与员工较低的满意度相联系。

9.3.2 主要的领导行为理论

1. 管理方格理论

美国管理学家布莱克（Robert R. Blake）和莫顿（Jane Mouton）于1964年设计了一个巧妙的管理方格图，其醒目地表示主管人员对生产的关心程度和对人的关心程度。横坐标与纵坐标分别表示对生产和对人的关心程度，每个方格就表示"关心生产"和"关心人"这两个基本因素以不同程度相结合的一个领导方式。对生产的关心表示为主管者对各种事物所持的态度，例如政策决定的质量与过程，研究的创造性，职能人员的服务质量、工作效率及产品产量等。对人的关心的含义也很广泛，例如个人对实现目标所承担的责任、保持职工的自尊、建立在信任而非顺从基础上的职责，保持良好的工作环境和人际关系等。

这和上述二维构面理论极为相似。第一，它也是采取二维面来说明领导方式：对人的关心程度（concern for people）和对工作的关心程度（concern for production）。第二，它也以坐标方式表现上述二维面的各种组合方式，各有9种程度，因此可以有81种组合，形成81个方格（见图9-1）。

管理方格图

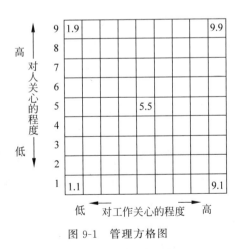

图 9-1　管理方格图

管理方格图中，1.1定向表示贫乏的管理，对生产和人的关心程度都很小；9.1定向表示任务管理，重点抓生产任务，不大注意人的因素；1.9定向表示所谓俱乐部式管理，重点在于关心人,企业充满轻松友好的气氛,不大关心生产任务;5.5 定向表示中间式或不上不下式管理,既不偏重于关心生产,也不偏重于关心人,完成任务不突出;9.9 定向表示理想型管理,对生产和对人都很关心,能使组织的目标和个人的需求最理想、最有效地结合起来。

除了那些基本的定向外,还可以找出一些组合。比如,5.1 方格表示准生产中心型管理,比较关心生产,不大关心人;1.5 方格表示准人中心型管理,比较关心人,不大关心生产;9.5 方格表示以生产为中心的准理想型管理,重点抓生产,也比较关心人;5.9 方格表示以人为中心的准理想型管理,重点在于关心人,也比较关心生产。还有,如果一个管理人员与其部属关系会有 9.1 定向和 1.9 定向,就是家长作风;当一个管理人员以 9.1 定向方式追赶生产,而在这样做的时候激起了怨恨和反抗时,又到了 1.9 定向,这就是大弧度钟摆;还有平衡方法、双帽方法、统计的 5.5 方法等。

尽管布莱克和莫顿信心十足,但是,他们的最优化设计能否在理论上把权变理论排挤出管理学阵地,似乎并不乐观。在《新管理方格》的论述中,布莱克和莫顿虽然不承认权变理论的合理性,但却不得不在一定程度上承认权变理论的现实性。在他们的理论推导中,也小心翼翼地避开了西蒙的有限理性学说。既然他们强调自己提出的(9,9)型团队管理具有最优性,那就必须证明这一模式已经克服或战胜了对人类理性的各种限制。这种回避,显露出了他们的理论软肋所在。

2. PM 领导行为理论

日本大阪大学心理学教授三隅二不二在前人有关领导行为理论基础上,通过大量的调查与测量,于 1958 年提出了 PM 领导理论。

领导行为的 PM 理论是指,可以将领导方式分为两类:一类是以绩效为导向(performance directed)的领导方式,简称为 P 型领导;另一类是以维持群体关系为导向(maintenance directed)的领导方式,简称为 M 型领导。二者合称 PM 理论。

P 型领导的行为特征是,将组织中每一个成员的注意力引向目标,使问题明确化,拟定工作工序,运用专业的评价来评定工作成果。

M 型领导的行为特征是,维持和睦的人际关系,调解成员之间的纠纷,为群体成员提供发言的机会,促进成员的自觉性与自主性,增进成员之间的相互了解与交流。

为了测量被试的 PM 特征,三隅二不二设计了 PM 职能问卷。从工作激励、对待遇的满意态度、企业保健、心理卫生、集体工作精神、会议成效、沟通和绩效范围等 8 个方面出发编制问卷,进行了 5 级评分,将被试所得的分数标注在一个两维的直角坐标系中,以此来确定此人的 PM 类型。为了达到测量的准确性,可以采用自评、互评、下级评价和上级评价的立体调查方法,以校正自我评价的偏差。

根据 PM 两种行为特征的得分分布,可以把领导行为分为四种类型,即 PM 型、P 型、M 型、pm 型。三隅二不二教授进一步研究发现,这四种类型领导者的管理效果是不同的。PM

型领导者的效果最好,可产生最高的生产效率、员工对领导者的高度信赖及领导与下属之间的亲和力。P 型领导者和 M 型领导者只能取得中等的生产效率。pm 型的领导者效率最差。

20 世纪 80 年代,徐联仓等人对 PM 理论进行了研究,并根据中国国情对 PM 量表进行标准化。后来凌文辁等还探讨了领导行为评价的中国模式问题,增加了品德维度。董燕等人(1996 年)对军队初级指挥官 PM 领导行为类型进行了研究,表明军队领导行为的类型以及情景因素等方面与企业比较有其不同的特点。

3. 领导行为连续体理论

领导行为连续体理论是由坦南鲍姆和沃伦·施密特于 1958 年提出的一种理论。该理论主要表述了经理们在决定何种行为(领导作风)最适合处理某一问题时常常产生困难。他们不知道是应该自己做出决定还是授权给下属做决策。为了使人们从决策的角度深刻认识领导作风的意义,他们提出了领导行为连续体模型。

领导行为连续体理论主张按照领导者运用职权和下属拥有自主权的程度把领导模式看作一个连续变化的分布带,以高度专权、严密控制为其左端,以高度放手、间接控制为其右端,从高度专权的左端到高度放手的右端,划分 7 种具有代表性的典型领导模式。在一定的具体情况下考虑各种因素,采取最恰当的行动。实践中的领导风格是丰富多彩的,影响领导风格成效的因素很多,不能给领导风格简单排序。

领导风格与领导者运用权威的程度和下属在做决策时享有的自由度有关。在连续体的最左端,表示的领导行为是专制的领导;在连续体的最右端,表示的是将决策权授予下属的民主型的领导。在管理工作中,领导者使用的权威和下属拥有的自由度之间是一方扩大另一方缩小的关系。一个专制的领导拥有完全的权威,自己决定一切,他不会授权于下属;而一位民主的领导在指定决策过程中,会给予下属很大的权力。民主与独裁是两个极端的情况,这两者中间还存在着许多种领导行为(见图 9-2)。

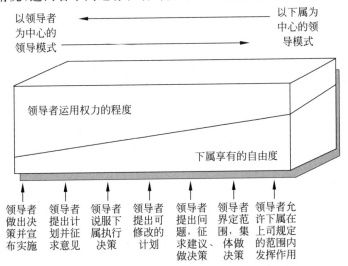

图 9-2　领导行为连续体

领导行为连续体理论的优点：首先，一个成功的管理者必须能够敏锐地认识到在某一个特定时刻影响他们行动的种种因素，准确地理解他自己，理解他所领导的群体中的成员，理解他所处的组织环境和社会环境。其次，一个成功的领导者必须能够认识和确定自己的行为方式，即如果需要发号施令，他便能发号施令；如果需要员工参与和行使自主权，他就能为员工提供这样的机会。

这一理论的贡献在于不是将成功的领导者简单地归结为专制型、民主型或放任型的领导者，而是指出成功的领导者应该是在多数情况下能够评估各种影响环境的因素和条件，并根据这些条件和因素来确定自己的领导方式和采取相应的行动。

坦南鲍姆和施密特的理论也存在一定的不足，这就是他们将影响领导方式的因素即领导者、下属和环境看成是既定的和不变的，而实际上这些因素是相互影响、相互作用的，他们对影响因素的动力特征没有进行足够的重视，同时在考虑环境因素时主要考虑的是组织内部的环境，而对组织外部的环境以及组织与社会环境的关系缺乏重视。

拓展阅读 9-3

领导者应遵循怎样的领导行为逻辑？

思考训练

1. 简述领导行为和领导模式的主要内容。
2. 简述主要的领导行为理论的观点。

学习延伸

如果你是某家企业的领导，你将如何维系与员工的关系？哪些因素会影响你的领导行为的效果？举例说明。

9.4 领导权变理论

学习目标

- 了解领导权变理论的含义。
- 了解领导权变理论对组织和决策的影响。

- 掌握主要的领导权变理论的观点和运用。

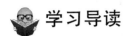学习导读

领导权变理论认为每个领导者所处的组织都面临着不同的内在的功能环境以及外在的可变因素,因此领导过程中不存在适合每一种情境的决策指导方案。费德勒模式是最具有代表性的权变理论。还包括:豪斯的路径—目标理论、弗罗姆和耶顿的领导者—参与模式、卡曼的领导生命周期理论、瑞丁的三维领导理论、波渥斯和西肖尔的四维领导理论以及坦南鲍姆的领导行为连续带理论。

9.4.1 领导权变理论的含义

领导权变理论亦称"领导情境理论",于20世纪60年代至70年代初形成。该理论认为,不存在一种绝对的最佳的领导方式,领导是领导者、被领导者及其环境因素相互作用的动态过程。领导有效性 $=f$(领导者,被领导者,环境)。领导的效果与领导者所处的具体情境和环境有关,要根据具体情况来确定领导方式。

领导权变理论的核心概念是指世界上没有一成不变的管理模式。管理与其说是一门理论,更不如说是一门实操性非常强的技术;与其说它是一门科学,更不如说它是一门艺术,权变管理能体现出艺术的成分。一名高明的领导者应是一个善变的人,即根据环境的不同而及时变换自己的领导方式。领导权变理论告诉管理者应不断地调整自己,使自己不失时机地适应外界的变化,或把自己放到一个适应自己的环境中。

9.4.2 领导权变理论的影响

1. 对组织的影响

第一,如何管理组织没有放之四海而皆准的普遍方式或最佳方式。

第二,组织、系统的设计必须符合它所在的特殊环境。

第三,有效组织不仅与其所处环境相适应,组织内部的次级系统之间也存在这种适应性。

第四,只有当组织形式设计适当、组织的管理风格既适应组织任务所需,又贴近组织属性的时候,组织各项所需才能得到较好的满足。

2. 对决策的影响

第一,决策品质及下级对决策的接受度。

第二，领导与下级所拥有的相关信息总量。

第三，下级接受独断决策的可能性，或者下级参与其中合作制定更好决策的可能性。

第四，与下级意见的分歧大小。

9.4.3 主要的领导权变理论

1. 费德勒模型

伊利诺大学的费德勒从1951年开始，首先从组织绩效和领导态度之间的关系着手进行研究，经过长达15年的调查试验，提出了"有效领导的权变模式"，即费德勒模型。他认为任何领导形态均可能有效，其有效性完全取决于是否与所处的环境相适应。

费德勒开发了一种工具，叫作"最难共事者问卷"（LPC），用以确定个体是任务导向型还是关系导向型。另外，他还分离出三项情境因素：领导者—成员关系、任务结构和职位权力。领导者只有与这三项情境因素相匹配，才能进行有效的领导。

在实际管理工作中做到领导者与情境的匹配，在了解了个体的LPC分数，评估了三项权变因素之后，费德勒指出，两者相互匹配时，才会达到最佳的领导效果。费德勒研究了1 200个工作团体，对8种情境类型的每一种，均对比了关系取向和任务取向这两种领导风格。其结论是：任务取向的领导者在非常有利的情境和非常不利的情境下工作更有利，即在这种环境下任务取向的领导会干得更好；而关系取向的领导者则在中等有利的情境中干得更好。

费德勒认为，影响领导成功的关键因素之一是领导者的基本领导风格。由于领导行为与领导者的个性是相联系的，因此领导者的风格是稳定不变的。提高领导者有效性的方式仅有两条途径：或是替换领导者以适应新环境，或是改变环境以适应领导者。

1987年费德勒及其助手提出了认知资源理论，试图对"领导者通过什么而获得了有效的群体绩效"这一问题进行深入的解释，以求得权变理论的发展。在费德勒看来，权变理论的欠缺是没有提出足够的解释来说明为什么人格和情境的相互作用能产生不同的绩效。它只预言领导的有效性而没有解释导致领导绩效的过程。而大多数流行的有关领导问题的理论忽视了领导者的智能、技能和经验这样的一些变量，但这些因素在具体的领导过程中却备受重视。正是在这样的背景下，认知资源理论应运而生。

2. 情境领导理论

情境领导理论由赫塞（Paul Hersey）和布兰查德（Ken Blanchard）提出，他们认为下属的"成熟度"对领导者的领导方式起重要作用。所以，对不同"成熟度"的员工采取的领导方式有所不同。

所谓"成熟度"是指人们对自己的行为承担责任的能力和愿望的大小。它取决于两个要素：工作成熟度和心理成熟度。工作成熟度包括一个人的知识和技能，工作成熟度高的人拥有足够的知识、能力和经验完成他们的工作任务而不需要他人的指导。心理成熟度指的是一个人做某事的意愿和动机。心理成熟度高的个体不需要太多的外部激励，他们靠内部动机激励。

在管理方格图的基础上，根据员工的成熟度不同，将领导方式分为四种：命令式、说服式、参与式和授权式。

3. 路径—目标理论

路径—目标理论是以期望概率模式和对工作、对人的关心程度模式为依据，认为领导者的工作效率是以能激励下属达到组织目标并且在工作中得到满足的能力来衡量的。领导者的基本职能在于制定合理的、员工所期待的报酬，同时为下属实现目标扫清道路、创造条件。路径—目标理论告诉我们，领导者可以而且应该根据不同的环境特点来调整领导方式和作风。当领导者面临一个新的工作环境时，他可以采用指示型领导方式，指导下属建立明确的任务结构和明确每个人的工作任务；接着可以采用支持型领导方式，有利于与下属形成一种协调和谐的工作气氛。当领导者对组织的情况进一步熟悉后，可以采用参与者式领导方式，积极主动地与下属沟通信息，商量工作，让下属参与决策和管理。在此基础上，就可以采用成就指向式领导方式，领导者与下属一起制定具有挑战性的组织目标，然后为实现组织目标而努力工作，并且运用各种有效的方法激励下属实现目标。

4. 领导者—参与模型

1973年维克多·弗罗姆和菲利普·耶顿提出了领导者—参与模型，该模型将领导行为与参与决策联系在一起。由于认识到常规活动和非常规活动对任务结构的要求各不相同，研究者认为领导者的行为必须加以调整以适应这些任务结构。弗罗姆和耶顿的模型是规范化的——它提供了根据不同的情境类型而遵循的一系列的规则，以确定参与决策的类型和程度。这一复杂的决策树模型包含7项权变因素（可通过"是"或"否"选项进行判定）和5种可供选择的领导风格。

弗罗姆和亚瑟·加哥后来又对该模型进行了修订。新模型包括了与过去相同的5种可供选择的领导风格，但将权变因素扩展为12个，其中10项按5级量表评定。

思考训练

1. 领导权变理论对组织有什么影响？对决策有什么影响？
2. 简述费德勒模型的内容。
3. 比较情境领导理论和路径—目标理论的异同。

4. 简述领导者—参与模型的主要内容。

学习延伸

比较权变理论的各种模型,指出它们的优点与缺点。重点讨论是否存在放之四海而皆准的领导权变理论模型。如果不存在,那么每种权变理论模型解决什么问题?如果你是企业领导者,你该如何运用这些权变理论模型进行管理活动?

本章小结

领导是在一定的社会组织和群体内,为实现组织预定目标,领导者运用其法定权力和自身影响力影响被领导者的行为,并将其导向组织目标的过程。领导权力的来源包括法定性权力、奖赏性权力、强制性权力、参照性权力和专家性权力五种。领导理论大致有四种理论学派,包括早期的特质理论、现代的特质理论、行为理论和权变理论。传统特性理论认为领导者的特性来源于生理遗传,是先天具有的,且领导者只有具备这些特性才能成为有效的领导者。现代特性理论认为,领导者的特性和品质并非全是与生俱来的,可以在领导实践中形成,也可以通过训练和培养的方式予以造就。领导行为理论主张通过研究领导者在领导过程中的具体行为和不同行为对下属的影响,寻找最佳领导行为,主要的理论包括布莱克和莫顿的"管理方格理论"、日本大阪大学心理学教授三隅二不二的"PM领导行为理论"、坦南鲍姆和施密特的"领导行为连续体理论"。领导权变理论认为,不存在一种绝对的最佳的领导方式,领导是领导者、被领导者及其环境因素相互作用的动态过程,主要包括费德勒的"权变理论模型"、赫塞和布兰查德的"情境领导理论"、豪斯的"路径—目标理论"、弗罗姆和耶顿的"领导者—参与模型"。

第 10 章 激励理论

课前阅读

自从20世纪二三十年代以来，国外许多管理学家、心理学家和社会学家结合现代管理的实践，提出了许多激励理论。这些理论按照形成时间及其所研究的侧面不同，可分为行为主义激励理论、认知派激励理论和综合型激励理论三大类。

激励理论是管理心理学的范畴，早期的激励理论研究是对于"需要"的研究，回答了以什么为基础、根据什么才能激发调动起员工工作积极性的问题，包括马斯洛的需求层次理论、赫茨伯格的双因素理论、麦克利兰的成就需要理论等。最具代表性的马斯洛需求层次理论就提出人类的需求是有等级层次的，从最低级的需求逐级向最高级的需求发展。需求按其重要性依次排列为：生理需求、安全需求、社交需求、尊重需求和自我实现的需求。并且提出当某一级的需求获得满足以后，这种需求便中止了它的激励作用。

激励理论中的过程学派和行为学派等认为，通过满足人的需求实现组织的目标有一个过程，即需要通过制定一定的目标影响人们的需求，从而激发人的行动。激励理论包括弗罗姆的期望理论、洛克和休斯的目标设置理论、波特和劳勒的综合激励模式、亚当斯的公平理论、斯金纳的强化理论等。

10.1 激励概述

学习目标

- 了解激励的含义和原则。
- 掌握激励制度的几种类型及其运用。

学习导读

激励是人力资源管理中的重要问题，从词义上看是激发、鼓励的意思。组织行为学中的激励的含义是激发人的内驱力,使人有一股内在的动力,让个体朝着所期待的目标努力的心理活动过程,也是调动积极性的过程。激励的作用主要是吸引优秀的人才到企业来,开发员工的潜在能力,促进在职员工充分地发挥其才能和智慧,留住人才和造就良好的竞争环境。

10.1.1 激励的概念

1. 激励的含义

激励是指激发人的行为的心理过程。在企业管理中,管理者通过激发员工的工作动机,调动员工的工作积极性和创造性来实现企业的目标。

美国企业家艾柯卡说:"企业管理无非就是调动员工的积极性"。可见,激励的本质就是激发、鼓励,努力调动人的积极性的过程。

激励分为物质激励和精神激励。根据马斯洛的需求层次理论,人的需求是多样的、多层次的,正是因为这样,企业员工才可以被激励。马斯洛把人的需求分为五个层次,依次为:生理需求、安全需求、社交需求、尊重需求、自我实现需求。各层次的需求又可以相互转换。在这几个需求中,有一种是对员工的行为起决定作用的,而员工的动机正是为了满足这种需求,所以,只有当员工的需求得到满足时,员工才会有较高的积极性和创造性。而企业管理者就是要立足员工的需求,只有让员工满意的激励措施才是有效的。

物质激励指的是通过物质刺激手段,鼓励员工工作。它的主要表现形式有正激励,如发放工资、奖金、津贴、福利等;负激励,如罚款等。物质需求是人类的第一需求,是人们从事一切社会活动的基本动因。所以,物质激励是激励的主要模式,也是目前我国企业内部使用得非常普遍的一种激励模式。随着我国改革开放的深入发展和市场经济的逐步确立,"金钱是万能的"思想在相当一部分人的头脑中滋长起来,有些企业经营者也一味地认为只有奖金发足了才能调动职工的积极性。事实上企业员工不但有物质上的需求,更有精神方面的需求,企业单用物质激励不一定能起作用,必须把物质激励和精神激励结合起来才能真正地调动广大员工的积极性。

2. 激励的原则

由于激励是持续激发动机的心理过程,而人的行为是由动机支配的,动机又是由人的需求引起的。需求产生动机,动机驱使着人们去寻找目标。当人们产生某种需求一时又不能得以满足,心理上就会产生一种不安和紧张状态,即激励状态。这种不安和紧张状态就会成为一种内在的驱动力。人们有了动机之后就要选择和寻找满足需求的目标,进而产生满足需求的行为,这是人的一种行为规律,正因为这样,才使得管理者在企业管理中不得不注意激励原则。

一般地,激励原则有目标结合原则、物质激励和精神激励相结合的原则、引导性原则、合理性原则、时效性原则、正激励与负激励相结合的原则和按需激励原则。

第一,目标结合原则。所谓目标结合原则是指组织目标与个人目标相结合,企业管理者设置一个目标,目标的设置必须同时体现组织目标和员工的需求。这样就使得组织目标与个人的目标相一致。

第二,物质激励和精神激励相结合的原则。所谓物质激励与精神激励相结合是指管理者不能只从单一的物质或者是精神方面进行激励,而是应该做到既从物质方面对员工进行激励,同时在精神上对员工进行激励。物质激励是基础,精神激励是根本,两者缺一不可。

第三,引导性原则。引导性原则指的是内部激励与外部激励相结合,外部激励措施只有转化为被激励者的自觉意愿,才能取得激励效果。因此,引导性原则是激励过程的内在要求。

第四,合理性原则。合理性原则指的是激励的措施要适度。要根据所实现目标本身的价值大小确定适当的激励量,奖惩要公平。

第五,时效性原则。时效性原则是指要把握激励的时机,激励越及时,越有利于将员工的激情推向高潮,使其创造力连续有效地发挥出来,从而为企业带来更大的效益。

第六,正激励与负激励相结合的原则。正激励与负激励相结合原则是指对员工符合组织目标的行为进行奖励,对员工违背组织目标的行为进行惩罚。两者都是必要而有效的,不仅作用于当事人,而且对企业的氛围的影响非常重要。

第七,按需激励原则。按需激励原则是指激励的起点是满足员工的需求,但员工的需求因人而异、因时而异,并且只有满足最迫切需求的措施,其激励强度才大。因此,企业管理者必须深入地进行调查研究,不断了解员工需求层次和需求结构的变化趋势,有针对性地采取激励措施,才能收到实效。

10.1.2 激励的制度

科学有效的激励机制能够让员工发挥最佳的潜能,为企业创造更大的价值。激励的方法很多,但是薪酬可以说是一种最重要的、最易使用的方法。它是企业针对员工给企业所做的贡献,包括他们实现的绩效,付出的努力、时间、学识、技能、经验和创造,所付给的相应的回报。在员工的心目中,薪酬不仅仅是自己的劳动所得,它在一定程度上代表着员工自身的价值、代表企业对员工工作的认同,甚至还代表着员工个人能力和发展前景。常用的薪酬制度有岗位工资制度、绩效工资制度、混合工资制度、年薪制和股权激励制度。

1. 岗位工资制度

岗位工资有多种形式,包括岗位效益工资制、岗位薪点工资制、岗位等级工资制。它的主要特点是对岗不对人。岗位工资制按照一定程序，严格划分岗位；按岗位确定工资，调整的弹性不大。但凡出现员工因认为岗位工资是他们理所当然得到的，认为他们为公司做出的贡献没有得到应有的回报这种情况，岗位工资就难以发挥应有的激励作用。因此必须作出相应的调整。

2. 绩效工资制度

绩效工资制度强调员工的工资调整取决于员工个人、部门及公司的绩效，以成果与贡献度为评价标准。工资与绩效直接挂钩，强调以目标达成为主要的评价依据，注重结果，认为绩效的差异反映了个人在能力和工作态度上的差异。绩效工资通过调节绩优与绩劣员工的收入，影响员工的心理行为，以刺激员工，从而达到发挥其潜力的目的。然而，由于影响绩效工资的因素很多，因而在使用过程中存在许多操作性困难。首先，绩效工资可能对雇员产生负面影响。有时候，绩效工资的使用会影响"暂时性"绩劣员工的情绪，甚至会将其淘汰，而这种淘汰会引发企业管理成本的大幅上涨。其次，绩效工资的效果受外界诸多因素制约。再次，绩效工资的评判标准必须得到劳资双方的共同认可。最后，员工对绩效工资具体方案的真正满意度，有时绩效评价难免会存在主观评价。这些困难的存在一定程度上影响了绩效工资制度的有效实施，从而降低了激励效用。

3. 混合工资制度

混合工资制也称机构工资制，是指由几种职能不同的工资结构组成的工资制度。结构薪酬的设计吸收了能力工资和岗位工资的优点，对不同工作人员进行科学分类，并加大了工资中活的部分，其各个工资单元分别对应体现劳动结构的不同形态和要素，因而较为全面地反映了按岗位、按技术、按劳分配的原则，对调动职工的积极性、促进企业生产经营的发展和经济效益的提高，在一定时期起到了积极的推动作用。

4. 年薪制

年薪制一般作为高层管理人员使用的薪资方式，是一种"完全责任制"薪资。从人力资源的角度看，年薪制是一种有效的激励措施，对提升绩效有很大作用。年薪制突破了薪资机构的常规，对高层管理人员来说，年薪制代表身份和地位，能够促进人才的建设，也可以提高年薪者的积极性。

合理的薪酬制度可以说是一种最重要的、最易使用的激励方法，它是企业对员工的回报和答谢，以奖励员工对企业所付出的努力、时间、学识、技能、经验和创造，是企业对员工所做贡献的承认。在员工的心目中，薪酬不仅仅是自己的劳动所得，它在一定程度上代表着员工自身的价值，代表企业对员工工作的认同，甚至还代表着员工个人的能力和发展前景。合理的薪酬制度不仅对员工的发展至关重要，对企业的发展更是不可忽视的。特别是一个合理的薪酬体系，对企业管理效率的提升具有不可估量的促进作用，企业薪酬制度的设计和完善,更是人力资源管理提升的一个重要方面。

5. 股权激励制度

所谓股权激励是指一种职业经理人通过一定形式获取公司一部分股权的长期性激励制度,使经理人能够以股东的身份参与企业决策并承担风险,从而全心全意地为公司的长远发展服务。

拓展阅读 10-1

企业股权激励应该注意的四个问题

思考训练

1. 什么是激励?组织激励员工时要遵循哪些原则?
2. 简述科学有效的激励制度。

学习延伸

如果你是一家企业的总经理,你将怎样制定公司的激励制度?请举例说明。

10.2 内容型激励理论

学习目标

- 掌握内容型激励理论的 4 种代表理论的主要观点及运用。
- 了解 4 种内容型激励理论的区别。

学习导读

激励的理论和应用,是组织行为的核心,而激励理论中最有代表性的理论就是"内容型激励理论",即"需求理论"。它主要有马斯洛的"人类需求层次理论"、赫茨伯格的"双因素理论"、麦克利兰的"成就需求理论"和奥尔德弗的"ERG 理论"。

所谓内容型激励理论,是指针对激励的原因与起激励作用的因素的具体内容进行研究的理论。这种理论着眼于满足人们需要的内容，即：人们需要什么就满足什么，从而激起人们的动机。

10.2.1 四种代表理论

1. 马斯洛的需求层次理论

亚伯拉罕·哈罗德·马斯洛(Abraham Harold Maslow,1908—1970)于1943年初次提出了"需求层次"理论，他把人类纷繁复杂的需求分为生理的需求、安全的需求、社交的需求、尊重的需求和自我实现的需求五个层次。1954年，马斯洛在《激励与个性》一书中又把人的需求层次发展为7个，分为由低到高的七个层次：生理需要、安全需求、社交需求、尊重需求、求知需求、求美需求和自我实现需求。

马斯洛认为，只有低层次的需求得到部分满足以后，高层次的需要才有可能成为行为的重要决定因素。七种需求是按次序逐级上升的。当下一级需求获得基本满足以后，追求上一级的需求就成了驱动行为的动力。但这种需求层次逐渐上升并不是遵照"全"或"无"的规律，即并不是一种需求100%的满足后，另一种需求才会出现。事实上，社会中的大多数人在正常的情况下，他们的每种基本需求都是部分地得到满足。

马斯洛把七种基本需求分为高、低二级，其中生理需求、安全需求、社交需求属于低级的需求，这些需求通过外部条件使人得到满足，如借助于工资收入满足生理需求，借助于法律制度满足安全需求等。尊重需求、自我实现需求是高级的需求，它们是从内部使人得到满足的，而且一个人对尊重和自我实现的需求，是永远不会感到完全满足的。高层次的需求比低层次需求更有价值。人的需求结构是动态的、发展变化的。因此，通过满足职工的高级需求来调动其生产积极性，具有更稳定、更持久的力量。

2. 赫茨伯格的双因素理论

美国心理学家弗雷德里克·赫茨伯格(Frederick Herzberg)在对匹兹堡地区多家工商企业机构的工作人员进行大样本调查的基础上于1959年提出了双因素理论。该理论又称为激励因素—保健因素理论。其要点是：使职工不满的因素与使职工感到满意的因素是不一样的。赫茨伯格认为职工非常不满意的原因，大都属于工作环境或工作关系方面的，如公司的政策、行政管理、职工与上级之间的关系、工资、工作安全、工作环境等。他发现上述条件如果达不到职工可接受的最低水平，就会引发职工的不满情绪。但是，具备了这些条件并不能使职工感到激励。赫茨伯格把这些没有激励作用的外界因素称为"保健因素"。他还认为，能够使职工感到非常满意的因素，大都属于工作内容和工作本身方面的，如工作的成就感、工作成绩得到上司的认可、工作本身具有挑战性，等等。这些因素的改善，能够激发职工的热情和积极性。赫茨伯格把这一因素称为"激励因素"。这就是"双因素理论"。

这一理论告诉我们,管理者首先应该注意满足职工的"保健因素",防止职工消极怠工,使职工不致产生不满情绪,同时还要注意利用"激励因素",尽量使职工得到满足的机会。

双因素理论强调:不是所有的需求得到满足都能激励起人的积极性。只有那些被称为激励因素的需求得到满足时,人的积极性才能最大限度地发挥出来。如果缺乏激励因素,并不会引起很大的不满。而保健因素的缺乏,将引起很大的不满,然而具备了保健因素时并不一定会激发强烈的动机。赫茨伯格还明确指出:在缺乏保健因素的情况下,激励因素的作用也不大。

3. 麦克利兰的成就需求理论

成就需求理论也称激励需求理论,是 20 世纪 50 年代初期,美国哈佛大学的心理学家戴维·麦克利兰(David C. McClelland)集中研究了人在生理和安全需求得到满足后的需求状况,特别对人的成就需求进行了大量的研究,从而提出了一种新的内容型激励理论——成就需求激励理论。

成就需求激励理论的主要特点是:它更侧重于对高层次管理中被管理者的研究,如他所研究的对象主要是生存、物质需求都得到相对满足的各级经理、政府职能部门的官员以及科学家、工程师等高级人才。由于成就需求激励理论的这一特点,它对于企业管理以外的科研管理、干部管理等具有较大的实际意义。

麦克利兰认为,在人的生存需求基本得到满足的前提下,成就需求、权力需求和归属需求是人的最主要的三种需求。成就需求的高低对一个人、一个企业发展起着特别重要的作用。该理论将成就需求定义为:根据适当的目标追求卓越、争取成功的一种内驱力。

该理论认为,有成就需求的人,对胜任和成功有强烈的要求;同样,他们也担心失败;他们乐意甚至热衷于接受挑战,往往为自己树立有一定难度而又不是高不可攀的目标;他们敢于冒风险,又能以现实的态度对付冒险,绝不以迷信和侥幸心理对付未来,而是对问题善于分析和估计。他们愿意承担所做工作的个人责任,但对所从事的工作情况希望得到明确而又迅速的反馈。这类人一般不常休息,喜欢长时间地工作,即使真出现失败也不会过分沮丧。一般来说,他们喜欢表现自己。成就需求强烈的人事业心强,喜欢那些能发挥其独立解决问题能力的环境。在管理中,只要对他提供合适的环境,他就会充分发挥自己的能力。权力需求较强的人有责任感,愿意承担需要的竞争,并且能够获得具有较高社会地位的工作,喜欢追求和影响别人。

该理论还认为,具有归属和社交需求的人,通常从友爱、情谊、人际之间的社会交往中得到欢乐和满足,并总是设法避免因被某个组织或社会团体拒之门外而带来的痛苦。他们喜欢保持一种融洽的社会关系,享受亲密无间和相互谅解的乐趣,随时准备安慰和帮助危难中的伙伴。合群需求是人们追求他人的接纳和友谊的欲望。合群需求欲望强烈的人渴望获得他人赞同,高度服从群体规范,忠实可靠。

4. 奥尔德弗的 ERG 理论

ERG 理论就是生存—相互关系—成长需求理论的简称,这个理论是耶鲁大学教授克雷顿·奥尔德弗(Clayton Alderfer)根据已有的实验和研究,于 20 世纪 70 年代初提出来的,它系统地阐述了一个需求类型的新模式,发展了马斯洛、赫茨伯格的需求理论。

奥尔德弗把人的需求归为以下三类。

第一,生存需求。生存需求指的是全部的生理需求和物质需求,如吃、住、睡等。组织中的报酬、对工作环境和条件的基本要求等,也可以包括在生存需求中。这一类需求大体上和马斯洛的需求层次中生理和部分安全的需求相对应。

第二,关系需求。关系需求指人与人之间的相互关系、联系(或称之为社会关系)的需求。这一类需求类似马斯洛需求层次中部分安全需求、全部社交需求,以及部分尊重需求。

第三,成长需求。成长需求指一种要求得到提高和发展的内在欲望,它指人不仅要求充分发挥个人潜能、有所作为和成就,而且还有开发新能力的需求。这一类需求可与马斯洛需求层次中部分尊重需求及整个自我实现需求相对应。

该理论认为,各个层次的需求受到的满足越少,越为人们所渴望;较低层次的需求者越是能够得到较多的满足,则较高层次的需求就越渴望得到满足;如果较高层次的需求一再受挫得不到满足,人们会重新追求较低层次需求的满足。这一理论不仅提出了需求层次上的满足上升趋势,而且也指出了挫折倒退趋势,这在管理工作中很有启发意义。同时,ERG 理论还认为,一个人可以同时有一个以上的需求。

10.2.2 四种理论辨析

四种理论的比较,以马斯洛的需求层次理论为前提,在此基础上研究它与其他三种理论的区别(见图 10-1)。

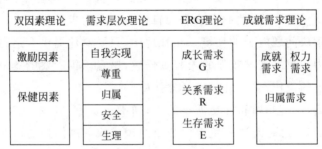

图 10-1 四种激励理论的比较

1. 双因素理论的补充

双因素理论在需求层次理论基础上的补充主要表现在:

第一,双因素理论中的激励因素或满意因素相当于马斯洛的较高层次的需求,这是激励人们去完成任务的因素,为激励人的行为提供了环境条件。

第二,双因素中的保健因素或不满意因素相当于马斯洛的生理的、安全的和社交的需求,它们基本上是预防性的因素,没有它会导致不满,但它本身的存在也不能挖掘人的内在潜力,激励人更好地工作。

第三,双因素理论比马斯洛的需求层次理论更进了一步。双因素理论认为,并不是所有需求的满足都能激励员工的积极性,有的需求的满足只会使人感觉到外在的、有限的激励作用,而有些需求的满足则可以极大地激发人的工作动机,调动员工的积极性。

将上述观点综合,现以马斯洛的需求层次理论为中心,把四种激励理论进行对比,如表10-1所示。

表10-1 四种激励理论的对比

赫茨伯格双因素理论	马斯洛需求层次理论	奥尔德弗 ERG 理论	麦克利兰成就需求理论
激励因素	自我实现	成长、发展	成就
	荣誉、尊重		权力
保健因素	社交	人们之间的关系	归属
	安全和保障	生存	
	生理		

2. 成就需求理论的升华

成就需求理论在需求层次理论基础上的升华主要表现在:

第一,着重点不同。需求层次理论研究从低到高的五种需求;而成就需求理论不研究人的基本生理需求,主要研究在人的生理需求基本得到满足的前提条件下,人还有哪些需求。

第二,认识度不同。需求层次理论认为五种需求都是生来就有的,是内在的;而成就需求理论明确指出,通过教育和培训可以造就出具有高成就需求的人才。

第三,发展观不同。需求层次理论认为,人的需求是严格地按由低到高逐级上升的;而成就需求理论认为,不同的人对这三种基本需求的排列层次和所占比重是不同的,个人行为主要取决于其中被环境激活的那些需求。

3. ERG 理论的发展

ERG 理论在需求层次理论基础上的发展主要表现在以下几个方面。

第一,马斯洛的需求层次理论是建立在"满足—上升"的基础上的。也就是说一旦较低层次的需求得到满足,人们将进到更高一级的需求上去;而 ERG 理论不仅体现"满足—上升"的方面,而且也提出了"挫折—倒退"这一方面。"挫折—倒退"说明较高的需求未满足或受到挫折的情况下,更着重或把更强烈的欲望放在一个较低层次的需求上。

第二,需求层次理论认为,每一个时期只有一种突出的需求;而 ERG 理论指出在任何一段时间内可以有一个或一个以上的需求发生作用。

第三,需求层次理论认为,人的需求是严格地按由低到高逐级上升的,不存在越级,也不存在由高到低的下降;而 ERG 理论则指出,人的需求并不一定严格按由低到高的顺序发展,而是可以越级的。

第四,需求层理次理论认为,人类有五种需求,它们是生来就有的,是内在的;而 ERG 理论则认为,只有三种需求,其中有生来就有的,也有经过后天学习得到的。

第五,ERG 理论在一定程度上修正了马斯洛的需求层次理论,弥补了需求层次理论的不足,更符合现实社会中人们的行为特点。

马斯洛需求层次理论的 bug

思考训练

1. 简述马斯洛需求层次理论、赫茨伯格双因素理论、麦克利兰成就需求理论、奥尔德弗 ERG 理论的主要观点。

2. 分析马斯洛需求层次理论、赫茨伯格双因素理论、麦克利兰成就需求理论、奥尔德弗 ERG 理论的区别。

学习延伸

如果你是一家企业的员工,针对你的工作,你将会对你的老板提出哪些要求?为什么会提出这些要求?

10.3 过程型激励理论

学习目标

- 掌握弗罗姆期望理论的主要观点和运用。
- 掌握亚当斯公平理论的主要观点和运用。
- 了解洛克的目标设定理论的主要观点。

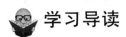 学习导读

激励被认为是通过高水平的努力实现组织的意愿,而这种努力以能够满足个体某些需求和动机为条件。过程型激励理论是研究从人的动机产生到最终采取行动的心理过程的理论,包括弗罗姆的期望理论、亚当斯的公平理论和洛克的目标设定理论。

过程型激励理论着重研究人从动机产生到采取行动的心理过程。它的主要任务是找出对行为起决定作用的某些关键因素,弄清它们之间的相互关系,以预测和控制人的行为。这类理论表明,要使员工出现企业期望的行为,须在员工的行为与员工需要的满足之间建立必要的联系。

10.3.1 弗罗姆的期望理论

期望理论(expectancy theory),又称作"效价-手段-期望理论",是北美著名心理学家和行为科学家维克托·弗罗姆(Victor H. Vroom)于1964年在《工作与激励》中提出来的激励理论。

1. 期望公式

期望理论是以三个因素反映需要与目标之间的关系的,要激励员工,就必须让员工明确:

(1) 工作能提供给他们真正需要的东西;
(2) 他们欲求的东西是和绩效联系在一起的;
(3) 只要努力工作就能提高他们的绩效。

激励(motivation)取决于行动结果的价值评价,即效价(valence)和其对应的期望值(expectancy)的乘积:

$$M = V \times E$$

式中:

- M 表示激发力量,是指调动一个人的积极性,激发人内部潜力的强度。
- V 表示目标价值(效价),这是一个心理学概念,是指达到目标对于满足个人需求的价值。同一个目标,由于人们所处的环境不同。需求不同,其需求的目标价值也就不同。同一个目标对每一个人可能有三种效价:正、零、负。效价越高,激励力量就越大。某一客体如金钱、地位、汽车等,如果个体不喜欢、不愿意获取,目标效价就低,对人的行为的拉动力量就小。举个简单的例子,幼儿对糖果的目标效价就要大于对金钱的目标效价。
- E 是期望值,是人们根据过去经验判断自己达到某种目标的可能性是大还是小,

即能够达到目标的概率。目标价值大小直接反映人的需求动机强弱,期望概率反映人实现需求和动机的信心强弱。如果个体相信通过努力肯定会取得优秀成绩,期望值就高。

这个公式说明:假如一个人把某种目标的价值看得很大,估计能实现的概率也很高,那么这个目标激发动机的力量越强烈。

经发展后,期望公式表示为:动机 = 效价 × 期望值 × 工具性。其中:工具性是指能帮助个人实现的非个人因素,如环境、快捷方式、任务工具等。例如:战争环境下,效价和期望值再高,也无法正常提高人的动机性。再如:外资企业良好的办公环境、设备、文化制度,都是吸引人才的重要因素。

2. 期望模式

怎样使激发力量达到最好值,弗罗姆提出了人的期望模式:

个人努力→个人成绩(绩效)→组织奖励(报酬)→个人需要

在这个期望模式中的四个因素,需要兼顾几个方面的关系。

第一,努力和绩效的关系。这两者的关系取决于个体对目标的期望值。期望值又取决于目标是否适合个人的认识、态度、信仰等个性倾向,及个人的社会地位、别人对他的期望等社会因素。即由目标本身和个人的主客观条件决定。

第二,绩效与奖励的关系。人们总是期望在达到预期成绩后,能够得到适当的奖励,如奖金、晋升、提级、表扬等。组织的目标,如果没有相应的有效的物质和精神奖励来强化,时间一长,积极性就会消失。

第三,奖励和个人需求的关系。奖励什么要适合各种人的不同需求,要考虑效价。要采取多种形式的奖励,满足各种需求,最大限度地挖掘人的潜力,最有效地提高工作效率。

第四,需求的满足与新的行为动力之间的关系。当一个人的需求得到满足之后,他会产生新的需求和追求新的期望目标。需求得到满足的心理会促使他产生新的行为动力,并对实现新的期望目标产生更高的热情。

3. 应用价值

弗罗姆提出的期望理论在人事管理中的实际价值如下:

第一,管理者应该同时注意提高期望概率和效价。仅仅重视激励是片面的,应该注意提高工作人员的素质,包括提高他们的思想素质和业务能力,通过提高他们对自身的期望概率去提高激励水平,创造较高的绩效目标。

第二,管理者应该提高对绩效与报酬关联性的认识,将绩效与报酬紧密结合起来。绩效与报酬的联系越紧密,拟实现的目标能够满足受激励者需求的程度相对提高,目标对受激励者的吸引力也就相对加大,激励的水平也就相对提高。

第三，管理者应该将物质奖励与精神奖励结合起来。期望理论表明，目标的吸引力与个人的需求有关。价值观的差异会产生需求的差异。因此，管理者应该了解自己的管理对象，在可能的情况下，有针对性地采取多元化的奖励形式，使组织的报酬在一定程度上与工作人员的愿望相吻合。

研究激励过程中，一条途径是研究人们需求的缺乏，运用马斯洛的需求层次理论，找出人们所感觉到的某种缺乏的需求，并以满足这些需求为动力，来激励他们从事组织所要求的动机和行为；另一条途径是从个人追求目标的观点来研究个人对目标的期望，这就是期望理论。依照这一条途径，则所谓的激励，乃是推动个人向其期望目标前进的一种动力。期望理论侧重于"外在目标"。需求理论着眼于"内在缺乏"。本质上这两种途径是互相关联和一致的，都认为激励的过程是在于：实现外在目标的同时又满足内在需求。

10.3.2 亚当斯的公平理论

亚当斯的公平理论又称社会比较理论，是由美国心理学家约翰·斯塔希·亚当斯(John Stacey Adams)于1965年提出的。该理论是研究人的动机和知觉关系的一种激励理论，侧重于研究工资报酬分配的合理性、公平性及其对职工积极性的影响。

1. 基本内容

公平理论的基本观点是：当一个人做出了成绩并取得了报酬以后，他不仅关心自己所得报酬的绝对量，而且关心自己所得报酬的相对量。因此，他要进行种种比较来确定自己所获报酬是否合理，比较的结果将直接影响今后工作的积极性。比较有两种，一种比较称为横向比较，一种比较称为纵向比较。

第一，横向比较。所谓横向比较，即一个人要将自己获得的"报酬"（包括金钱、工作安排以及获得的赏识等）与自己的"投入"（包括教育程度，所作努力，用于工作的时间、精力和其他无形损耗等）的比值与组织内其他人作社会比较，只有相等时他才认为公平。如下式所示：

$$OP/IP = OC/IC$$

其中，OP表示自己对所获报酬的感觉；OC表示自己对他人所获报酬的感觉；IP表示自己对个人所作投入的感觉；IC表示自己对他人所作投入的感觉。

当上式为不等式时，可能出现以下两种情况：

一是前者小于后者。第一种办法是他可能要求增加自己的收入或减少自己今后的努力程度，以便使左方增大，趋于相等；第二种办法是他可能要求组织减少比较对象的收入或让其今后增大努力程度以便使右方减少，趋于相等。此外，他还可能另外找人作为比较对象以便达到心理上的平衡。

二是前者大于后者。他可能要求减少自己的报酬或在开始时自动多做些工作,久而久之他会重新估计自己的技术和工作情况,终于觉得他确实应当得到那么高的待遇,于是产量便又会回到过去的水平了。

第二,纵向比较。所谓纵向比较,即把自己目前投入的努力与目前所获得报偿的比值,同自己过去投入的努力与过去所获报偿的比值进行比较,只有相等时他才认为公平。如下式所示:

$$OP/IP = OH/IH$$

其中,OH 表示自己对过去所获报酬的感觉;IH 表示自己对个人过去投入的感觉。当上式为不等式时,人也会有不公平的感觉,这可能导致工作积极性下降。当出现这种情况时,人不会因此产生不公平的感觉,但也不会感觉自己多拿了报偿从而主动多做些工作。调查和实验的结果表明,不公平感的产生绝大多数是由于经过比较认为自己目前的报酬过低而产生的;但在少数情况下也会由于经过比较认为自己的报酬过高而产生。

2. 假设条件

公平理论有两个假设条件。

第一,个体会评估他的社会关系。所谓社会关系,就是个体在付出或投资时希望获得某种回报的"交易过程"。在这种交易过程中,个体进行投入,期望获得一定的收益。例如,你希望获得额外的收入(收益),作为一段时间努力工作(投入)的结果。个体对于自己所付出的时间和精力都是有所期望的。

第二,个体并不是无中生有地评估公平,而是把自己的境况与他人进行比较,以此来判断自己的状况是否公平。

3. 理论评析

我们看到,公平理论提出的基本观点是客观存在的,但公平本身却是一个相当复杂的问题,原因如下:

第一,它与个人的主观判断有关。上面的公式中无论是自己的或他人的投入和报酬都是个人感觉,而一般人总是对自己的投入估计过高,对别人的投入估计过低。

第二,它与个人所持的公平标准有关。上面的公平标准是贡献率,也有采取需要率、平均率的。例如有人认为助学金应改为奖学金才合理,有人认为应平均分配才公平,也有人认为按经济困难程度分配才适当。

第三,它与绩效的评定有关。我们主张按绩效付报酬,并且各人之间应相对均衡。但如何评定绩效?是以工作成果的数量和质量,还是按工作中的努力程度和付出的劳动量?是按工作的复杂、困难程度,还是按工作能力、技能、资历和学历?不同的评定办法会得到不同的结果。最好是按工作成果的数量和质量,用明确、客观、易于核实的标准来度量,但这在实际工作中往往难以做到,有时不得不采用其他的方法。

第四,它与评定人有关。绩效由谁来评定,是领导者评定还是群众评定或自我评定? 不同的评定人会得出不同的结果。由于同一组织内往往不是由同一个人评定,因此会出现松紧不一、回避矛盾、姑息迁就、抱有成见等现象。

然而,公平理论对我们有着重要的启示:首先,影响激励效果的不仅有报酬的绝对值,还有报酬的相对值。其次,激励时应力求公平,使等式在客观上成立,尽管有主观判断的误差,也不致造成严重的不公平感。最后,在激励过程中应注意对被激励者公平心理的引导,使其树立正确的公平观,一是要认识到绝对的公平是不存在的;二是不要盲目攀比;三是不要按酬付劳,按酬付劳是在公平问题上造成恶性循环的主要杀手。

为了避免职工产生不公平的感觉,企业往往采取各种手段,在企业中营造一种公平合理的气氛,使职工产生一种主观上的公平感。如有的企业采用保密工资的办法,使职工相互不了解彼此的收支比率,以免职工互相比较而产生不公平感。

10.3.3 洛克的目标设定理论

美国马里兰大学管理学兼心理学教授爱德温·洛克(Edwin A. Locke)和休斯在研究中发现,外来的刺激(如奖励、工作反馈、监督的压力)都是通过目标来影响动机的。目标能引导活动指向与目标有关的行为,使人们根据难度的大小来调整努力的程度,并影响行为的持久性。于是,在一系列科学研究的基础上,他们于1967年最先提出"目标设定理论"(goal setting theory),认为目标本身就具有激励作用,目标能把人的需求转变为动机,使人们的行为朝着一定的方向努力,并将自己的行为结果与既定的目标相对照,及时进行调整和修正,从而能实现目标。这种使需求转化为动机,再由动机支配行动以达成目标的过程就是目标激励。目标激励的效果受目标本身的性质和周围变量的影响。

1. 基本模式

目标有两个最基本的属性:明确度和难度。

从明确度来看,目标内容可以是模糊的,如仅告诉被试"请你做这件事";目标也可以是明确的,如"请在10分钟内做完这25题"。明确的目标可使人们更清楚要怎么做,付出多大的努力才能达到目标。目标设定得明确,也便于评价个体的能力。很明显,模糊的目标不利于引导个体的行为和评价他的成绩。因此,目标设定得越明确越好。事实上,明确的目标本身就具有激励作用,这是因为人们有希望了解自己行为的认知倾向。对行为目的和结果的了解能减少行为的盲目性,提高行为的自我控制水平。另外,目标的明确与否对绩效的变化也有影响。也就是说,完成明确目标的被试的绩效变化很小,而目标模糊的被试绩效变化则很大。这是因为模糊目标的不确定性容易产生多种可能的结果。

从难度来看,目标可以是容易的,如20分钟内做完10个题目;中等的,20分钟内做完20个题目；难的，20分钟内做完30个题目；或者是不可能完成的，如20分钟内做完100个题目。难度依赖于人和目标之间的关系，同样的目标对某人来说可能是容易的，而对另一个人来说可能是难的，这取决于他们的能力和经验。一般来说，目标的绝对难度越高，人们就越难达到它。有400多个研究发现，绩效与目标的难度水平呈线性关系。当然，这是有前提的，前提条件就是完成任务的人有足够的能力、对目标又有高度的承诺。在这样的条件下，任务越难，绩效越好。一般认为，绩效与目标难度水平之间存在着线性关系，是因为人们可以根据不同的任务难度来调整自己的努力程度。

2．扩展模式

在目标设定与绩效之间还有其他一些重要的因素产生影响。这些因素包括对目标的承诺、反馈、自我效能感、任务策略、满意感等。

（1）承诺

承诺是指个体被目标所吸引，认为目标重要，持之以恒地为达到目标而努力的程度。个体在最强烈地想解决一个问题的时候，最能产生对目标的承诺，并随后真正解决问题。

由权威人士指定目标，或是个体参与设定目标，哪一种方式更能导致目标承诺、增加下属的绩效呢？研究发现，合理指定的目标（所谓合理，即目标有吸引力，也有可能达到）与参与设定的目标有着相同的激励力量。这两者都比只是简单地设定目标而并不考虑目标的合理性要更有效。当人们认为目标能够达到，而达到目标又有很重要的意义时，对目标的承诺就加强了。研究者发现，人们认为目标能够达到可以加强自我效能感。

近来的研究发现，激励物对产生承诺的作用是很复杂的。一般来说，对于无法达到的目标提供奖金只能降低承诺，对于中等难度的任务给予奖金最能提高承诺。

（2）反馈

目标与反馈结合在一起更能提高绩效。目标给人们指出应达到什么样的目的或结果，同时它也是个体评价自己绩效的标准。反馈则告诉人们这些标准满足得怎么样，哪些地方做得好，哪些地方尚有待于改进。

反馈是组织里常用的激励策略和行为矫正手段。许多年来，研究者们已经研究了多种类型的反馈。其中研究的最多的是能力反馈（competence feedback），它是由上司或同事提供的关于个体在某项活动上的绩效是否达到了特定标准的信息。能力反馈可以分为正反馈和负反馈。正反馈是指个体达到了某项标准而得到的反馈，而负反馈是个体没有达到某项标准而得到的反馈。

反馈的表达有两种方式：信息方式和控制方式。信息方式的反馈不强调外界的要求和限制，仅告诉被试任务完成得如何，这表明被试可以控制自己的行为和活动。因此，这种方式能加强接受者的内控感。控制方式的反馈则强调外界的要求和期望，如告诉被试他必须达到什么样的标准和水平。它使被试产生了外控的感觉——他的行为或活动是由外人控制的。用信息方式表达正反馈可以加强被试的内部动机，对需要发挥创造性的任务给予被试信息方式的正反馈,可以使被试最好地完成任务。

(3) 自我效能感

自我效能感的概念是由 Bandura 提出的,目标激励的效果与个体自我效能感的关系也是目标设定理论中研究得比较多的内容。自我效能感就是个体在处理某种问题时能做得多好的一种自我判断,它是以对个体全部资源的评估为基础的,包括能力、经验、训练、过去的绩效、关于任务的信息等。

当对某个任务的自我效能感强的时候,对这个目标的承诺就会提高。这是因为高的自我效能感有助于个体长期坚持在某一个活动上,尤其是当这种活动需要克服困难、战胜阻碍时。高自我效能感的人比低自我效能感的人坚持努力的时间要长。

目标影响自我效能感的另一个方面是目标设定的难度。当目标太难时,个体很难达到目标,这时他的自我评价可能就比较低。而一再失败就会削弱一个人的自我效能感。目标根据它的重要性可以分为中心目标(proximal goal)和边缘目标(distal goal),中心目标是很重要的目标,边缘目标就是不太重要的目标。安排被试完成中心目标任务可以增强被试的自我效能感。因为被试觉得他被安排的是重要任务,这是对他能力的信任。被安排达到中心目标的被试的自我效能感明显比只被安排边缘目标的被试强。

(4) 任务策略

目标本身就有助于个体直接实现目标。首先,目标引导活动指向与目标有关的行为,而不是与目标无关的行为。其次,目标会引导人们根据难度的大小来调整努力的程度。最后,目标会影响行为的持久性,使人们在遇到挫折时也不放弃,直到实现目标。

当这些直接的方式还不能够实现目标时,个体就需要寻找一种有效的任务策略。尤其是当面临困难任务时,仅有努力、注意力和持久性是不够的,还需要有适当的任务策略。任务策略是指个体在面对复杂问题时使用的有效的解决方法。

目标设定理论中有很多对在复杂任务中使用任务策略的研究。相对于简单任务,在复杂任务环境中有着更多可能的策略,而这些策略有很多是不好的策略。要想完成目标,得到更好的绩效,选择一个良好的策略是至关重要的。Cheslley 和 Locke 发现,在一个管理情景的模拟研究中,只有在使用了适宜策略的情况下,任务难度与被试的绩效才显著相关。

何种情景、何种目标更利于形成有效策略,对此还没有搞得太清楚。前文提到,在能力允许的范围下,目标的难度越大,绩效越好。但有时人们在完成困难目标时选择的策略不佳,结果,他的绩效反而不如完成容易目标时的绩效好。对此现象的解释是,完成困难目标的被试在面对频繁而不系统的策略变化时,表现了一种恐慌,使他最终也没有学会完成任务的最佳策略。而完成容易目标的被试反而会更有耐心地发展和完善他的任务策略。

(5) 满意感

当个体经过种种努力终于达到目标后,如果能得到他所需要的报酬和奖赏,就会感到满意;如果没有得到预料中的奖赏,个体就会感到不满意。同时,满意感还受到另一个因素的影响,就是个体对他所得报酬是否公平的理解。如果说,通过与同事相比、与朋友相比、与自己的过去相比、与自己的投入相比,他感到所得的报酬是公平的,就会感到满意;反之,则会不满意。

目标的难度也会影响满意感。当任务越容易时,越易取得成功,个体就会经常体验到伴随成功而来的满意感;当目标困难时,取得成功的可能性就要小,从而个体就很少体验到满意感。这就意味着容易的目标比困难的目标能产生更多满意感。然而,达到困难的目标会产生更高的绩效,对个体、对组织有更大的价值。是让个体更满意好,还是取得更高的绩效好?这样就产生了矛盾。如何平衡这种矛盾,有下面一些可能的解决办法:

第一,设定中等难度的目标,从而使个体既有一定的满意感,同时又有比较高的绩效。

第二,当达到部分的目标时也给予奖励,而不仅是在完全达到目标时才给。

第三,使目标在任何时候都是中等难度,但不断小量地增加目标的难度。

第四,运用多重目标—奖励结构,达到的目标难度越高,得到的奖励越重。

(6) 高绩效循环模型

综合的目标设定模型被称作高绩效循环模型(见图10-2)。

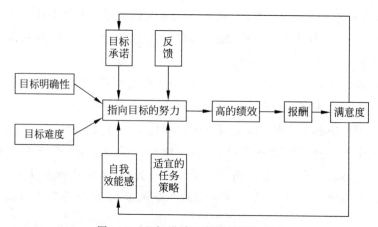

图10-2 目标设计的高绩效循环模型

模型从明确的、有难度的目标开始,如果有对这些目标的高度承诺、恰当的反馈、高的自我效能感以及适宜的策略,就会产生高的绩效。假如高的绩效导致了希望中的回报,例如有吸引力的奖赏,就会产生高的满意感。工作满意感与工作承诺联系在一起。高的承诺又使人们愿意留在该项工作上。此外,高度的满意感还能增强自我效能感。人们的满意感和对工作的承诺使他们愿意接受新的挑战,这样就能导致新一轮高绩效的产生。反过来,如果没有满足这个高绩效循环的要求,如低挑战性,缺少回报,就会导致低绩效循环。

3. 理论原则

目标设置要遵循以下原则：

第一，目标应当具体。用具体到每小时、每天、每周的任务指标来代替"好好干"的口号。

第二，目标应当难度适中。自我效能感影响难度的大小，自我效能感是指一个人对他能胜任一项工作的信心。

第三，目标应当被个人所接受。

第四，必须对达到目标的进程有及时客观的反馈信息。

第五，个人参与设置目标要比别人为他设置目标更为有效。

4. 理论评析

自洛克1967年提出目标设定理论以来，50多年来的研究有力地证明了从目标设定的观点来研究激励是有效的。在这个领域已经取得了很多有意义的成果，这些理论成果也已应用到实际管理工作中去，给实际工作带来了很大帮助。

但是，在目标设定理论中还存在很多问题需要进一步的研究。

第一，目标设定与内部动机之间的关系。一般认为，设定掌握目标（mastery goal）比绩效目标（performance goal）更能激起内部动机，但这个过程也受到很多其他中介因素的影响，如被试的成就动机的高低等。

第二，目标设定与满意感的关系。如前所述，目标设定与满意感之间呈现一种复杂的关系。困难目标比容易目标能激起更高的绩效，但它却可能导致更低的满意感。

第三，一般认为反馈可以促进绩效的提高，但不同的反馈方式对绩效的作用也不一样。因此需要研究如何进行反馈是最有效的。

第四，另外还需要进一步研究的有：目标冲突对绩效的影响；当目标困难，任务复杂时，影响选择策略的因素。

拓展阅读 10-3

公平理论的运用

思考训练

1. 简述弗罗姆期望理论的主要观点及其在管理上的运用。
2. 阐述公平理论对管理者行为的影响有哪些。
3. 简述洛克的目标设定理论的内容。

学习延伸

借鉴华为企业的实践,如果你是一家企业的经理,你将如何帮助你的员工完成他们的工作目标?

10.4 行为型激励理论

学习目标

- 掌握亚当斯挫折理论的主要观点和运用。
- 掌握斯金纳强化理论的主要观点及运用。
- 了解海德归因理论的基本内容。

学习导读

行为主义理论强调,人们的行为不仅取决于刺激的感知,而且取决于行为的结果。当行为的结果有利于个人时,这种行为就会重复出现而起着强化激励作用;如果行为的结果对个人不利,这一行为就会削弱或消失。行为型激励理论包括亚当斯的挫折理论、斯金纳的强化理论和海德的归因理论。

10.4.1 亚当斯的挫折理论

挫折理论是由美国的亚当斯提出的。挫折是指人类个体在从事有目的的活动过程中,指向目标的行为受到障碍或干扰,致使其动机不能实现,需求无法满足时所产生的情绪状态。挫折理论主要揭示人的动机行为受阻而未能满足需求时的心理状态,并由此而导致的行为表现,力求采取措施将消极性行为转化为积极性、建设性行为。

1. 挫折心理的必备条件

人的行为几乎都有受挫折的可能,但挫折心理的实际发生有三个必备条件:

第一,个人所期望的目标是重要的、强烈的。

第二,个人认为这种目标有可能达成。

第三,在目标与现实中存在难以克服的障碍。事实上,如无此条件,目标就会实现,挫折就不存在了。

2. 挫折产生的原因

引起挫折的原因既有主观的,也有客观的。

第一,主观原因。主观原因主要是个人因素,如身体素质不佳、个人能力有限、认识事物有偏差、性格缺陷、个人动机冲突等。

第二,客观原因。客观原因主要是社会因素,如企业组织管理方式引起的冲突、人际关系不协调、工作条件不良、工作安排不当等。人是否受到挫折与许多随机因素有关,也因人而异。归根结底,挫折的形成是由于人的认知与外界刺激因素相互作用失调所致。

3. 对挫折的心理态度

根据不同人的心理特点,受到挫折后的行为表现主要有两大类:

第一,采取积极进取态度,即采取减轻挫折和满足需要的积极适应态度;

第二,采取消极态度,甚至是对抗态度,诸如攻击、冷漠、幻想、退化、忧虑、固执和妥协等。

对于同样的挫折情境,不同的人会有不同的感受;引起某一个人挫折的情境,不一定是引起其他人挫折的情境。挫折的感受因人而异的原因主要是由于人的挫折容忍力不同。所谓挫折容忍力,是指人受到挫折时免于行为失常的能力,也就是经得起挫折的能力,它在一定程度上反映了人对环境的适应能力。对于同一个人来说,对不同的挫折,其容忍力也不相同,如有的人能容忍生活上的挫折,却不能容忍工作中的挫折,有的人则恰恰相反。挫折容忍力与人的生理、社会经验、抱负水准、对目标的期望以及个性特征等有关。

4. 对挫折采取的措施

在企业安全生产活动中,职工受到挫折后,所产生的不良情绪状态及相伴随的消极性行为,不仅对职工的身心健康不利,而且也会影响企业的安全生产,甚至易于导致事故的发生。因此,应该重视管理中职工的挫折问题,采取措施防止挫折心理给职工本人和企业安全生产带来的不利影响。对此,可以采取的措施包括:

第一,帮助职工用积极的行为适应挫折,如合理调整无法实现的行动目标;

第二,改变受挫折职工对挫折情境的认识和估价,以减轻挫折感;

第三,通过培训提高职工工作能力和技术水平,增加个人目标实现的可能性,减少挫折的主观因素;

第四,改变或消除易于引起职工挫折的工作环境,如改进工作中的人际关系、实行民主管理、合理安排工作和岗位、改善劳动条件等,以减少挫折的客观因素;

第五,开展心理保健和咨询,消除或减弱挫折心理压力。

10.4.2 斯金纳的强化理论

强化理论是过程型激励理论之一,是由美国心理学家斯金纳首先提出的。该理论认为人的行为是对其所获刺激的函数。如果这种刺激对他有利,则这种行为就会重复出现;若对他不利,则这种行为就会减弱直至消失。因此管理者要采取各种强化方式,以使人们的行为符合组织的目标。根据强化的性质和目的,可以分为正强化和负强化两大类型。

1. 强化理论的产生

强化理论是由美国心理学家和行为科学家斯金纳、赫西、布兰查德等人提出的,也称为行为修正理论或行为矫正理论。斯金纳于 1931 年获得哈佛大学的心理学博士学位,并于 1943 年回到哈佛大学任教,直到 1975 年退休。1968 年曾获得美国全国科学奖章,是第二个获得这种奖章的心理学家。斯金纳认为人是没有尊严和自由的,人们做出某种行为,不做出某种行为,只取决于一个影响因素,那就是行为的后果。他提出了一种"操作条件反射"理论,认为人或动物为了达到某种目的,会采取一定的行为作用于环境。当这种行为的后果对他有利时,这种行为就会在以后重复出现;不利时,这种行为就减弱或消失。人们可以用这种正强化或负强化的办法来影响行为的后果,从而修正其行为。

最早提出强化概念的是俄国著名的生理学家巴甫洛夫。在巴甫洛夫经典条件反射中,强化指伴随于条件刺激物之后的无条件刺激的呈现,是一个行为前的、自然的、被动的、特定的过程。而在斯金纳的操作条件反射中,强化是一种人为操纵,是指伴随行为之后以有助于该行为重复出现而进行的奖罚过程。

巴甫洛夫等的实验对象的行为是刺激引起的反应,称为"应答性反应"(respondents)。而斯金纳的实验对象的行为是有机体自主发出(emitted)的,称为"操作性反应"(operant)。经典条件作用只能用来解释基于应答性行为的学习,斯金纳把这类学习称为"S(刺激)类条件作用"。另一种学习模式,即操作性或工具性条件作用的模式,则可用来解释基于操作性行为的学习,他称为"R(强化)类条件作用",并称为"S—R"心理学理论。

这种理论观点主张对激励进行针对性的刺激,只看员工的行为和结果之间的关系,而不是突出激励的内容和过程。该理论认为人的行为是其所获刺激的函数。如果这种刺激对他有利,则这种行为就会重复出现;若对他无利,这种行为就会减弱直至消逝。

2. 强化的具体方式

根据强化的性质和目的可把强化分为正强化和负强化。在管理上,正强化就是奖励那些组织上需要的行为,从而加强这种行为;负强化就是惩罚那些与组织不兼容的行为,从而削弱这种行为。正强化的方法包括奖金、对成绩的认可、表扬、改善工作条件和人际关系、提升、安排担任挑战性的工作、给予学习和成长的机会等。负强化的方法包括批评、处分、降级等，有时不给予奖励或少给奖励也是一种负强化。

强化的具体方式有四种：

第一，正强化。就是奖励那些符合组织目标的行为，以便使这些行为得以进一步的加强、重复出现。

第二，惩罚。当员工出现一些不符合组织目标的行为时，采取惩罚的办法，可以约束这些行为少发生或不再发生。惩罚力图使不希望的行为逐渐削弱，甚至完全消失。

第三，负强化。负强化强调的是一种事前的规避。俗语"杀鸡儆猴"形象地说明了两者的联系与区别。对出现了违规行为的"鸡"加以惩罚，意欲违规的"猴"会从中深刻地意识到组织规定的存在，从而加强对自己行为的约束。

第四，忽视。就是对已出现的不符合要求的行为进行"冷处理"，达到"无为而治"的效果。

斯金纳的强化理论和弗隆的期望理论都强调行为同其后果之间关系的重要性，但弗隆的期望理论较多地涉及主观判断等内部心理过程，而强化理论只讨论刺激和行为的关系。强化的主要功能，就是按照人的心理过程和行为的规律，对人的行为予以导向，并加以规范、修正、限制和改造。它对人的行为的影响，是通过行为的后果反馈给行为主体这种间接方式来实现的。人们可根据反馈的信息，主动适应环境刺激，不断地调整自己的行为。

3. 强化理论的运用

第一，要依照强化对象的不同采用不同的强化措施。人们的年龄、性别、职业、学历、经历不同，需要就不同，强化方式也应不一样。

第二，小步子前进，分阶段设立目标，并对目标予以明确规定和表述。对于人的激励，首先要设立一个明确的、鼓舞人心而又切实可行的目标，只有目标明确而具体时，才能进行衡量和采取适当的强化措施。同时，还要将目标进行分解，分成许多小目标，完成每个小目标都及时给予强化，这样不仅有利于目标的实现，而且通过不断地激励可以增强信心。如果目标一次定得太高，会使人感到不易达到或者说能够达到的希望很小，这就很难充分调动人们为达到目标而做出努力的积极性。

第三，及时反馈。所谓及时反馈就是通过某种形式和途径，及时将工作结果告诉行动者。要取得最好的激励效果，就应该在行为发生以后尽快采取适当的强化方法。一个人在实施了某种行为以后，即使是领导者表示"已注意到这种行为"这样简单的反馈，也能起到正强化的作用。如果领导者对这种行为不予注意，这种行为重复发生的可能性就会减小以至消失。所以，必须利用及时反馈作为一种强化手段。

第四，不固定时间和频率间隔的强化效果好。因为有机体在强化到来之前的反应率有所提高。在这样的强化程序下,个体不知道什么时候会出现强化,但总有一种强化即将出现的期待。长此以往自然会形成习惯。也就是说,全部强化的结果,如果不继续强化,反应就消失了。反过来,部分强化的,即使后来不强化时,反应仍不会减弱。用拟人的话来表达,不强化会起着警戒作用,即遇到没有强化的条件时,强化会使人学习到:一时没有结果以后还是有结果的。所以不强化同样可以收到学习的效果。全部强化,没有失败的教训,遇到挫折便不会继续努力了,反而导致消极的结果。

第五,正强化比负强化更有效。负强化及惩罚可以引起一定的副作用。斯金纳通过系统的实验观察得出了一条重要结论:惩罚就是企图呈现消极强化物或排除积极强化物去刺激某个反应,仅是一种治标的方法,它对被惩罚者和惩罚者都是不利的。他的实验证明,惩罚只能暂时降低反应率,而不能减少消退过程中反应的总次数。在他的实验中,当白鼠已牢固建立按杠杆得到食物的条件反射后,在它再按杠杆时给予电刺激,这时反应率会迅速下降。如果以后杠杆不带电了,按压率又会直线上升。所以,在强化手段的运用上,应以正强化为主;同时,必要时也要对坏的行为给以惩罚,做到奖惩结合。

10.4.3 海德的归因理论

归因理论又称"认知理论",是研究人的行为活动之间因果关系的理论。归因理论最早建立在美国心理学家海德(F. Heider)的社会认知理论和人际关系理论的基础上,是由美国斯坦福大学教授罗斯(L. Rose)和澳大利亚心理学家安德鲁斯(Andrews)等人发展推动而形成的。归因理论一共研究三个基本问题:第一,人们心理活动发生的因素关系;第二,社会推论问题;第三,行为的期望与预测。具体来说,归因理论首先对人产生心理活动的因素(内部与外部原因、直接和间接原因)作出分析,然后根据该心理活动产生的行为和结果对行为人做出推论(包括心理特征、素质、个性差异等),从而推断行为人在某种情况下可能产生的行为和反应。

1. 归因的种类

归因理论认为:人们对过去的成功或失败主要归结于四个方面的因素,即努力、能力、任务难度和机遇。这四种因素又可按内外因、稳定性和可控性进一步分类:从内外因方面来看,努力和能力属于内因,而任务难度和机遇则属外部原因;从稳定性来看,能力和任务难度属于稳定因素,努力与机遇则属不稳定因素;从可控性来看,努力是可以控制的因素,而任务难度和机遇则超出个人控制范围。

海德认为人们归因时,通常使用不变性原则,就是寻找某一特定结果与特定原因间的不变联系。如果某特定原因在许多条件下总是与某种结果相关联,如果特定原因不存在,相应的结果也不出现。这就可把特定结果归结于那个特定原因。不变性原则的思想方法是科学的,用这种方法可找到某种行为或其结果的关键原因。

2. 理论的运用

海德指出,在日常生活中,每一个人,不光是心理学家,都对各种行为的因果关系感兴趣,力图弄清周围人们行为的前因后果。海德还区分了导致行为发生的两种因素:一是行为者的内在因素,包括能力、动机、努力程度等。他认为行为观察者对因果关系进行朴素分析时,试图评估这些因素的作用,而且对行为的归因和对行为的预测两者密切相关。

海德的归因理论开创了归因问题的先河,他对行为原因所做的个人—环境的划分一直是归因的基础,影响深远。随后,琼斯和戴维斯的相应推断理论扩充和发展了海德的归因理论。这种理论认为,人们的外显行为是由行为者内在的人格特质直接引起的,也就是说一个人的行为与其人格特征是相当一致的。

拓展阅读 10-4

合理运用归因理论激励员工

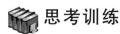 思考训练

1. 简述亚当斯的挫折理论的主要观点。
2. 斯金纳的强化理论的主要观点是什么?在管理实践中如何运用?
3. 简述海德的归因理论的主要内容。

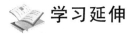 学习延伸

如果你进行校园创业,招聘了几位同学从事网上零食售卖业务,你将如何运用强化理论进行员工激励活动?

 本章小结

激励是指激发人的行为的心理过程。在企业管理中,管理者通过激发员工的工作动机,调动员工的工作积极性和创造性来实现企业的目标和利益。激励的方法很多,但是薪酬可以说是一种最重要的、最易使用的方法。激励理论包括内容型激励理论、过程型激励理论和行为型激励理论。内容型激励理论是指针对激励的原因与起激励作用的因素的具体内容进行研究的理论,包括马斯洛的"人类需求层次理论"、赫茨伯格的"双因素

论"、麦克利兰的"成就需求理论"和奥德弗的"ERG 理论"。过程型激励理论是指着重研究人从动机产生到采取行动的心理过程,包括弗罗姆的"期望理论"、亚当斯的"公平理论"、洛克的"目标设定理论"。行为主义理论强调,人们的行为不仅取决于刺激的感知,而且取决于行为的结果,包括亚当斯的"挫折理论"、斯金纳的"强化理论"、海德的"归因理论"。

第 11 章 管 理 沟 通

课前阅读

管理沟通过程是沟通主体向受众传递信息并获得对方反馈的过程。该过程是受众、信息源、信息、目标、环境、媒介和反馈七个基本要素的系统整合。沟通过程中仅有信息是不够的,只有当信息受众做出你期望的反应时才算成功。因此,受众的反应是最为关键的,这也是管理沟通和其他类型沟通的本质区别。

组织冲突(organizational conflict)是指组织内部成员之间、成员个人与组织之间、组织中不同团体之间,由于利益上的矛盾或认识上的不一致而造成的彼此抵触、争执或攻击的组织行为,是一个从知觉到情绪,再到行为的心理演变过程。组织冲突有破坏的一面,但对冲突不能一概排斥或反对,重要的问题在于如何学会控制和驾驭冲突。适度的组织冲突是组织进步的动力,良性冲突产生的能量,是推动组织前进的重要能源。但过度的冲突也会造成组织资源的浪费,因此,加强冲突管理就显得尤为重要。

11.1 沟通的概念

学习目标

- 了解沟通的含义和功能。
- 了解有效沟通的影响因素。

学习导读

管理沟通过程是沟通主体向受众传递信息并获得对方反馈的过程。该过程是受众、信息源、信息、目标、环境、媒介和反馈七个基本要素的系统整合。

11.1.1　沟通的定义与作用

1. 沟通的定义

沟通是指借助一定手段把可理解的信息、思想和情感在两个或两个以上的个人或群体中传递或交换的过程,目的是通过相互间的理解与认同来使个人和(或)群体间的认知以及行为相互适应。在很大程度上,组织的整个管理工作都和沟通有关。

2. 沟通的作用

沟通贯穿了企业管理的全过程,其在企业管理中发挥着非常重要的作用。

(1) 交流

交流是沟通的基本功能,也是非常重要的内容。对于企业组织而言,群体成员之间的交流不仅仅体现在语言方面,还体现在物质支持以及情感沟通上。良好的信息沟通可以在企业与员工之间构建起稳固的桥梁,使得企业的立场、意愿和观点都能够通过交流引发彼此共鸣,从而被企业员工理解和掌握。考虑到信息接收者的个体差异可能会使得同样的信息传递产生不同效果,需要通过有效沟通来进行弥补。

(2) 协调

企业内部的有效沟通涉及很多方面,如员工之间、部门之间、员工与部门之间等,有效沟通可以对其相互关系进行协调;如果企业内部信息渠道堵塞,信息传递滞后,企业的决策信息无法及时传达,员工意见也无法被管理层接收,很容易影响员工对于企业的认同感,导致其在工作中缺乏能动性,甚至可能会对企业的正常运作产生影响。有效沟通能够对个体、部门之间的关系进行协调,推动企业文化形成,以此来确保企业的高效运转。

(3) 控制

从企业管理层的角度,通过有效沟通,可以将企业本身的目标和政策传递给员工,也可以及时了解员工的意见反馈,对经营管理策略进行调整,提升控制效果。很多时候,实际工作中必须经过有效沟通,才能使得企业的决策得到准确实施。

(4) 激励

对于企业而言,员工是否能够认真工作,是否会对企业产生归属感,是否能够在日常工作中得到满足,主要取决于企业与员工之间"心理契约"的实现程度。"心理契约"的构建过程实际上是企业员工积极性、创造性得以充分发挥的过程,也是提升企业凝聚力的过程。有效沟通能够帮助企业管理人员更加深入地了解员工,转变其对于工作的态度,通过改变管理措施、完善相关制度等方式,调动职工参与工作的积极性,激励员工为企业发展做出更大贡献。

11.1.2 有效沟通的影响因素

1. 认识因素

企业管理人员的认识对于有效沟通的实现影响巨大,如果管理人员自身没有能够完成角色转换,对于下级员工缺乏足够的尊重和理解,在交流过程中表现得主观、武断,会导致交流单向化,难以形成真正意义上的平等交流;同时,不少企业管理人员缺乏充分的沟通准备工作,没有能够对沟通目的进行明确,也没有合理选择沟通的方式与渠道,存在"为了沟通而沟通"的情况;也有不少企业管理者认为内部管理决策不能与员工过度沟通,害怕出现意见难以统一的情况,这样必然会对沟通的有效性产生影响。

2. 渠道因素

在对沟通渠道进行选择的过程中,不少企业并没有依照沟通的性质及内容进行选择,渠道相对闭塞,组织层级过多,不仅效率低下,而且信息的真实性无法得到保障,单向性的信息流动使得企业管理人员无法及时得到反馈,造成企业管理活动存在很大的盲目性,影响了沟通效果。

3. 方法因素

沟通方式会对信息传递的真实性和可靠性产生影响。调查显示,不少企业沟通方式单一,停留在指示、会议、汇报等层面,管理人员重视正式沟通而忽视非正式沟通,一味沿用传统的沟通方式,对于一些现代化的沟通手段缺乏有效认知。

4. 能力因素

管理人员的沟通能力是确保有效沟通的基础和前提。但是就目前来看,不少企业管理人员存在着沟通能力严重缺乏的情况,如对于员工的意见和诉求无法有效倾听,缺乏非语言信息沟通技能以及书面沟通技能等,能力的不足使得沟通工作的进展缓慢,无法取得预期效果。

5. 组织因素

企业组织结构会对信息沟通产生直接或者间接的影响。在企业中,管理层级越多,对于基层员工而言,感受到的企业"等级制度"越发明显,很可能会在无形中产生心理压力乃至隔阂,对沟通的有效性造成影响。

拓展阅读 11-1

哪些因素导致我们不能有效沟通

思考训练

1. 什么是沟通？沟通具有什么样的功能？
2. 影响有效沟通的因素有哪些？

学习延伸

与同学们分享一件日常生活中发生冲突的案例，并说说你是如何解决的。

11.2 组织的沟通

学习目标

- 了解有效沟通的重要性。
- 掌握有效沟通的技巧。

学习导读

沟通的途径多种多样，最常用的方法是语言沟通。美国斯隆学院的行为科学家们对语言沟通过程中的说话、聆听、思考三个活动的速度进行了多次试验，得出了这样的结论：思考速度＞聆听速度＞说话速度。另外，行为科学家还通过不同的信息传递手段，对获取信息的有效性进行了多组比对试验，得出的结论是：信息经提炼后再传递给聆听者，其记忆的效果远远好于不加整理且没有重点的叙述和图片展示。

目前，大部分组织已无法否认，如若想要组织在竞争社会中幸存并坚定地向前发展，就必须拥有强大的竞争力，需要通过获取对方的信息，并在本组织进行有效分析，采取相应措施。而这就必须要加强组织内外部的沟通意识，让尽可能多的员工能够理解组织所设定的目标政策，将员工与组织连接起来，共同为组织的发展做出奉献，实现组织与员工共赢。因此，有效的组织沟通在组织中的地位和重要性显而易见。

11.2.1 有效沟通的重要性

1. 提高组织凝聚力和工作效率

有效沟通可以使组织成为一个凝聚剂，提高工作效率。每个企业都是由数人、数十人、甚至是上千人构成的组织,组织目标的实施,需要各个部门、各个层次的人员共同努力去完成。每个人都是一个个体,拥有着各不相同的思想,每个人对自己所接收到的信息的理解也各不相同,这就有可能使得员工在组织工作时所设定的个人目标与组织的目标背道而驰。由此看来,沟通的作用就显得如此重要,它会让员工和组织的总体目标相结合,共同提高工作效率,为组织的整体目标与组织一同前进,以简洁高效的方式完成组织目标。组织只有通过上下内外的有效沟通,才能使组织高效运转,并完成目标和所下达的任务,同时又提升了员工的自信心和组织的凝聚力,促使沟通和组织的发展进入一个良好的循环。

2. 形成积极向上的组织文化

一个领导者,无论他如何掌控全局,都必须与员工进行当面交谈,将自己的想法告知于员工,并设身处地地为他们着想,理解他们。领导者理论认为,领导者的任务是与员工进行交心并理解他们的愿望,从而帮助他们实现目标。这些目标、理解和观察需要基本的沟通方式。有效的沟通,可以增进与下属的感情,让员工感觉到来自管理者和组织的关怀。组织开展有效的沟通,来满足员工自我实现的意愿,激发员工的工作热情。当组织不得已进行组织改革的时候,领导者愿意与员工进行沟通,使员工得到尊重,从而增加员工对管理人员的理解,有利于组织向前发展,完成改革和创新的目标。这不仅使组织形成了健康积极的沟通氛围,也为组织良好文化的形成奠定了坚实的基础。

3. 建立与外部环境联系的桥梁

在一个组织的发展史中,必然会和社会中的种种因素发生联系,比如政府、员工、竞争者等。这其中也会存在许多问题,在组织管理中,如若要统一筹划、防患于未然,就必须进行有效的沟通。外部环境处于一种动态情况,顾客的喜好变化、政府的政策、公众的舆论、竞争者的进入,这些不利的因素都会使一个组织不知所措。为了防止这些事情的发生,组织必须具有预见性,要求组织要时刻关注外部的信息,及时获取有利的消息,抓住机遇,清除不利因素,降低组织失败的概率。

11.2.2 有效沟通的技巧

1. 重视沟通在企业管理中的作用

现在大部分企业在沟通中,都处于一种工作任务的安排,布置这种单向的过程,几乎不会考虑员工的意见、能力等因素。这就说明,管理者不重视沟通所能带来的效益。要想解决这一问题,需要注意以下几点:第一,要有积极主动的沟通态度。良好的沟通意识、积极主动的态度,是有效沟通的基础,也是让管理者有效与员工分享和传递信息的基础。第二,饰演一个恰当的沟通角色。管理者在企业管理中会遇到员工的各种问题,不同问题需要不同态度来进行沟通,管理者需要作为朋友、长者、老师等角色与员工进行沟通。饰演好自身的沟通角色,与员工建立信任感,勾起员工沟通的欲望,让人"畅所欲言"。第三,妥善处理沟通及其他管理职能之间的关系。沟通就是要将各个部门的各个职能连接起来,充分发挥团队作用,实现"1＋1＞2"的作用。切勿忽视组织的横向沟通,想要发挥员工的最大潜能,就要打通才华与心灵之门,就必须进行有效的沟通。

2. 形成开放沟通的良好氛围

目前,在企业管理沟通中,大多都是传统的、单向的沟通,上级下达命令,是否有效员工都必须执行,不允许员工提出建议,这就使得企业管理效率低下。首先,一个良好的沟通需要沟通双方在一个公平的环境下,管理者放下自己的"姿态"广开言路,员工要放下对领导者的恐惧踊跃谏言。其次,建立一个公平、科学的交流系统,构建一个沟通的考核制度,给予积极有效的沟通者奖励。一个企业必须在制度方面保持公平公正,员工才会对工作感到满意,积极发挥他们的作用,为企业的目标而奋斗。将表现好的员工或者领导者在组织中设立照片展,树立一个良好的沟通榜样,给予其他员工和管理者一个指引。

3. 成立专门的企业管理沟通部门

一个企业是由各个部门构成,而每个部门又有其特有的职能,所以建立一个沟通部门也是有必要的,这也是企业战略发展的一个重要手段。这个专职的部门所从事的事情应该是:负责收集企业内外部的有效信息,尤其是外部环境的变化,并及时向组织汇报,以便采取相应的措施;监督企业内外部的沟通情况,重点是企业的内部沟通,对沟通效果进行评价和反馈,对好的沟通加以鼓励,对于不良沟通及时改正等。企业可将原来的某些信息类部门进行整合,重新命名,既提高了资源的利用率,又设立了一个新的部门,并在必要的情况下对原有人员进行调整或者部署新的人才。通过设立这样的一个部门,可以很大程度上改变企业的原有不良沟通,使沟通事务落实得更加明确。

4. 及时反馈沟通中的问题

沟通的最主要目的就是获取信息,并对已获得的信息进行"解密",以便采取相应的对策。如果在沟通过程中双方的信息理解无法达成一致,就会造成误解和分歧,管理者就无法做出正确的决策。及时有效的反馈可以使我们正确理解对方所传递的信息。反馈并不是对信息进行简单的判断对与错,而是为了掌握核实信息的接收者是否真正了解了所传达信息的真正意义。所以,及时有效的反馈,是减少沟通障碍的有效保障。

拓展阅读 11-2

改善组织沟通的途径

思考训练

1. 有效沟通有哪些重要性？
2. 管理者如何进行有效沟通？

学习延伸

小组合作，每组 3～5 人共同完成一项任务，并就小组是否能有效沟通分享合作心得。

11.3 组织的冲突

学习目标

- 了解个体层面、团队层面和组织层面的组织冲突来源。
- 了解组织冲突的不同分类。
- 了解组织冲突的消极影响和积极影响。

学习导读

在管理实践中经常会出现各种组织冲突，这些冲突来源既有个体层面的，也有团队层面的和组织层面的。组织冲突有各种类型，而冲突的影响有消极方面的，也有积极方面的。

11.3.1 冲突来源的层次

冲突作为一种社会现象，广泛地存在于企业组织的各项活动、各个层面和各个领域之中。在中国，随着改革的深入与发展，企业经历了从计划经济向市场经济的转型，企业内部也面临着传统文化与现代文化、传统的管理方式与现代企业的管理方式的变革，变革必将引发冲突。此外，由于经济的全球化，企业所面临的市场竞争环境也日趋复杂和激烈，所遇到的冲突问题也越来越多。冲突的来源较为复杂，既有内部因素，又有外部因素；既有主观的，又有客观的。在进行冲突管理时，人们应该对冲突产生的原因进行仔细的分析，只有很好地了解冲突的成因，才能采取有效的冲突管理策略来化解冲突。本节分别从个体、团队、组织层面分析企业组织冲突产生的内部原因,希望可以有助于人们加深对冲突的认识和理解,从而对冲突进行更加有效的管理。

1. 个体层面上的冲突来源

(1) 个性差异

个性是指一个人的整体心理面貌,即在一定的社会历史条件下所具有的意识倾向性,以及经常出现的较稳定的心理特征的总和。企业是由不同个性的成员组成,有的人性格外向、活泼大方,有的人性格内向、沉默寡言,有的人宽容大度,有的人傲气自负。在现实中,企业成员之间的性格差异使得他们解决问题、与人相处的作风和方式会出现差异。发生冲突是不能避免的。比如急性子与慢性子的人之间常引发个性冲突;一个喜欢创新冒险的员工与一个行事谨慎的员工在一块儿工作时,有可能会对同一个问题的看法不一致而发生争执,从而导致冲突。

(2) 价值观差异

价值观是指一个人对周围事物的是非、善恶和重要性的评价。这种对诸事物的看法和评价在心目中的主次、轻重的排列,构成了个人的价值体系价值观。一个人的价值观是在其家庭背景、学校教育、社会环境的影响下形成的。企业成员在进入企业之前都有着各自的经历,都带着形形色色的价值观。在同一个企业中,对于同一个事物,由于人们的价值观不同,就会产生出不同的行为。比如企业中有的人对地位看得很重,有的人看重金钱和物质报酬,而有的人注重自我成长和工作成就。因此,由于不同的价值取向和价值判断标准,企业里的员工极易引起相互之间主观判断的分歧和争议,从而导致冲突的出现。

(3) 角色差异

在现实社会中,每个人都同时承担着几种不同的社会角色,每个角色都要求人们要表现出与他人的期望相符的社会行为。个人面对多种角色期盼时,可能能扮演好某一种角色,但却无法同时扮演好另一角色,因为人的某些行为与他人对他的期望难免会有不一致,这就容易导致冲突的产生。在企业中,每一位员工都充当着不同的角色,并且都按照角色的要求而进行活动。当角色产生差异时,就可能引发冲突。

(4) 目标差异

目标是企业的基本要素之一,所有的企业都有明确的组织目标,它反映了企业所希望达到的理想状态。通常来说,企业经营目标的实现是和员工个人的目标实现相一致的。但在现实中,员工和各部门都可能过分追求自身利益,突出自己的目标而忽略其他目标。如果员工被分配的任务和他自己的个人目标不一致时,就会产生一定程度的内心冲突。学者们通过研究发现员工的个人目标与企业目标常常是不一样的。而且企业通过横向、纵向分工形成不同的部门,这种由于专业化和分工所形成的不同部门,执行着不同的职能,也有着不同的目标,因此容易造成分歧,出现矛盾和冲突。

(5) 情绪管理能力差异

情绪是指人们对环境中某个客观事物的特别感触所持的身心体验。每一个人或多或少都会有情绪问题。当员工受到外来刺激会产生下列的心理状态：悲伤、惊讶、愤怒、厌恶、恐惧、快乐等。心理素质好的人，即情绪管理能力强的人，在工作中碰到矛盾，即使非常生气，也能强压怒火，控制调整自己的情绪，这样，便有利于矛盾的化解和防止冲突升级。心理素质差的员工，不善于管理自己的情绪，工作中与人交往，一有矛盾便怒从心起，把本来不大的矛盾激化成严重的冲突。情绪虽然会干扰人们的理性认知，具有负面的效果，但是如果处理得当，经过有效的控制和管理后，不良情绪可以消散，还可以转化为积极而正面的动力和意志力。

(6) 沟通能力差异

沟通是指不同个体间信息的有效传递与接受，是人们分享信息、思想和情感的过程。在工作中，可以说是处处皆沟通，沟通搭起了人与人之间的桥梁。有效沟通对企业来说十分的重要。因为企业管理中80%的问题是因为沟通障碍和无效沟通造成的。员工之间如果沟通有障碍，将会影响工作效率及和谐，引发冲突。但在企业实践中，企业成员沟通能力存在差异，不同员工在信息处理、信息传递、信息接收过程中会造成信息交流的不畅，导致信息交流的低效或无效，从而引发冲突。

(7) 处理人际关系能力差异

每个个体都生活在各种各样现实的、具体的人际关系之中。对于企业的员工来说，良好的人际关系是舒心工作、事业顺利的必要条件。如果一个员工拥有良好的人际关系，同事都愿意与他合作和交往，那么他就能得到众人的支持和拥护，因此可以避免与人发生冲突。然而在实际工作中，员工对某些问题有不同的观点和看法时，就经常会出现分歧或纠纷，当这种分歧呈现出矛盾表面化、情绪化时，就会导致情绪对立的出现，这就是所谓的人际冲突。由于人际关系而导致的冲突在企业里是不可避免的普遍问题，它几乎存在于人与人的一切关系之中。而一个懂得处理人际关系的人，可以使人际冲突更少地发生，而且在发生冲突时还能帮助冲突的双方互相了解，化解冲突。因此，处理人际关系的能力是影响企业员工之间合作和冲突的关键因素。

2．团体层面上的冲突来源

(1) 团队的规模

团队规模的大小会影响团队冲突。一般来说，团队规模不宜过大，因为如果团队成员人数过多，就会比较难以顺利地开展工作，成员相互沟通和交流时会遇到很多障碍，面临决策时也很难达到一致。通常的情况是，当工作任务下达之后，团队成员互相推诿，团队成员之间会产生种种矛盾与冲突，最终影响到团队目标的高效实现。研究说明，最佳的工作团队规模一般比较小，通常情况下，人数可以控制在10人以内，这样才能使每个团队成员各尽其职、各显其能，最大限度地发挥团队的优势，保证团队目标顺利实现。

（2）团队成员的差异性

差异性是人们产生分歧与冲突的直接原因。团队是由既相互依赖，又存在不同程度差异性的个体组成的。团队内由于成员与成员之间存在着各种各样的差异性，比如知识、经验、受教育程度、个性、价值观等，这些差异会导致团队成员对同一问题会有不同认识、看法及解决方式，如果不能有效地协调，成员之间就可能产生分歧，当差异产生的矛盾激化到一定程度，就会导致团队冲突。研究表明，团队内成员差异性越大，团队内的分歧和冲突越多。

（3）领导的风格

领导风格是指领导者习惯化的领导方式。这些习惯化的领导方式是领导者在长期的个人经历、管理实践中逐步形成的，并且具有较强的个性化色彩。领导风格没有最正确的方式，因为不同的商业环境和文化都有与其相匹配、相适应的领导风格。著名心理学家勒温（Lewin）进行了有关领导风格对群体影响的实验研究。他将领导者在工作过程中的领导风格分成三种类型，即专制型风格、民主型风格和放任型风格。与民主型风格和放任型风格相比较，专制型的领导者会将权力掌握在自己手中，这种家长式的作风导致了团队内上级与下级之间存在较大的心理距离和隔阂。因此，专制型领导风格尽管有可能带来比较高的绩效，但这种家长式的作风也可能会带来员工对领导者存有戒心和敌意，从而产生各种矛盾与冲突。

（4）对稀缺资源的争夺

资源对于企业各个部门的发展和目标的实现都是至关重要的。企业里，任何部门都希望获得更多的资源。然而，资源具有稀缺性，任何企业的资源都是有限的，企业不可能做到谁要多少就给多少。因此资源的有限性和对资源需要的无限性导致各部门对有限资源的争夺。这就如同划分一个蛋糕，你若分得多了，我就必然分得少了，因此各部门、各成员之间难免会为争夺资源而发生冲突。

（5）工作的相互依赖性

相互依赖性是指主体与主体之间的一种相互关系和作用，其中一方任务的完成依赖于另一方任务的顺利进行。相互依赖性是社会发展的产物，随着社会分工、专业化程度越高，个体不再可能独立完成组织赋予的目标任务。任何一个企业的工作都需要相互作用的部门紧密合作、共同完成，当这种相互依存关系是一个部门必须依赖另一个部门的工作结果来实现其目标时，就可能导致冲突的产生。因为，各部门在相互作用的过程中，有太多的不确定性因素，或者由于沟通不畅，或者由于自己部门的利益，相互协作时不可避免地会产生误解、抱怨、指责和推诿等。而且部门之间相互依赖、相互协作的程度越高，引发冲突的可能性就越大。

（6）工作责任不清

每个企业都是由具有不同职能和职责的部门组成的，各部门之间是既相互联系，又各自独立。正是由于每个部门都有其特定的职能和职责，各部门才能有效地合作，共同努力实现企业的目标。但是,企业里各个部门之间如果未能将职责分清楚,而且各个部门管辖权模糊的话,就会导致两个或两个以上的部门同时插手某项工作,或者完全相反,大家都对某项工作置之不理。这就会出现:部门与部门之间合理的分工与协作得不到实现,彼此之间争权夺利,有利益、能带来好处的工作大家都争相插手去做,而无利益、责任又重大的工作就会互相推诿扯皮,这是团队冲突产生的常见原因。

3. 组织层面上的冲突来源

(1) 组织结构不合理

组织结构是指组织内各构成要素以及它们之间的相互关系。组织结构扁平化能为企业带来成员间关系平等、自由沟通、彼此协调、相互控制等好处。然而现实中许多企业往往采用的是金字塔式的直线型的结构,企业各级部门从上到下实行垂直领导,权力至上、等级分明。因为组织结构越复杂、层次越多、幅度越大,企业里的沟通就越困难,产生组织冲突的可能性就越大。因为信息在传递过程中如果要经过较多层次,每个层次的成员都会对信息进行一定的筛选、解码,难免会发生一定的偏差和遗漏现象。如果员工所拥有的信息互相矛盾或对于同样的信息有不同的理解,这种信息不对称使得他们在工作协作的过程中就会有误会,从而导致冲突的出现。

(2) 薪酬福利体系不公平

对企业员工来说,薪酬福利是其维持生活、提高生活质量的关键要素。合理的薪酬福利水平可以使员工有安全感和归属感,反之,员工就会有不满、不公平的感觉。我国企业组织薪酬福利体系还明显带有经济转型时期的过渡色彩,与市场经济的要求相比,仍存在较大的差距。企业内部工资水平还未能普遍与劳动力市场价位接轨,因此,报酬能否公平、合理地分配,也是冲突产生的一个重要原因。

(3) 绩效评估和激励机制不科学

在大多数企业中,每年都会进行绩效考核,但企业的绩效考核由于并没太多的与成员的薪酬和晋升挂钩,常常是使得绩效考核流于形式。此外,由于企业没有对绩效考核进行有效的组织,也没有对评估人员进行相关的培训以提高他们的专业性,整个评估的过程主观性很强。考评者主要凭自己的直觉、印象、人情来随意地对被评估者的工作情况作出评定。因此很容易造成评估的失误,引起员工的不满,导致冲突出现。此外,企业不健全的激励机制也是冲突的重要来源。虽然企业内部存在多种激励形式,但由于受到平均主义、按资排辈等传统观念的影响,往往是干多干少一个样,个人报酬与岗位贡献大小关系不大;个人晋升要靠处理好与上司的关系,人情重于业绩。这样的激励机制不能够有效地激发企业成员的工作积极性和主动性,也容易导致企业内部的冲突发生。

(4) 组织变革的影响

如今,企业面临着前所未有的复杂、多变的市场环境。外部环境的变化促使企业自身进行不断的革新,如企业重组、企业股权改革、企业组织流程再造等。对于一个企业来说,在稳定的环境下产生组织冲突的可能性较小,然而在不稳定的环境下,引发组织冲突的可能性就较大。当企业变动时,变革的过程会引发组织一系列的变化,组织原有的平衡被打破,组织结构将重新组合,冗员、重叠的部门将被淘汰,组织权力和资源将会重新分配。因此,组织在变革过程中原有的利益关系被打破,将建立新的权力和利益关系,新旧权力与利益关系间将在矛盾与竞争中达到新的平衡,而在这个过程中企业内部发生冲突是在所难免的。

11.3.2　组织冲突的分类

1. 按冲突的性质分类

按其性质的不同,组织冲突可以分为破坏性冲突和建设性冲突。前者是由双方目标不同而造成的冲突,也叫对抗性冲突;后者是冲突双方在目标一致的前提下,因实现目标的手段不同而发生的冲突。破坏性冲突一般不利于组织的发展,而建设性冲突可以促进组织绩效的提高。

2. 按冲突所处阶段分类

根据其所处的阶段,组织冲突可以分为潜在冲突和正面冲突。潜在冲突是指冲突的萌生阶段,主要表现为发生互动关系的主体之间已经积累了一定的能够引发冲突的前提条件,但还不足以导致冲突的发生;正面冲突就是潜在冲突的明显化和公开化,冲突的双方直接交锋。

3. 按主体差异和客体内容分类

根据主体差异和客体内容不同,组织冲突可分为目标型冲突、情感型冲突、强势型冲突、背景差异型冲突和实质型冲突。目标型冲突是指冲突双方或多方因所希望达到的结果和目标互不相容、不可调和时所发生的冲突;情感型冲突是指冲突双方或多方因在情感或情绪上无法达到相一致、不可调和时所发生的冲突;强势型冲突是指冲突双方中的一方凭借着自己的绝对优势对另一方进行强行压制而发生的冲突;背景差异型冲突是指冲突双方或多方由于个性、立场、价值观、教育程度等方面的差异而导致的冲突;实质型冲突是指冲突的双方或多方由于规章制度、职责任务、方法、程序、工作的分配等问题而引发的冲突。

11.3.3　组织冲突的影响

组织冲突对组织绩效的影响表现在消极影响和积极影响两个方面。

1. 消极影响

组织冲突的消极影响首先体现在对组织成员的影响上,特别是对个人认知、情绪等心理因素的影响。冲突可能造成个人的愤怒、紧张、焦虑、压力、对敌意的感知、社会情感的分离、挫折感等,从而造成工作满意率降低、动力不足和工作绩效下降。

2. 积极影响

第一,冲突可加强组织的凝聚力。在组织的管理活动中,各部门之间的冲突行为或冲突倾向,给各部门的职员和具有职权的人员产生压力,包括部门内部的压力和部门之间的压力,它使部门成员强烈地意识到自身同外界的独立和差异,并产生部门内部的群体认同感,因此,其参与意识加强、内聚力和亲和力增强。同时,企业组织内部的部门冲突对维持和建立组织分工层的稳定性是有积极意义的。

第二,冲突可保护组织结构的稳定。人是很难摆脱情感影响的,纯粹的现实性冲突行为往往渗透到非现实性冲突行为中,是非现实性行为的积聚与爆发,在这种情况下,如果组织成员或部门的不满不断地得到宣泄,保持精神上的欢快,而不至于连续积累达到人们心理承受阈值而发生"疯狂性"的爆发行为,将冲突目标直接对向组织的核心。因此说,不满情绪的发泄,如果只是部门间为了工作,为了保护自己部门的利益而情绪激昂,这将有利于企业组织结构和职级结构的稳定,对组织具有保护作用。从组织的发展、变迁角度讲,一个开放的企业组织应当允许冲突的存在和延续。

第三,冲突对组织资源进行再分配。随着组织环境的不断变化,组织内部的结构以及职权关系也要随之变革以适应环境的变化。组织冲突可以激发或建立这样的变革机制,使组织关系的调整成为可能,达到强化企业组织对外部环境的适应与参与能力。

拓展阅读 11-3

协调组织冲突的对策

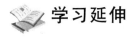

思考训练

1. 组织冲突对组织发展都是不好的影响吗?为什么?
2. 管理者如何利用组织冲突提升绩效?

学习延伸

设置一场组织谈判的情景剧,同学分为两组,分别代表两个组织进行发言。并指出,如何进行有效沟通来解决问题。

 **本章小结**

　　沟通是指借助一定手段把可理解的信息、思想和情感在两个或两个以上的个人或群体中传递或交换的过程。沟通贯穿了企业管理的全过程,其在企业管理中具有交流、协调、控制、激励等功能。影响有效沟通的因素包括认识因素、渠道因素、方法因素、能力因素和组织因素。有效沟通能提高组织凝聚力和工作效率、形成积极向上的组织文化、建立与外部环境联系的桥梁。为了提高沟通的有效性,企业应该重视沟通在企业管理中的作用,形成开放沟通的良好氛围,成立专门的企业管理沟通部门,及时反馈沟通中的问题。由于经济的全球化,企业所面临的市场竞争环境也日趋复杂和激烈,所遇到的冲突问题也越来越多。冲突的来源较为复杂,既有内部因素,又有外部因素;既有主观的,又有客观的。组织冲突对组织绩效的影响表现在消极影响和积极影响两个方面。

第 12 章 控制的过程

课前阅读

控制与计划之间有内在逻辑关系,并且实际中不可能完全分割开来,而是相互融合在一起的。

计划是对组织未来活动的一种预先筹划,其内容包括对未来环境进行分析,以此确定组织活动的目标,并对目标的实施进行具体的规划和安排。计划职能是管理的首要职能,它指明了组织活动的方向,并保证各项活动有序进行。

控制是管理职能中至关重要的一环,控制是促使组织的活动按照计划规定的要求展开的过程。控制职能是按照既定的目标、计划和标准,对组织活动各方面的实际情况进行检查和考察,发现差距、分析原因、采取措施、予以纠正,使工作能按原计划进行;或根据客观情况的变化,对计划作适当的调整,使其更符合实际。控制工作是一个延续不断的、反复发生的过程,其目的在于保证组织实际的活动及其成果同预期目标相一致。

12.1 控制的必要性与类型

 学习目标

- 了解管理活动中控制职能的必要性。
- 掌握各种控制类型的含义和运用。

 学习导读

组织制定了计划,但是在计划执行过程中,由于环境变化、管理权力的分散、员工工作能力的差异等影响,导致组织活动偏离目标的现象发生,因此必须采取科学、合理的方法进行控制,保证组织目标的实现。控制是管理职能中至关重要的一环,控制是促使组织的活动按照计划规定的要求展开的过程。

12.1.1 控制的必要性

1. 组织计划目标实现的需要

没有控制就很难保证组织计划的顺利执行,而计划不能执行,组织目标就无法实现,这是由外部环境和内部条件的变化所决定的。只有通过管理控制,才能为主管人员提供必要的信息,了解计划执行中的问题,采取措施,保证计划顺利进行,从而达成组织的目标。

2. 管理职能有效运行的需要

控制通过发现和纠正偏差的行动,与计划、组织、领导三个职能紧密地结合在一起,使管理过程形成一个相对封闭的系统。在这个系统中,计划选择确定了组织的目标、战略、政策以及实现的程序等,再通过组织工作和领导工作等职能去实现这些计划。控制则是保证计划能够顺利实现,必须对计划实施过程加以监督。同时有效的控制也离不开计划、组织和领导。因此,控制存在于管理活动的全过程,它不仅可以维持其他职能的正常运转,而且有时可以通过采取纠偏行动来改变其他管理职能的活动。

3. 员工授权的需要

一种有效的控制系统能够对员工绩效提供相关信息,使得员工能够主动承担责任,使潜在的问题发生概率降至最低。

12.1.2 控制的类型

1. 前期控制、同期控制、反馈控制

(1) 前期控制

前期控制又称预先控制,是在企业生产经营活动开始之前进行的控制。控制的内容包括检查资源的筹备情况和预测其利用效果两个方面。比如预算,用财务或非财务术语,以数字编制的形式来制定未来某个时间的计划,即把计划紧缩成一些数字以实现计划条理化。一般有收支预算,时间、场地、原材料和产品产量预算,资本支出预算和现金预算等几大类。

前期控制的优点是:由于在工作开始之前进行,避免了事后控制对已经铸成的差错的无能为力的弊端;是在工作开始之前针对某项计划行动所依赖的条件进行控制,不是针对具体人员,因而不易造成对立面的冲突,易于被职工接受。

前期控制的困难是:需要及时和准确的信息,并要求管理人员充分了解前期控制因素与计划工作的关系。在实际工作中,这往往是很难做到的。

(2) 同期控制

同期控制又称过程控制,控制点处于事物发展进程的过程中,是对正在进行的活动给予指导与监督,以保证活动按规定的政策、程序和方法进行。这类控制是针对行动过程,一旦发生偏差,马上予以纠正。最常见的同期控制方式是直接视察。

同期控制的优点是:发生在活动进行之中的控制,保证本次活动尽可能少发生偏差,改进本次而非下一次活动的质量。

同期控制的缺点是:往往会受到空间或管理人员供给的限制。

(3) 反馈控制

反馈控制又称事后控制或成果控制,指在一个时期的生产经营活动已经结束以后,对本期的资源利用状况及其结果进行总结。主要包括财务分析、成本分析、质量分析以及职工成绩评定等内容。这类控制主要是分析工作的执行结果,将其与控制标准相比较,发现已经发生或即将出现的偏差,分析其原因和对未来的可能影响,及时拟定纠正措施并予以实施,以防止偏差继续发生或防止其今后再度发生。

反馈控制的优点是:一是反馈控制为管理者提供了关于计划的效果究竟如何的真实信息;二是反馈控制可以增强员工的积极性。

反馈控制的主要缺点在于:一是只能事后发挥作用。任何供以反馈分析的结果都是既定的、不能改变的结果,唯一的作用是为以后类似的工作提供警戒与参考。二是偏差发生与被发现并得到纠正之间有较长一段时滞。这必然对偏差纠正的效果产生很大影响。但是在许多情况下,反馈控制是唯一可用的控制手段。

2. 财务控制

财务控制是按照一定的程序与方法,确保企业及其内部机构和人员全面落实和实现财务预算的过程。它运用特定的方法、措施和程序,通过规范化的控制手段,对企业的财务活动进行控制和监督。

第一,财务管理追求的不是账面利润的最大化,而是企业价值的最大化。财务管理是从资金角度进行管理,它强调的是在资金良性循环的条件下资金的增值。人们评价企业经营的好坏也越来越多地从企业资金运转状况来考虑。

第二,财务管理不能简单地强调降低成本、费用和支出。成本管理是财务管理的工作重点之一,传统意义上的成本管理即为节约成本,减少支出。当然,降低成本能增加利润,但成本增加并不意味着利润一定减少。

第三,以财务管理为中心不是要忽视和否定企业其他管理工作的作用。以财务管理为中心所强调的是财务管理的中心地位,而绝不是要忽视和否定企业的其他管理工作的作用。

3. 平衡计分卡

平衡计分卡以企业战略为导向，通过财务、客户、内部业务流程和学习与增长四个方面及其业绩指标的因果关系，全面管理和评价企业综合业绩，是企业愿景和战略的具体体现，既是一个绩效评价系统，也是一个有效的战略管理系统。

平衡计分卡的出现，使得传统的绩效管理从人员考核和评估的工具转变成为战略实施的工具；使得领导者拥有了全面的统筹战略、人员、流程和执行四个关键因素的管理工具；使得领导者拥有了可以平衡长期和短期、内部和外部，确保持续发展的管理工具。

4. 信息控制

信息系统包括五个基本要素：输入、处理、输出、反馈和控制。控制是对输入、处理、输出和反馈等过程进行监视，使这些过程保持正常。

信息控制系统的建立，是一项十分烦琐而又复杂的工作，其过程包罗万象，同时，由于系统的不同，所考虑的因素也就没有统一的标准。因此，必须运用系统的方法来做好这项工作。信息控制系统的建立与其他管理信息系统的建立有着相似的程序，分为三个步骤：系统分析，系统设计，系统的综合评价。

（1）系统分析

系统分析是系统设计的前期工作，其目的是设计一个最优的系统。系统分析所要分析的内容是：建立系统的目的是什么？希望系统能够做些什么？谁来使用系统？什么时候使用？用户希望的目标是什么？

从事系统分析工作也有一定的程序，通常要遵循以下几个步骤：

第一，确定边界。在进行系统分析时，首先必须明确问题的性质及所限定的范围，再研究问题中所包含的重要因素、各因素间的相互关系及其与外部环境的关系。

第二，确定目标。目标指决策者希望达到的标准。决策者可能只有一个单纯的目标，也可能希望同时实现多项目标。单目标的系统分析比较简单，而多目标的系统分析则要考虑目标之间的协调，以免因某一方面目标的实现而对其他目标产生不利的影响，因此，要防止发生目标之间相互抵触或顾此失彼的现象。

第三，收集资料。模式的建立及方案的研究和拟定，都必须有资料作依据，各种方案的可行性论证，更需要有准确可靠的数据，所以在确定边界及目标后，即需要着手收集有关的资料。

第四，建立模式。模式是指用简单的图形、实体或符号来代表一个真实的系统，以达到化繁为简的目的。

第五，制定标准。要力求实现系统分析所拟定的目标，必须设定支付的费用及所要获得的效益标准。

第六，进行分析。将整个系统划分为若干子系统，先就各子系统进行局部分析，将分析得到的结果,再作综合研究,以对系统整体进行分析。

上述各个步骤,只适用于一般情况,并非固定不变,在实际运用时,可视个别情况斟酌选择,有的步骤可以同时进行,有的步骤可以先后移动。

(2) 系统设计

经过系统分析,有了明确的目标之后,就可以开始系统设计工作了。

设计一套信息控制系统,一般包括下列几项内容:在最少的限制情况下,决定一个系统所要实现的功用;设计"可行的理想的系统目标",以供正常情况下使用;收集有关"可行的理想的系统目标"可行的资料;建议"可行的理想的系统目标"的其他部分;选择与"可行的理想的系统目标"有密切关系的其他系统;写出有关的程序、公式以及作业程序。完成上述设计以后,便在实际的作业情况下,测验新设计系统的运行情况并进行综合评价,达到预订标准即可投入实际应用。在设计管理信息系统时,还要随时注意几个重要因素,以求得到一个效率较好的系统。这几个因素是:针对所要实现的功用来设计系统;以目标系统在正常的作业状况下所完成的事项为优先考虑条件;尽量地多方面设计数个目标十分接近而且可以完成相同功用的系统;在这个系统中,选择一个可以最有效地完成所期望功用的系统。

(3) 系统的综合评价

当一个信息控制系统建立完毕并顺利工作一段时间后,对设计的每一步骤以及最后系统的完成都应进行综合评价。综合评价的目的是:对于设计出来的系统,用技术和经济的观点,综合地评价与审查研究系统的合理性,以及所设计的系统成功的可能性。评价过程的基本步骤如下。

第一,评价方法的制定。评价方法因系统的合理性以及所设计的具体形态不同而各不相同。但从总体来说只有两类:一类是根据系统工程的方法来进行评价,另一类是根据实施试验运行的各种结果来审查投资费用与效果的综合评价方法。

第二,对费用、效果的分析。

第三,综合评价。综合评价基本上是按性能、费用、时间这些因素的理论值和实际达到的指标来进行的。通常,把时间换算成费用来考虑。系统的效率是进行综合评价时的评价标准的重要因素。决定效率高低的各种因素主要有可靠性、稳定性、快速响应性、变通性、适应性和扩展性。

5. 标杆管理

标杆管理法是美国施乐公司于 1979 年首创的,西方管理学界将其与企业再造、战略联盟一起并称为 20 世纪 90 年代三大管理方法。标杆管理法较好地体现了现代知识管理中追求竞争优势的本质特性,因此具有巨大的实效性和广泛的适用性。如今,标杆管理已经在市场营销、成本管理、人力资源管理、新产品开发等方面得到广泛应用。进入 21 世纪以来,在企业界广泛兴起了一场标杆热,相关部委也专门发文要求"对标世界一流,赶超先进，促进中国企业做强做优，推动管理进步，提升竞争能力"。此举赢得了绝大多数企业的认可并积极付诸实践。

标杆控制是以在某一项指标或某一方面实践上竞争力最强的企业或行业中的领先企业或组织内某部门作为基准，将本企业的产品、服务管理措施或相关实践的实际状况与这些基准进行定量化的评价、比较，在此基础上制定、实施改进的策略和方法，并持续不断反复进行的一种管理方法。

标杆控制的心理学基础在于人的成就动机导向，让任何个人与组织都应设定既富有挑战性又具有可行性的目标，只有这样，个人和组织才有发展的动力。

拓展阅读 12-1

控制职能的系统结构

 思考训练

1. 管理中控制职能的必要性有哪些？
2. 控制有哪些类型？

 学习延伸

由同学们进行角色扮演分别代表企业组织、控制、计划、领导等各个部门，重点指出控制部门的职能和作用。

12.2 控制的内容与要求

🎯 **学习目标**

- 了解控制内容的三要素。
- 掌握有效控制的具体要求。

 学习导读

组织需要对员工进行有效的控制，控制在管理职能当中是相当重要的一环。控制一般包括组织设置、调整行为的过程和组织产出等内容,在控制过程中还要坚持适时控制、适度控制、客观控制和弹性控制等要求。

12.2.1 控制的内容

一般而言,控制包含三个要素:组织设置、调整行为的过程和组织产出。企业往往利用控制机制以确保组织行为制度化、常规化,或促进非路径化的行为,如学习、风险承担和创新的持久化、延续化。本书认为组织控制是组织依据自身在不同时期的战略与现实需要,用以决定和影响其成员采用什么方式,从事什么工作,达成什么目标的制度安排。组织控制可分为契约控制和信任控制。契约控制是组织以较为完备的合同细则管理和约束员工行为的一系列规章制度的总称,具有完备性、约束性、强制性的特征。信任控制是组织本着善意、友好和利他的愿望,以共同的价值观、认知观作为规范组织和员工行为的标准,具有社会性、利他性、自觉性的特征。

12.2.2 控制的要求

1. 适时控制

及时纠偏,要求管理人员及时掌握能够反映偏差产生及其严重程度的信息。纠正偏差的最理想方法应该是在偏差未产生以前,就注意到偏差产生的可能性,从而预先采取必要的防范措施,防止偏差的产生;或者企业由于某种无法抗拒的原因,偏差的出现不可避免,那么这种认识也可以指导企业预先采取措施,消除或遏制偏差产生后可能对企业造成的不利影响。

预测偏差的产生,可以通过建立企业经营状况的预警系统来实现。管理人员可以为需要控制的对象建立一条警报线,反映经营状况的数据一旦超过这条警戒线,预警系统就会发出警报,提醒人们采取必要的措施防止偏差的产生和扩大。

2. 适度控制

适度控制是指控制的范围、程度和频度要恰到好处。适度控制时需注意以下方面:一是防止控制过多或控制不足;二是处理好全面控制与重点控制的关系;三是使花费一定费用的控制得到足够的控制收益。

3. 客观控制

有效的控制必须是客观的,符合企业实际的客观的控制源于对企业经营活动状况及其变化的客观了解和评价。为此,控制过程中采用的检查、测量的技术与手段必须能正确地反映企业经营在时空上的变化程度与分布状况,准确地判断和评价企业各部门、各环节的工作与计划要求的相符或相背离程度,这种判断和评价的正确程度还取决于衡量工作成效的标准是否客观和恰当。

4. 弹性控制

企业在生产经营过程中经常可能遇到某种突发的、无力抗拒的变化,这些变化使企业计划与现实条件严重背离。有效的控制系统应在这样的情况下仍能发挥作用,维持企业的运营,具有灵活性或弹性。弹性控制通常与控制的标准有关。弹性控制要求企业制定弹性的计划和弹性的衡量标准。有效的控制系统还应该站在战略的高度,抓住影响整个企业行为或绩效的关键因素。有效的控制系统往往集中精力于例外发生的事情,即例外管理原则,凡已出现过的事情,皆可按规定的控制程序处理,而第一次发生的事例,需投入较大的精力。

有效控制的特征

思考训练

1. 简述控制的内容。
2. 有效控制有哪些要求?

学习延伸

请上网搜集一个关于控制的案例,指出如何控制才能使组织规避风险,取得更高的效益。

12.3 危机与管理控制

学习目标

- 了解组织危机的类型及含义。
- 掌握组织危机管理的做法。

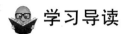 学习导读

企业需要树立自己的危机意识,有效规避风险。危机控制是危机管理者通过监督、监察有关活动,保证危机管理活动按照危机应对计划进行,并不断纠正各种偏差的过程。危机的控制是危机管理的重要阶段。

12.3.1 组织危机的类型

组织危机类型是指组织在经营运作过程中可能出现的危机种类。主要有如下几种。

1. 宏观环境制约型危机

宏观环境制约型危机主要指因宏观环境发生突变使组织发展受到限制而出现的组织危机。比如由于法律变更、宏观经济政策变化、社会结构变化、科技变化及其他社会文化因素的变化而导致的组织危机。这类危机源于企业外部且很难依靠企业的主观努力加以改变,因而对于此种危机只能预警、规避。

2. 内部资源型危机

内部资源型危机主要指因组织企业内部的资源,包括人力资源、资金、物资、技术、信息等出现严重短缺与配置不合理而造成的组织危机。这类危机可以通过加强企业规划、计划管理得以预防。

3. 市场紊乱型危机

市场紊乱型危机主要指因组织产品市场秩序紊乱,导致市场网络破坏而产生的组织产品市场危机。这类危机对于组织的稳定性影响很大,严重时会导致组织丧失。

4. 产品质量危机

产品质量危机主要指因产品质量问题而引发的组织危机。长期不能解决的质量问题是由于创新与技改不足所致,而短期的主要指由于质量事故造成的组织危机。质量危机对组织危害很大,必须引起包括最高层领导在内的所有人员的高度重视。

5. 对抗竞争危机

对抗竞争危机主要指因品牌之间的恶性竞争而引发的组织危机。较为常见的恶性竞争主要有对抗性价格竞争与恶性营销网络争夺。

6. 组织管理混乱危机

组织管理混乱危机主要指因组织变动、内部管理混乱而造成的组织运作危机。其中组织主要领导人及关键人才的离职、组织结构与管理模式的重大变动、人际冲突以及文化恶化等是引起组织危机的主要因素。

7. 媒体舆论危机

由于组织或媒体原因引发不良公众舆论发生，这些舆论传播广、影响大，容易引起群众广泛关注、疑虑甚至反感，从而产生组织危机。

8. 技术失效危机

技术失效危机主要指因组织产品技术被新技术替代而导致现有组织产品的技术失效危机。

9. 权益纠纷危机

权益纠纷危机主要指因本组织与其他组织及个人之间的权益纠纷，而造成组织运作受到影响，产生组织危机。

10. 形象破坏危机

形象破坏危机主要指因各种原因造成组织形象破坏，导致形象力减弱或负面效应产生而使得组织处于危机状态。

11. 信誉、信用危机

信誉、信用危机主要指因组织在服务、质量及承诺方面失信于顾客或公众而造成的组织信誉危机以及因信贷、投资等方面的失信而造成的组织银行信用危机。

12. 战略失误危机

战略失误危机主要指因组织战略管理上的失误导致组织投资方向、战略目标及战略措施不当以及资源浪费而造成的组织危机。

12.3.2 组织危机的管理

对于任何企业来说，危机都不只是风险，也可能是一次机会，应该是风险与机遇的混合体。风险当然在于它的破坏性和致命性，如果没有正确、及时的应对措施，则可能会导致企业遭受严重的形象损失或令企业从此不再翻身；同时，危机也是机会，企业实施正确的危机处理策略,不仅回避了危机带来的各种危害,而且有可能从危机中提升企业形象,更加博得社会公众的信赖与支持。危机管理是企业管理中的一项系统工程,需要企业重视专业管理人员的培养,组建专门危机处理机构,同时迅速制定迅捷有效的危机处理程序,并保证计划的按部就班执行,以迅速控制危机事态的发酵。

1. 培养和强化企业危机管理的意识

企业要保持持久发展,必须警惕危机、正视危机。在危机四伏的商业环境中,危机管理逐步成为中国企业尤其是企业经理人必修的一门功课。由于中国企业真正被推向市场的时间只有短短的四十多年,企业的管理模式、经验还比较落后,危机意识比较淡薄。企业领导人对危机管理知识的了解比较少。很多企业一旦发现已经陷入了危机,就手足无措,或是保持沉默,或是本能地去找政府部门以求帮助,或是采取一种对抗的强硬态度。而这些方式或态度,既不符合企业运作的规律,也起不到好的效果。

2. 建立危机管理机制

在国外,大公司都设有专门的危机管理部门,但在我国企业的组织结构里,基本上看不到这样的专业部门,这种局面迫切需要改变。企业应当在平时的经营过程中,就设置危机管理部门,而不是等到危机发生时才匆匆忙忙组建这样的组织。

第一,构建危机预警系统。预防危机必须建立高度灵敏的危机预警系统。企业要善于收集危机信息,及时加以分析和处理,把隐患消灭在萌芽状态。要注意收集公众对产品的反馈信息,一旦出现问题立即跟踪调查并且及时解决。要收集企业产品和服务在消费者心目中的评价,随时注意分析公众对企业管理水平、人员素质和服务的认可度。要掌握政策信息,关注相关法规、条令的颁布,研究和调整企业的发展战略和经营方针。研究竞争对手的现状和发展趋势,实施优劣对比,做到知己知彼;分析企业内部的相关信息,进行自我诊断和评价,查找自己企业的薄弱环节,采取相应的措施。

第二,构建危机管理中心。危机管理中心应该包括企业主要负责人、法务人员、公关顾问、管理顾问、业务总经理、生产负责人、人力资源负责人及相关后勤保障人员。它的职责有:制定危机管理的战略计划和实施方案,指导公共关系、信息监测等部门进行全面危机预测分析,对风险做出及时有效的处理,监督危机管理中各项方针的正确实施,当危机发生时负责危机处理的执行。危机管理中心可以说是应急中心,是企业为应付或更好地进行危机管理所设置的一种机构,一般采取矩阵式。危机管理中心的设立有助于企业灵活性配置企业内部资源。

3. 培养危机管理人才

人力资源是企业最重要的资源,在危机管理中,人才也是最关键的因素,培养一批危机管理专业人员对企业能否顺利处置危机起着举足轻重的作用。优秀的危机管理人才熟悉企业的生产和产品信息，了解行业和市场战略，能够正确认识危机及其演变过程和周期，知道防范危机体系的原则、危机的应对对策。特别是危机处理时的企业新闻发言人，对外代表企业的形象，一举一动、一言一行都需要专业水平。目前，越来越多的企业注重全员培训，全员参与危机管理，所以，企业员工都需要具备一定的危机处理能力，高素质危机管理人才更是企业的急需。

4. 建立和谐的公共关系

企业危机管理离不开公关，公共关系工作需要引起重视。企业公共关系不能只是停留在发布广告、新闻宣传等事务性工作上，公共关系主要拓展企业外部良好关系，建立健全企业与外部的联系通道，形成良好的和谐合作关系。而企业预防危机，与政府、媒体的沟通尤为重要。企业公关新闻部门必须建立媒体朋友圈，如果出现企业危机，基于一直良好的社会公共关系，必然有助于企业及时解决危机，走出困境。所以，任何一个企业都要围绕危机处置，组织政府、媒体、消费者群体、行业协会等方面的关系，而且要保持日常的联系，形成朋友圈，以便企业危机来了就可以及时、有效地联系这些朋友，实施舆论、舆情的公关。

公共关系相关部门和单位主要是：政府相关部门、新闻媒体尤其是网络门户、企业代言人、消费者协会、公安部门、相关的科研开发机构、行业协会等。大部分企业对待新闻媒体尤其是现代自媒体的宣传不太关心，企业危机发生时，这些媒体的帮助是必需的，否则就很被动。一些企业危机发生后，负面新闻的持续发酵，就是企业媒体公共关系没有处理好，影响了企业的外部形象。

5. 形成良好的企业文化

企业文化是企业的精神灵魂，是企业发展过程中自然形成的一些特有的文化理念和文化传统，组织成员中形成了一些共同的价值标准、道德标准和文化信念，并且依靠共同文化理念凝心聚力，调动组织成员的积极性和能动性，把有生力量聚集于共同的指导思想和经营思路上，团结起来一起追求企业的愿景。一个企业必须把强烈的危机意识通过日常管理融入企业生产经营的流程中，引导企业所有员工有着危机理念和危机管理意识，企业也需要结合企业生产经营活动的流程，组织开展员工危机管理教育培训，提升所有成员的危机意识和处理能力，从而可以轻松应对企业危机，保持企业发展的良好生态。

思考训练

1. 组织危机的类型有哪些？
2. 怎样进行有效的危机管理？

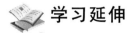 学习延伸

请上网搜集一个组织危机的案例,指出如何进行危机管理。

 本章小结

控制是管理职能中至关重要的一环,控制是促使组织的活动按照计划规定的要求展开的过程。控制的必要性在于组织计划目标实现的需要、管理职能有效运行的需要、员工授权的需要。控制的类型有很多,按照时间分为前期控制、同期控制和反馈控制,还包括财务控制、平衡计分卡、信息控制和标杆管理等。控制包含组织设置、调整行为的过程和组织产出三个要素。控制必须做到适时控制、适度控制、客观控制和弹性控制。组织危机类型是指组织在经营运作过程中可能出现的危机种类。组织危机的类型非常多,组织必须做好危机管理,包括培养和强化企业危机管理的意识,建立危机管理机制,培养危机管理人才,建立和谐的公共关系,形成良好的企业文化。

第 13 章

控制的方法

📖 课前阅读

控制职能的系统结构包括控制的目标体系、控制的主体、控制的客体、控制的方法等方面。控制的方法主要有预算控制、生产控制、财务控制和综合控制等。

预算控制是企业根据预算规定的收入与支出标准检查和监督各个部门的生产经营活动的控制。其作用是保证各种活动或各个部门在充分达成既定目标、实现利润的过程中对经营资源的利用，使费用支出受到严格有效的约束。

生产控制是在生产计划执行过程中，对有关产品生产的数量和期限的控制。其主要目的是保证完成生产作业计划所规定的产品产量和交货期限指标。生产控制包括供应商控制、库存控制和质量控制。

财务控制是指对企业的资金投入及收益过程和结果进行衡量与校正，目的是确保企业目标以及为达到此目标所制定的财务计划得以实现。

综合控制主要分为标杆控制和平衡计分卡控制。

13.1 预算控制

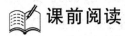学习目标

- 了解预算控制的含义。
- 了解预算的目的和种类。

🤓 学习导读

预算对于企业来说尤其重要，管理者需要根据企业真实情况做好合理的预算，尽力将企业的生产成本最小化。

13.1.1 预算控制的定义

预算是一份用数字表示预期结果的报表,是指企业或个人未来的一定时期内经营、资本、财务等各方面的收入、支出、现金流的总体计划。它将各种经济活动用货币的形式表现出来。它是一种计划技术,是未来某一个时期具体的、数字化的计划。把计划分解成以货币或其他数量单位的预算指标,要求各个部门的运作和开支在预算范围内。预算也是一种控制技术,它把预算指标作为控制标准,用来衡量其计划的执行情况。预算使得计划的人、财、物等资源和任务分配变得容易,有利于授予下级适当的权力与责任。预算本身也是衡量绩效的标准,它是计划必不可少的组成部分,编制预算是计划工作的最后一步。

预算控制是现代化管理机制之一,具有主动性、先进性、综合性、战略性等重要特征。建立科学化的预算控制体系是完善现代企业制度的前提。大多数集团企业已经认识到了预算控制的重要性,但在实施过程中还明显存在不足:预算指标没有进行科学的市场预测,预算本身经不起市场考验;企业预算无战略指导,预算控制难以取得较好效果;企业在预算方面忽略预算编制的方法论,预算编制可靠性差;执行预算控制中缺乏有效的考核与激励方式,使预算缺乏鞭策。大多数企业实施预算控制的效果并不理想。

13.1.2 预算的目的

预算的目的主要包括以下几点。

1. 明确计划

预算迫使管理层向前看,制定详细的计划来实现每个部门、每项业务甚至每个经理的目标并预计将会出现的问题。

2. 交流思想和计划

预算是一个正式的系统,这个系统确保计划涉及的每个人意识到自己应该做的事情。沟通可能是单向的,如经理给部下布置任务,也可能是双向的对话。

3. 协调活动

需要整合不同部门的活动,以确保向着共同目标一起努力。这意味着协调是很难实现的。例如,采购部应立足于生产要求编制预算,而生产预算应当基于销售预期。

4. 分配资源

预算过程包括识别将来需要以及能够获得的资源。应当要求预算编制者根据期望的活动层级或者资源水平来判断他们的资源要求，以便最好地加以利用。

5. 提供责任框架

预算要求预算中心经理对其预算控制目标负责。

6. 授予权力

正规的预算应当作为对预算经理发生费用的授权。只要预算中包括费用支出项目，就不需在费用发生之前获得进一步的批准。

7. 建立控制系统

可以通过比较现实结果和预算计划来提供对于实际业绩的控制。背离预算能够被调查，而且应将背离的原因区分为可控的因素和不可控的因素。

8. 提供绩效评估手段

提供了可以与实际结果比较的目标，以便评估员工的绩效。

9. 激励员工

如果存在一个可以让员工了解其工作完成好坏的系统，员工就可以保持其兴趣和投入程度。管理层识别出背离预算的可控原因，为提高未来绩效提供了动力。然而，不切实际的预算，或者经理对预算进行缓冲以保证实现目标的预算，或者仅仅关注目标的实现而没有实际行动的预算都不是好的预算。这些预算都没有关注长期后果。预算控制是一个过程，总预算移交给责任中心，允许对于实际结果和预算的比较进行持续的监控，通过个人行为保证预算目标的实现，或者为修改预算提供基础。它集中于资源的有效利用、生产成本和提供服务。企业应当认识到，成本并不是唯一的关键成功要素，因此，预算控制系统通常是和其他绩效管理体系相辅相成的，从而产生了业绩计量的平衡计分卡。预算控制的问题是管理者通常不对是否实现目标负责。预算中，企业作为一个整体的目标，和经理个人的目标以及不同的人在不同阶段适用的控制都未必一致。

13.1.3 预算的种类

1. 收入预算

收入预算提供了关于企业未来某段时期经营状况的一般说明，即从财务角度预测了未来活动的成果。由于企业收入主要来源于产品销售，因此收入预算的主要内容是销售预算。

2. 支出预算

企业必须编制能够保证销售过程得以进行的生产活动的预算。关于生产活动的预算,不仅要确定为取得一定销售收入所需要的产品数量,而且更重要的是要预计为得到这些产品、实现销售收入需要付出的费用,即编制各种支出预算。包括直接材料预算、直接人工预算和附加费用预算。

3. 现金预算

现金预算是对企业未来生产与销售活动中现金的流入与流出进行预测,通常由财务部门编制。现金预算只能包括那些实际包含在现金流程中的项目,反映企业在未来活动中的实际现金流量和流程。

4. 资金支出预算

资金支出预算可能涉及好几个阶段,是长期预算。资金支出预算的项目包括:用于更新改造或扩充包括厂房、设备在内的生产设施的支出;用于增加品种、完善产品性能或改进工艺的研究与开发支出;用于提高职工和管理队伍素质的人事培训与发展支出;用于广告宣传,寻找顾客的市场发展支出等。

5. 资产负债预算

资产负债预算是对企业会计年度末期的财务状况进行预测。它通过将各部门和各项目的分预算汇总在一起,表明如果企业的各种业务活动达到预先规定的标准,在财务期末企业资产与负债会呈现何种状况。

拓展阅读 13-1

实施预算控制的注意事项

思考训练

1. 什么是预算控制?
2. 预算的种类有什么?
3. 简述预算控制的主要内容。

学习延伸

模拟成立一家小型校园创业企业,制定一份企业的预算计划。

13.2 生产控制

学习目标

- 了解供应商控制、库存控制和质量控制的主要观点。
- 掌握质量管理在企业实践中的运用。

学习导读

控制职能几乎包括了管理人员为确保实际工作与组织计划相一致所采取的一切活动。在企业的生产过程中,必须做好供应商控制、库存控制和质量控制等关键环节的控制,保证企业目标的实现。

13.2.1 供应商控制

供应商是生产资料的制造或经营者。供应商所提供的器材直接影响产品的质量与成本,供应商的生产(经营)能力与管理水平将影响客户的生产与效益。为了保证产品的正常生产与维护企业的经济效益,在进行物资采购的全过程中应加强对供应商的管理与控制。供应商控制是保障企业生产与经济效益的重要环节,适用于大中型企业及所有严格管理的企业。

采购商对重要的供应商可派遣专职驻厂员,或经常对供应商进行质量检查。采购商定期或不定期地对供应商品进行质量检测或现场检查。采购商减少对个别供应商大户的过分依赖,分散采购风险。采购商制定各采购件的验收标准、与供应商的验收交接规程。对选定的供应商,公司与之签订长期供应合作协议,在该协议中具体规定双方的权力与义务、双方互惠条件。采购商可在供应商处设立 SJQE。SJQE 通过扮演客户的角色,从而达到推动供应商的质量。采购商定期或不定期地对供应商进行等级评比,制定和落实执行奖惩措施。每年对供应商予以重新评估,不合要求的予以淘汰,从候选队伍中再行补充合格供应商。采购商对重点材料的供应商上游厂商进行质量监控管理。管控供应商材料的制程参数变更或设计变更时均需采购商的确认批准。

13.2.2 库存控制

对库存的控制主要是为了在保证生产经营活动正常进行的前提下,降低各种与库存有关的成本耗费,提高经济效益。管理人员使用经济订购批量模型计算最优的订购批量,使所有费用达到最小化。这个模型需要考虑两种成本:一是订购成本,二是保管费用。

库存管理技术是供应链管理技术的重要研究领域,国内外已经研究并采用了一些先进的库存管理技术,用于企业的实际生产运作过程。库存管理是供应链管理的重要内容。首先,库存是供应链驱动中的重要因素之一,它对支持企业竞争策略的供应链能力设计起着重要的作用。其次,库存在供应链中的首要作用是满足客户的随机需求,保持供应链的高度衔接性和敏捷性,保证客户有较高的满意度。最后,库存费用是供应链成本的主要组成部分,占据很大的比重。在保证能够及时满足客户需要的情况下,减少不必要的供应链库存,把库存资金降到最低,将会大大提高对供应链管理下的库存管理效益。

13.2.3 质量控制

迄今,质量管理和控制已经经历了三个阶段,即质量检查阶段、统计质量管理阶段和全面质量管理(TQM)阶段。质量检查阶段大约发生在20世纪20—40年代,工作重点在产品生产出来的质量检查。统计质量管理阶段发生在20世纪40—50年代,管理人员主要采用统计方法为工具,对生产过程加强控制,提高产品质量。从20世纪50年代开始的全面质量管理是以保证产品质量和工作质量为中心,企业全体员工参与的质量管理体系。它具有多指标、全过程、多环节和综合性的特征。如今,全面质量管理已经形成了一整套管理理念。

企业存在的目的是满足人们的各种需求,提供所需要的各种产品和服务,在此过程中获取一定的经济效益,以保证企业的进一步发展及提供更好的产品和服务。企业在生产和服务的过程中,需要获取一定的经济效益,而经济效益的获取是离不开顾客的,顾客的需求是带来经济效益的根本原因,要想得到足够多的顾客,企业必须提供优质的产品和良好的服务质量。企业产品质量的优劣,离不开对产品质量形成过程的质量控制。在产品质量形成过程中,往往忽视了质量成本。根据 ISO 9000 系列国际标准,对质量成本的定义是:将产品质量保持在规定的质量水平上所需的有关费用。它是企业生产总成本的一个组成部分。质量成本由两部分构成,即运行质量成本和外部质量保证成本。运行质量成本包含企业预防成本、鉴定成本、内部损失成本和外部损失成本。外部质量保证成本是指为用户提供所要求的客观证据所支付的费用。传统的质量成本观点:认为存在一个理想的质量成本水平。这一水平是一平衡点。在这一平衡点,因有一定不良质量存在所发生的费用和为达到一定质量水平所发生的费用达到平衡。认为费用控制在这个平衡点上,才是最经济的,企业产生最大的经济效益。目前的观点是:损失成本总是高于预防成本。所以理想的质量水平是零缺陷。根据这一观点,除非产品或服务十全十美,否则不管质量水平多么高,为达到一个更高的质量水平而发生的费用总是比实现这一质量水平后所获得的利润要少。

关于质量控制的6个建议

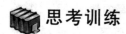

1. 简述供应商控制的主要内容。
2. 如何进行有效的库存控制?
3. 简述质量控制理论的发展。

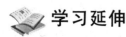

比如你经营一家不同品牌的服装销售公司,了解供应商有哪些类型,并指出与不同类型的供应商应该怎样进行利益的协商。

13.3 财务控制

学习目标

- 了解财务控制中比率分析的主要指标。
- 了解内部审计和外部审计的功能及区别。
- 了解管理审计的含义。

学习导读

财务控制是企业控制职能的最主要内容之一。财务控制贯彻在企业活动的前后,它以财务报表为依据为企业提供生产经营各个方面的信息,检查企业生产经营目标实现的程度。

13.3.1 比率分析

1. 财务比率分析

企业管理是对企业生产经营活动进行计划、组织、指挥、协调和控制等一系列职能的总称。财务管理是企业管理的最主要内容之一。

财务比率是以财务报表资料为依据,将两个相关的数据进行相除而得到的比率。财务分析是以企业的财务报告等其他会计资料为基础,进而对企业的财务状况、经营成果和现金流量进行分析和评价的一种方法。

财务报表所提供的各种会计信息缺乏一定的综合性,对企业的各项财务能力不能进行直观的反映。因此,为了提升对财务报表信息的利用程度,我们需要对这些会计信息做进一步的加工处理,以便企业的高层在进行企业管理时能够迅速有效地捕获企业的信息,从而在企业的发展过程中做出正确的决策。

2. 财务分析指标

一般来说,用三个方面的比率来衡量风险和收益的关系。

(1) 偿债能力指标

偿债能力指标包括短期偿债能力指标和长期偿债能力指标两类。

短期偿债能力是指企业偿还短期债务的能力。短期偿债能力不足,不仅会影响企业的资信,增加今后筹集资金的成本与难度,还可能使企业陷入财务危机,甚至破产。短期偿债能力指标包括:

第一,流动比率。流动比率是企业流动资产与流动负债的比率。流动比率越高,说明企业偿还短期负债能力越强。

第二,速动比率。速动比率是速动资本(流动资本－存货)与流动负债的比率。一般认为这一比率大于1时,企业有足够的能力偿还短期负债。

第三,营运资本配置比率。营运资本配置比率是营运资本与流动资本的比率。营运资本配置比率越高,企业的短期偿债能力越强。

长期偿债能力是指企业偿还长期利息与本金的能力。一般来说,企业借长期负债主要是用于长期投资,因而最好是用投资产生的收益偿还利息与本金。包括:

第一,资产负债率。资产负债率是负债总额与资产总额的比率,反映了企业中的总资产有多少是靠着外债得到的,是衡量企业的长期偿债能力的一个重要参考指标。一般来说,正常的企业资产负债率应低于75%,如果企业的资产负债率高于100%,那就说明企业已经资不抵债了,随时面临破产的风险。

第二,有形净资产负债率。有形净资产负债率是企业的总负债与有形净值的比率,其中有形净值是所有者权益减去无形资产净值后的差额。有形净资产负债率表明了有形净资产对债权人权益的保障程度,比率越低越好。

第三,利息保障倍数。利息保障倍数是企业的息税前利润与利息费用的比率,衡量企业偿付利息的能力。利息保障倍数越高,说明债权人每期可收到的利息越有保障,越安全;反之,则不然。

(2) 营运能力指标

营运能力指标是与资源利用有关的几种比例关系,它们反映了企业经营效率的高低和各种资源是否得到充分的利用。包括:

第一,应收账款周转率。应收账款周转率是一定时期的赊销收入净额与应收账款平均余额的比率。通过计算应收账款周转率能分析出企业应收账款金额是否合理,以及收款效率的高低。

第二,存货周转率。指销售总额与库存存货平均价值的比例关系。它反映了与销售收入相比库存数量是否合理,表明了投入库存的流动资金的使用情况。

第三,资产周转率。指销售总额与资产之比,可以分为流动资产周转率、固定资产周转率、总资产周转率。它反映了单位资产能够提供的销售收入,表明了企业资产的利用程度。

(3) 盈利能力指标

盈利能力是各方面关心的核心,也是企业成败的关键,只有长期盈利,企业才能真正做到持续经营。因此无论是投资者还是债权人,都对反映企业盈利能力的比率非常重视。包括:

第一,销售毛利率。销售毛利率是销售毛利与销售收入净额的比率。销售毛利率能帮助判断企业核心竞争力的变化趋势和成长能力。一般来说,销售毛利率越高,企业经营成果越好。

第二,销售利润率。销售利润率是利润总额与销售收入净额的比率。

第三,成本费用利润率。成本费用利润率是利润总额与成本费用总额的比率。

第四,总资产收益率。总资产收益率是利润总额与资产平均总额的比率。总资产收益率是衡量企业利用资产来获取利润的能力。一般来说,如果企业的资产总收益率与同行业水平相比,比率比较高,那就说明企业在增加收入、节省成本方面还是取得了不错的效果的。

第五,净资产收益率。净资产收益率是利润总额与平均股东权益的比率。净资产收益率越高,资产的使用效率就越高,说明公司获利能力越强。

上述这三个方面是相互关联的。例如,盈利能力会影响短期和长期的流动性,而资产运营的效率又会影响盈利能力。因此,财务控制需要综合分析上述比率并采取相应的管理措施。

13.3.2 经营审计

审计分三种主要类型:由外部审计机构的审计人员进行的外部审计;由内部专职人

员对企业财务控制系统进行全面评估的内部审计；由外部或内部的审计人员对管理政策及其绩效进行评估的管理审计。

1. 外部审计

外部审计包括国家审计和社会审计。国家审计是指由国家审计机关所实施的审计。主体是审计署以及各省、市、自治区、县设立的审计机关，对被审计单位的财务财政活动、执行财经法纪情况以及经济效益性进行审计监督。社会审计是指由经政府有关部门审核批准的注册会计师组成的会计师事务所进行的审计。

外部审计的功能主要有：

第一，外部审计作为第三方独立审计，对被审计单位的财务财政活动、执行财经法纪情况以及经济效益性进行审计监督，独立性较强。

第二，外部审计出具的审计报告为被审计单位的利益相关者提供会计信息，如为投资者提供投资决策信息。

第三，外部审计中的政府审计是指各级政府机构对受托管理全民所有的公共资金和资源的部门的监督，有利于保证全民财产的合理有效的利用。

第四，外部审计有利于遏制违法现象。外部审计要对审计事项作出评价，对违反国家规定的财政收支、财务收支行为进行披露，向有关主管部门提出处理、处罚的意见，有利于遏制各种违法现象如偷税漏税行为的发生。

第五，外部审计可以对内部控制制度进行测评，并向企业管理层提出相关的意见。

2. 内部审计

（1）内部审计的定义

内部审计是指由被审计单位内部机构或人员，对其内部控制的有效性、财务信息的真实性和完整性以及经营活动的效率和效果等开展的一种评价活动。内部审计是和政府审计、注册会计师审计并列的三种审计类型之一。

（2）内部审计的功能

第一，内部审计是单位内部控制的重要组成部分。作为企业指挥者管理机能的一部分，对企业管理手段妥善与否、有无弊漏和是否经济有效，进行经常性的检查、分析和评价。

第二，内部审计可以提高外部审计的工作效率，节约审计费用。外部审计人员在对内部审计进行评价后，利用其工作成果，可以减少测试的工作量，节省审计费用。

第三，内部审计为企业的管理层提供管理活动是否达到预定目标的信息。有及时性、连续性、针对性、预防性等特点，能促进企业目标的制定和管理的改进。

（3）与外部审计的比较

第一，外部审计设计人员与管理当局不存在行政上的依附关系，不需看企业的眼色行事,只需对国家、社会和法律负责,有较强的独立性。而内部审计在本单位领导下进行内部审计活动,其独立性表现稍弱。

第二,在审计报告的作用上,内部审计报告只能作为本单位进行经营管理的参考,对外不起鉴证作用,不能向外界公开;国家审计除涉及商业秘密或其他不宜公开的内容外,审计结果要对外公示;社会审计报告则要向外界公开,对投资者、债权人及社会公众负责,具有社会鉴证的作用。

第三,内部审计具有及时性、连续性、针对性和预防性等特点,能为企业的经营管理提出建议,而外部审计主要是对外部信息使用者提供决策有用的信息。

第四,外部审计人员在审计时不了解内部的组织结构、生产流程和经营特点,在对具体业务的审计过程中可能产生困难;而内部审计人员在被审计单位的组织结构中,对被审计单位的各方面情况都很熟悉。

第五,外部审计时,处于被审计地位的内部组织成员可能产生抵触情绪,不愿积极配合,也可能增加审计的难度。而内部审计可能涉及组织成员的晋升。对其工作的评价,一般会积极配合。

第六,外部审计是对被审计单位过去一年或是连续几年财务情况的检查,而内部审计较外部审计来说更有预防性、针对性,符合企业自身的需要。

第七,内部审计的工作范围涵盖单位管理流程的所有方面,包括风险管理、控制和治理过程等;外部审计则集中在企业的财务流程及与财务信息有关的内部控制方面。

3. 管理审计

管理审计是一种对企业所有管理工作及其绩效进行全面系统的评价和鉴定的方法。管理审计的方法是利用公开记录的信息,从反映企业管理绩效及其影响因素的若干方面将企业与同行业其他企业或其他行业的著名企业进行比较,以判断企业经营与管理的健康程度。

拓展阅读 13-3

集团切实推行的财务战略管控十大法则

思考训练

1. 简述财务比率分析的主要指标。
2. 什么是经营审计?经营审计包括哪些内容?

学习延伸

采访某一家企业的审计部门并了解审计的过程以及审计的工作内容。

13.4 综合控制

学习目标

- 了解杠杆控制和平衡计分卡控制的含义。
- 掌握杠杆控制和平衡计分卡控制的实施步骤。

学习导读

综合控制主要分为标杆控制和平衡计分卡控制,企业需要把握控制的节奏,对员工实行有效管理。

13.4.1 标杆控制

1. 标杆控制的含义

标杆控制是以在某一项指标或某一方面竞争力最强的企业或行业中的领先企业或组织内某部门作为基准,将本企业的产品、服务管理措施或相关实践的实际状况与这些基准进行定量化评价、比较,在此基础上制定、实施改进的策略和方法,并持续进行的一种管理方法。标杆控制的心理学基础在于人的成就动机导向,认为任何个人与组织都应设定既富有挑战性又具有可行性的目标,只有这样,个人和组织才有发展的动力。

2. 标杆控制的步骤

(1) 确定标杆控制的项目

标杆控制的项目一般是对企业竞争力影响最重要的因素,同时也是企业的薄弱环节。一般来说,项目应在对企业状况进行比较深入、细致研究的基础上确定。

(2) 确定标杆控制的对象和对比点

标杆控制的对象应当是在同组织、同行业、同部门业绩最佳、效率最高的少数有代表性的对象。标杆控制的对比点应当在标杆控制项目范围内决定,通常为业绩的作业流程、管理实践或关键要素,在此基础上确立测量指标作为控制的依据。

(3) 组成工作小组

企业层次标杆控制活动的组成人员通常由决定竞争力因素的核心部门的能够识别专业流程优劣的人士参加。

(4) 资料收集和调查

首先收集相关项目、相关调查对象和调查内容方面已有的研究报告、调查报告或相关信息,在研究这些已有资料的基础上,拟定实地调查提纲和调查问卷。在实地调查之前,要事先在内部进行对调查问卷和实地调查方法的检验,确定调查问卷和方法的有效性。在实地调查过程中,需要重点关注造成差异的地方。

(5) 确定最佳纠偏做法

在对调查所取得的资料进行分类、整理,并进行必要的进一步调查的基础上,进行调查对象之间以及调查数据与企业的实际情况的比较研究,确定各个调查对象所存在的差异,明确差距形成的原因和过程,并确定最佳做法。

(6) 制定实施方案

在明确最佳做法的基础上,找出弥补自己和最佳实践之间差距的具体途径或改进机会,设计具体的实施方案,并进行实施方案的经济效益分析。实施方案要明确实施重点和难点,预测可能出现的困难和偏差,确定对实施情况的检查和考核标准。

(7) 沟通与修正方案

利用各种途径,将拟定的方案、所要达到的目标前景同全体成员进行反复交流与沟通,征询意见,争取全体成员的理解和支持,并根据成员建议,修正和完善方案,以统一成员思想,使全体成员在方案实施过程中目标一致、行动一致。

(8) 实施与监督

将方案付诸实施,并不断将实施情况和最佳做法进行比较,监督偏差的出现并采取有效的校正措施,以努力达到最佳实践水平,努力超过标杆对象。

(9) 总结经验

在完成了首次标杆控制活动之后,必须对实施效果进行合理的评判,并及时总结经验,对新的情况、新的发现进行进一步的分析。

(10) 进行控制循环

针对环境的新变化或新的管理需求,锚定下一次标杆的项目和对象。

13.4.2 平衡计分卡控制

1. 平衡计分卡的含义

平衡计分卡是由财务、顾客、内部经营过程、学习和成长四个方面构成的衡量企业、部门和人员的卡片,之所以取名为"平衡计分卡"是因为它的目的在于平衡与兼顾战略和战术、长期和短期目标、财务和非财务衡量方法、滞后和先行指标。

2．平衡计分的内容

（1）财务方面

财务衡量是其他几个衡量方面的出发点和落脚点。一套平衡计分卡应该反映企业战略的全貌，从长远的财务目标开始，然后将它们与一系列行动相联系。其内涵是"要在财务方面取得成功，我们应向股东们展示什么？"

（2）客户方面

核心的衡量指标主要包括市场份额、客户回头率、新客户获得率、客户满意度和从客户处所获得的利润率。其内涵在于"我们对客户的服务水平如何？"

（3）内部经营过程

现在的内部经营过程往往是以销定产式，常常要创造全新的流程，它循着"调研→寻找市场→产品设计开发→生产制造→销售与售后服务"的轨迹进行。其内涵在于"我们的内部活动和流程能为顾客和股东创造价值吗？"

（4）学习和成长

最关键的因素是人才、信息系统和组织程序。其内涵在于"我们在不断地学习、变革和改进吗？"

思考训练

1．如何进行杠杆控制？
2．什么是平衡计分卡控制？这对企业管理实践有何指导意义？

学习延伸

充分理解标杆控制的原理，模拟一家企业的业务，制定一份工作计划。

本章小结

控制的方法主要有预算控制、生产控制、财务控制和综合控制等。预算是一份用数字表示预期结果的报表，是指企业或个人未来的一定时期内经营、资本、财务等各方面的收入、支出、现金流的总体计划。预算控制是现代化管理机制之一，具有主动性、先进性、综合性、战略性等重要特征。预算包括收入预算、支出预算、现金预算、资金支出预算和资产负债预算。生产控制主要包括供应商控制、库存控制和质量控制等内容。财务控制是通过财务比率分析和经营审计实现的，财务比率包括偿债能力指标、营运能力指标、盈利能力指标三个方面,经营审计包括外部审计、内部审计和管理审计三种类型。综合控制主要分为标杆控制和平衡计分卡控制。标杆控制是以在某一项指标或某一方面竞争力最强的企业或行业中的领先企业或组织内某部门作为基准,将本企业的产品、服务管理措施或相关实践的实际状况与这些基准进行定量化评价、比较,在此基础上制定、实施改进的策略和方法,并持续进行的一种管理方法。平衡计分卡是由财务、顾客、内部经营过程、学习和成长四个方面构成的衡量企业、部门和人员的卡片,目的在于平衡与兼顾战略和战术、长期和短期目标、财务和非财务衡量方法、滞后和先行指标。

第 14 章 管理的创新

课前阅读

经济学家约瑟夫·熊彼特于 1912 年首次提出了"创新"的概念。创新职能源于 20 世纪 70 年代后的世界环境的剧变。美国学者米和希克斯在总结前人对管理职能分析的基础上,提出了创新职能,突出了创新可以使组织的管理不断适应时代发展的论点。创新职能的提出,也恰恰反映了这一时代的历史背景。

信息技术引领的现代科技的发展以及经济全球化的进程,推动了管理创新,这既包括宏观管理层面上的创新——制度创新,也包括微观管理层面上的创新。钱学森的开放的复杂巨系统理论强调知识、技术和信息化的作用,特别强调知识集成、知识管理的作用,强调信息技术引领的管理创新。知识社会环境下科技创新体系的构建需要以钱学森开放的复杂巨系统理论为指导,从科学研究、技术进步与应用创新的协同互动入手,进一步分析充分考虑现代科技引领的管理创新、制度创新。

14.1 创新的概念

学习目标

- 了解创新的含义及其发展。
- 了解管理创新的原因和重要性。
- 了解创新的主要特征。

学习导读

创新是指在经济和社会领域生产或采用、同化和开发一种增值新产品;更新和扩大产品、服务和市场;发展新的生产方法;建立新的管理制度。它既是一个过程,也是一个结果。企业的实践活动中始终贯穿着管理创新。

14.1.1 创新的概念与发展

1. 创新的概念

创新是指以现有的知识和物质,在特定的环境中,改进或创造新的事物(包括但不限于各种方法、元素、路径、环境等),并能获得一定有益效果的行为。

2. 创新的发展

经济学上,创新概念的起源为美籍经济学家熊彼特(J. A. Schumpeter)在1912年出版的《经济发展概论》。熊彼特在其著作中提出:创新是指把一种新的生产要素和生产条件的"新结合"引入生产体系。它包括五种情况:引入一种新产品,引入一种新的生产方法,开辟一个新的市场,获得原材料或半成品的一种新的供应来源,新的组织形式。熊彼特的创新概念包含的范围很广,如涉及技术性变化的创新及非技术性变化的组织创新。

20世纪60年代,新技术革命迅猛发展。美国经济学家华尔特·罗斯托提出了"起飞"六阶段理论,将"创新"的概念发展为"技术创新",把"技术创新"提高到"创新"的主导地位。

1962年,伊诺思(L. Enos)在其《石油加工业中的发明与创新》一文中首次直接明确地对技术创新下定义:"技术创新是几种行为综合的结果,这些行为包括发明的选择、资本投入保证、组织建立、制定计划、招用工人和开辟市场等。"伊诺思的定义是从行为的集合角度来下定义的。而首次从创新时序过程角度来定义技术创新的林恩(G. Lynn)认为技术创新是"始于对技术的商业潜力的认识,而终于将其完全转化为商业化产品的整个行为过程"。

美国国家科学基金会(National Science Foundation of U. S. A.),也从20世纪60年代开始兴起并组织对技术的变革和技术创新的研究,迈尔斯(S. Myers)和马奎斯(D. G. Marquis)作为主要的倡议者和参与者,在其1969年的研究报告《成功的工业创新》中将创新定义为技术变革的集合。认为技术创新是一个复杂的活动过程,从新思想、新概念开始,通过不断地解决各种问题,最终使一个有经济价值和社会价值的新项目得到实际的成功应用。到70年代下半期,他们对技术创新的界定大大扩宽了,在NSF报告《1976年:科学指示器》中,将创新定义为"技术创新是将新的或改进的产品、过程或服务引入市场。"而明确地将模仿和不需要引入新技术知识的改进作为最终层次上的两类创新而划入技术创新定义范围。

20世纪70—80年代开始,有关创新的研究进一步深入,开始形成系统的理论。厄特巴克(J. M. Utterback)在1974年发表的《产业创新与技术扩散》中认为:"与发明或技术样品相区别,创新就是技术的实际采用或首次应用。"缪尔赛在80年代中期对技术创新概念作了系统的整理分析。在整理分析的基础上，他认为："技术创新是以其构思新颖性和成功实现为特征的有意义的非连续性事件。"

著名学者弗里曼（Freeman）把创新对象基本上限定为规范化的重要创新。他从经济学的角度考虑创新。他认为，技术创新在经济学上的意义只是包括新产品、新过程、新系统和新装备等形式在内的技术向商业化实现的首次转化。他在 1973 年发表的《工业创新中的成功与失败研究》中认为，"技术创新是技术的、工艺的和商业化的全过程，其导致新产品的市场实现和新技术工艺与装备的商业化应用"。其后，他在 1982 年的《工业创新经济学》修订本中明确指出，技术创新就是指新产品、新过程、新系统和新服务的首次商业性转化。

我国 20 世纪 80 年代以来开展了技术创新方面的研究。傅家骥先生对技术创新的定义是：企业家抓住市场的潜在盈利机会，以获取商业利益为目标，重新组织生产条件和要素，建立起效能更强、效率更高和费用更低的生产经营方法，从而推出新的产品、新的生产（工艺）方法、开辟新的市场，获得新的原材料或半成品供给来源，或建立企业新的组织，它包括科技、组织、商业和金融等一系列活动的综合过程。此定义是从企业的角度给出的。彭玉冰、白国红也从企业的角度为技术创新下了定义："企业技术创新是企业家对生产要素、生产条件、生产组织进行重新组合，以建立效能更好、效率更高的新生产体系，获得更大利润的过程。"

进入 21 世纪，信息技术推动下知识社会的形成及其对技术创新的影响进一步被认识，科学界进一步反思对创新的认识：技术创新是一个科技、经济一体化过程，是技术进步与应用创新"双螺旋结构"（创新双螺旋）共同作用催生的产物，而且知识社会条件下以需求为导向、以人为本的创新 2.0 模式进一步得到关注。《复杂性科学视野下的科技创新》在对科技创新复杂性进行分析的基础上，指出了技术创新是各创新主体、创新要素交互复杂作用下的一种复杂涌现现象，是技术进步与应用创新的"双螺旋结构"共同演进的产物；信息通信技术的融合与发展推动了社会形态的变革，催生了知识社会，使得传统的实验室边界逐步"融化"，进一步推动了科技创新模式的嬗变。要完善科技创新体系急需构建以用户为中心、需求为驱动、以社会实践为舞台的共同创新、开放创新的应用创新平台，通过创新双螺旋结构的呼应与互动形成有利于创新涌现的创新生态，打造以人为本的创新 2.0 模式。

14.1.2 管理创新的动因

1. 管理创新的原因

因为这个社会的不断发展才使得改革创新成为一条必经之路，一个企业创新发展的必要性主要表现在以下两个方面。

首先,我国现在属于知识型经济,这样的形式无疑会为企业带来巨大的挑战性,在企业的管理抉择、管理手段等方面都会做出相应的改革,顺应信息化经济的发展潮流,通过加快信息的反馈速度来提高管理效率。

其次,一个企业的管理方式一定要有新意,当然没有规矩不成方圆,一个企业必须要有属于自己的管理方式与手段,但这种管理方式并不是一成不变的,会受到一些因素的影响,因此企业要根据自身的实际情况来对管理方法进行创新。

2. 管理创新的重要性

对企业进行创新管理,有助于提高企业的核心竞争力和使企业健康稳定地发展。

第一,想要加快企业的发展,就需要更加重视有序化和高度化,企业进行创新管理的最终目的就是给企业提供一种科学的管理方法与手段,为企业的长期稳定发展提供保证。

第二,竞争优势在一定程度上也会决定企业的生存发展,对企业的管理模式进行创新就是为了企业能够适应这个快速发展的社会,只有不断创新出新的管理制度,才能实现企业经济的持久循环。

第三,可以提高经济效益和资源利用率,这也是企业管理的根本目标,无论是现在还是未来,只有增加企业的综合实力才有助于企业的进一步发展。

14.1.3 管理创新的特征

1. 目的性

任何创新活动都有一定的目的,这个特性贯彻于创新过程的始终。

2. 变革性

创新是对已有事物的改革和革新,是一种深刻的变革。

3. 新颖性

创新是对现有的不合理事物的扬弃,革除过时的内容,确立新事物。

4. 超前性

创新以求新为灵魂,具有超前性。这种超前是从实际出发、实事求是的超前。

5. 价值性

创新有明显、具体的价值,对经济社会具有一定的效益。

拓展阅读 14-1

管理创新的六个趋势

 思考训练

1. 简述创新的概念及其发展。
2. 为什么要进行管理创新？
3. 管理创新有哪些特征？

 学习延伸

请上网搜集企业创新成功和失败的案例，并指出其原因。

14.2　创新的内容

学习目标

- 了解创新的五个方面的内容。
- 掌握管理创新的运用。

学习导读

创新是指人类为了满足自身需要，不断拓展对客观世界及其自身的认知与行为的过程和结果的活动。创新内容包括目标创新、技术创新、制度创新、组织机构创新和环境创新等。

14.2.1　目标创新

确立的创新目标正确与否，决定着企业创新活动的成败。在确立创新目标过程中，只有遵循正确的确立原则并以其为指导，其目标才会具有时效性。这些原则主要有：

第一，与企业长远发展战略目标相一致。在确立企业创新目标时，必须有助于企业长期发展战略目标的实现,因为长期发展战略是企业创新的来源。创新目标是从属于发展战略目标的一个子系统,它虽然有其自身的特点,但它是实现企业长期发展战略目标的保证目标,不能偏离或背离战略目标而自行其是。

第二,创新目标要尽可能具体化。在确立企业创新目标时,应使抽象的创新目标分层和细化。其含义必须用词准确,概念明确,时间和范围清楚,有具体的评价指标。抽象的创新目标执行起来无所适从。一般要求:一是创新目标要单义并且可以测量;二是创新目标要分层并且能确定责任;三是创新目标要明确其约束条件。

第三,要考虑实现目标的轻重缓急和力所能及。在确立企业创新目标时,对于具体目标一定要优先排列那些企业创新具有重要性、紧迫性、非解决不可的,而且是企业力所能及和可能性很大的目标。这就是按层次目标的轻重缓急而排列顺序和量力而行的原则。

14.2.2 技术创新

技术创新是以创造新技术为目的的创新或以科学技术知识及其创造的资源为基础的创新。现代企业的一个主要特点是在生产过程中广泛运用先进的科学技术,因此企业生产技术必须随时跟上科技的步伐。

熊彼特在《经济发展理论》中指出,创新是指把一种从来没有过的关于生产要素的"新组合"引入生产体系。这种新的组合包括:

第一,引进新产品。

第二,引用新技术,采用一种新的生产方法。

第三,开辟新的市场(以前不曾进入)。

第四,控制原材料新的来源。不管这种来源是否已经存在,还是第一次创造出来。

第五,实现任何一种新的组织。例如生成一种垄断地位或打破一种垄断地位。

14.2.3 制度创新

制度创新包括产权制度创新、经营制度创新、管理制度创新。从社会经济的角度来分析企业系统中各成员间的正式关系的调整和变革,这是企业发展变化的需要;现代企业制度创新是为了实现管理目的,将企业的生产方式、经营方式、分配方式、经营观念等进行规范化设计与安排的创新活动。制度创新是把思维创新、技术创新和组织创新活动制度化、规范化,同时又具有引导思维创新、技术创新和组织创新的功效。它是管理创新的最高层次,是管理创新实现的根本保证。企业制度创新的目的是建立一种更优的制度安排,调整企业中所有者、经营者、劳动者的权力和利益关系,使企业具有更高的活动效率。

14.2.4 组织机构创新

企业必须按照社会经济环境的变化,将其内部的一切有关系的职位或岗位归到一起,形成不同的部门。它可能包括以下几种情况:

第一,转变组织结构的形式。比如从直线职能型向事业部制结构的转变,或者形成一种矩阵制结构或虚拟结构。

第二,重新设计职务、工作程序。

第三,修订职务说明书,丰富职务内容。

第四,实行弹性工作制,改革企业的薪酬制度。

14.2.5 环境创新

进行外部环境的创新,主要是市场创新。企业与环境的关系,不是单纯去适应,而是在适应的同时去改造,去引导,甚至是去创造。市场创新包含两个方面的内容。

第一,开拓新市场。开拓新市场包括三层意思:一是地域意义上的新市场。指企业产品以前不曾进入过的市场。它包括老产品进入新市场,如由国内向海外拓展,由城市向农村拓展。也包括新产品进入新市场。二是需求意义上的新市场。指现有的产品和服务都不能很好地满足潜在需求时,企业以新产品满足市场消费者已有的需求欲望,如向农户推销廉价的、功能较少的彩电,向工薪阶层推销低价位汽车等。三是产品意义上的新市场。将市场上原有的产品,通过创新变为在价格、质量、性能等方面具有不同档次的、不同特色的产品,可以满足或创造不同消费层次、不同消费群体需求。如福特汽车公司变换汽车式样,向其顾客供应不同档次的汽车:向富豪供应凯迪拉克,向一般人供应雪佛兰,向中等富裕的人供应奥兹莫比尔。

第二,创造市场"新组合"。市场创新又是市场各要素之间的新组合,它既包括产品创新和市场领域的创新,也包括营销手段的创新,还包括营销观念的创新。市场营销组合是哈佛大学的敦凯提出的一个概念,它指综合运用企业可控制的因素,实行最优化组合,以达到企业经营的目标。市场营销组合观念是市场营销观念的重要组成部分。营销组合为实现销售目标提供了最优手段,即最佳综合性营销活动,也称整体市场营销。市场营销组合观念认为,企业可以控制的产品、定价、分销与促销诸因素,都是不断发展变化的变数。在营销过程中,任一因素的变化都会出现新的市场营销组合。

拓展阅读 14-2

华为轮值 CEO 制度——企业管理模式的创新

思考训练

1. 创新的内容包括哪些方面？
2. 如何进行环境创新？

学习延伸

从目标、技术、制度、组织结构和环境等方面，制定一份公司创新的计划，并说明其可实施性。

14.3 创新的过程

学习目标

- 了解创新的四个阶段。
- 了解创新过程中常见的问题。

学习导读

创新是企业生存与发展的根本。管理创新过程是一个渐进的过程，包括寻找机会、提出构想、迅速行动、坚持不懈四个阶段。在创新过程中会遇到各种阻碍创新的情形和问题，必须坚决克服。

14.3.1 创新的阶段

管理创新过程是一个渐进的过程，是从无到有，从认识到认知，从认知到创新的过程，它分为以下四个阶段：寻找机会、提出构想、迅速行动、坚持不懈。

1. 寻找机会

第一阶段是员工对企业原有管理模式的不满，或企业遭遇到前所未有的发展危机而导致组织和员工在认识上与原有管理理论思想的冲突，进而寻找改变的机会。

2. 提出构想

第二阶段是因为认识到企业现有管理手段、方法的落后，而对新的管理理念和成功经验主动去认知,有借鉴和学习的意愿。采用头脑风暴等方法提出多种解决问题,消除不协调的创新构想。这个过程需要大量的理论基础和案例的支持,从这些经验中汲取有利的元素,用到新的管理体系之中。

3. 迅速行动

第三阶段是创新过程的实施阶段,这个阶段是将企业之中不满的因素。先进的管理理论和成功的创新案例组合到一起,加以总结。提炼、加工,在重复、渐进的不断尝试中寻求一个最佳创新方案。创新成功的秘密在于迅速行动。

4. 坚持不懈

第四阶段,创新的过程是不断尝试、不断失败、不断提高的过程,要在创新中坚持下去,创新者必须要有足够的自信心、较强的忍耐力,正确对待尝试过程中出现的失败。创新后的管理体系要得到组织内部和外部的一致认可,包括对创新内容的适应过程,创新过程中消极因素的规避问题,创新收益的评价等各方面有利、不利因素的综合分析、认可过程。

管理创新的最初阶段首先要得到组织内部的一致认可,这是管理创新得以执行的基本前提,创新的管理需要拥护者,并且需要在最短时间内取得成果来证明创新的有效性。即使有些创新需要很长的时间,但是有理论认证的创新也能增加创新者和支持者的信心。

14.3.2 创新的问题

以我国企业为例,企业管理创新过程中经常存在以下一些问题。

1. 管理效率低下

受我国传统管理方式的影响,我国企业发展的管理模式中存在着很多的不合理性,国企和民营都存在管理漏洞,所有权与经营权基本没有一致的,这就导致管理者和所有者存在冲突,由于出发点不一样,因此思考问题的角度也不同,使得企业领导做出的决策效率也就不高。一个企业如果没有高效的管理效率,良好的企业管理也就无从谈起,为此,企业领导和员工都应该正视自身缺点,为企业管理出谋划策,及时更正缺点,提高企业管理效率,推动企业的发展。

2. 管理者素质不高

企业管理的人力因素就是管理者,一个优秀的管理者对整个企业的管理提升有着积极的影响,管理者的素质在企业管理中占据着重要的位置。我国企业对管理者的素质提高意识没有很重视,原因主要有两方面:第一方面是企业花费大量的精力和财力培训出优秀的高素质管理人才,反而使管理者膨胀起来,容易跳槽到其他企业;第二方面是人员培训成功后,内心不平衡,在薪酬方面想要提高,如果得不到满足就会消极怠工,极大地降低了工作效率。为了提高管理者的整体素质,必须对其进行培训、教化,同时也要纠正企业领导观念,全面提高管理者的素质水平。

3. 管理组织机构不完善

我国管理组织机构有一个很明显的特征:层级过多,职能重叠。这就导致企业的规划发展缺乏实用性,组织机构内的人员没有工作积极性和紧迫感,整个组织机构的工作氛围都比较松散,大家相互推卸责任,不愿主动承担责任,这种模式的管理组织机构是不能适应当代新形势发展的,有能力的人得不到重用,发挥不了自身价值,无用之人滥竽充数,这样不公平的组织机构形式不仅会造成个人得不到发展,企业的发展也会受阻。

未来管理的五大职能

思考训练

1. 如何提升员工的自主创新能力?
2. 怎样克服组织层级障碍?

学习延伸

企业家应该如何提高组织创新的水平?普通员工是否可以进行创新?

14.4 工作流程再造

学习目标

- 了解流程再造的含义。
- 掌握流程再造的步骤及其实施。

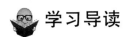 学习导读

流程再造由美国的迈克尔·哈默(Michael Hammer)和詹姆斯·钱皮(James Champy)提出,是20世纪90年代达到了全盛的一种管理思想。流程再造是一种企业活动,内容为从根本上重新分析与设计企业程序,并管理相关的企业变革,以追求绩效,并使企业达到戏剧性的成长。企业再造的重点在于选定对企业经营极为重要的几项企业程序加以重新规划,以求提高营运效果。

14.4.1 流程再造的含义

企业流程再造的目的是在成本、品质、对外服务和时效上达到重大改进。流程再造的核心是面向顾客满意度的业务流程,而核心思想是要打破企业按职能设置部门的管理方式,代之以业务流程为中心,重新设计企业管理过程,从整体上确认企业的作业流程,追求全局最优,而不是个别最优。

现代商业社会的发展日新月异,市场信息瞬息万变,顾客需求日益增高,市场竞争异常激烈。在这样的市场背景下,业务流程再造的思想应运而生,并迅速成为席卷全球的一种重要的管理学理论和实践方法。它主要是强调对企业现有的核心业务流程进行颠覆性的再思考和设计,从而使得企业的资源得以实现以流程为中心进行再次整合,最终达到提高企业的运营效率和经营业绩的目的。

企业的管理应该是流程驱动的管理,一贯实施流程管理,而且管理得比较得当的企业,确实可以在日常的管理过程中,适时对流程进行修正、调适,所以,这种企业的流程往往适应性比较强,流程的设置和运行也要科学得多,但这并不意味着,它们就不需要对流程进行再造。如果客户的需求和市场发生了巨大的变化,企业的生意模式要实现根本性的变革,流程就必须要再造。例如,戴尔公司推行的直销模式,如果在IBM公司的传统流程上套用,恐怕就难以产生预期效果,但是IBM公司的传统流程对于自身奉行的生意模式却是有效的。另外,流程再造的目的也是要通过对企业和产业流程的梳理、精简,来实施流程化管理。

流程再造的核心是面向顾客满意度的业务流程,而核心思想是要打破企业按职能设置部门的管理方式,代之以业务流程为中心,重新设计企业管理过程,从整体上确认企业的作业流程,追求全局最优,而不是个别最优。

14.4.2 流程再造的步骤

1. 设定基本方向

分为五个子步骤:明确组织战略目标,将目标分解;成立再造流程的组织机构;设定

改造流程的出发点;确定流程再造的基本方针;给出流程再造的可行性分析。

2. 现状分析

分为五个子步骤:组织外部环境分析;客户满意度调查;现行流程状态分析;改造的基本设想与目标;改造成功的判别标准。

3. 确定再造方案

分为六个子步骤:流程设计创立;确定流程设计方案;改造的基本路径确定;设定先后工作顺序和重点;宣传流程再造;人员配备。

4. 解决问题计划

分为三个子步骤:挑选出应该解决的问题;制定解决此问题的计划;成立一个新小组负责实施。

5. 制定详细计划

分为五个子步骤:工作计划目标、时间等确认;制定预算计划;责任、任务分解;确定监督与考核办法;制定具体的行动策略与计划。

6. 实施再造流程方案

分为五个子步骤:成立实施小组;对参加人员进行培训;发动全员配合;新流程试验性启动、检验;全面开展新流程。

7. 继续改善的行为

分为三个子步骤:观察流程运作状态;与预定改造目标进行比较分析;对不足之处进行修正改善。

思考训练

1. 组织如何进行有效的流程再造?
2. 流程再造对组织有何意义?

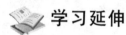

学习延伸

请上网收集一例关于组织流程再造的案例,并与同学们分享。

 **本章小结**

　　创新是指以现有的知识和物质，在特定的环境中，改进或创造新的事物，并能获得一定有益效果的行为。随着经济的发展，创新的概念被赋予不同的内涵。社会的不断发展使得改革创新成为一条必经之路，对企业进行创新管理，有助于提高企业的核心竞争力，使企业健康稳定地发展。创新内容包括目标创新、技术创新、制度创新、组织机构创新和环境创新等。管理创新过程是一个渐进的过程，是从无到有，从认识到认知，从认知到创新的过程，分为寻找机会、提出构想、迅速行动、坚持不懈四个阶段。在管理创新中会遇到各种问题，需要克服这些问题来推动组织发展。工作流程再造是管理创新的重要方法，其内容为从根本上重新分析与设计企业程序，并管理相关的企业变革，以追求绩效，并使企业达到戏剧性的成长。

参 考 文 献

[1] [美]哈罗德·孔茨,海因茨·韦里克.管理学(第 11 版)[M].北京:经济科学出版社,2004.
[2] [美]罗宾斯等著,李原等译.管理学(第 11 版)[M].北京:中国人民大学出版社,2012.
[3] [美]迈克尔·波特著.竞争战略[M].北京:华夏出版社,1997.
[4] [美]斯蒂芬·罗宾斯.管理学[M].北京:中国人民大学出版社,1997.
[5] 陈万军.浅谈中国早期的管理思想[J].跨世纪,2008,16(6):89-90.
[6] 陆雄文.管理学大辞典[M].上海:上海辞书出版社,2013.
[7] 马超,王涵,陈思.从企业战略、战术决策看市场营销成果[J].中外企业家,2013(29):26-26.
[8] 苗雨君等.管理学——原理·方法·实践·案例[M].北京:清华大学出版社,2012.
[9] 人力资源工具箱:人力资源工作者必备的 80 种专业工具[M].北京:企业管理出版社,2006.
[10] 王凤彬著.管理学(第 4 版)[M].北京:中国人民大学出版社,2011.
[11] 王凯,蔡根女.管理学原理(第 2 版)[M].北京:高等教育出版社,2010.
[12] 杨爱华.公共决策[M].北京:团结出版社,2000.
[13] 杨文士,焦叔斌,张雁,李晓光.管理学原理(第 2 版)[M].北京:中国人民大学出版社,2004.
[14] 曾明彬.ISO9001:2008 质量问题分析与解决[M].广州:广东经济出版社,2009.
[15] 周三多等.管理学(第 3 版)[M].北京:高等教育出版社,2010.
[16] 周三多等.管理学(第 4 版)[M].北京:高等教育出版社,2014.
[17] 周颖,杜玉梅.企业管理——工商管理本科系列教程[M].上海:上海财经大学出版社,2006.

教师服务

感谢您选用清华大学出版社的教材！为了更好地服务教学，我们为授课教师提供本书的教学辅助资源，以及本学科重点教材信息。请您扫码获取。

» 教辅获取

本书教辅资源，授课教师扫码获取

» 样书赠送

企业管理类重点教材，教师扫码获取样书

清华大学出版社

E-mail: tupfuwu@163.com
电话：010-83470332 / 83470142
地址：北京市海淀区双清路学研大厦 B 座 509

网址：http://www.tup.com.cn/
传真：8610-83470107
邮编：100084